城市轨道交通"慧"系列管理教材

实用管理方法

主　编　金　铭　魏文斌
参　编　朱　君　姚　远　叶建慧　李　珂
　　　　刘　东　何　丹　沈文豪　张阿沛
　　　　邱晓敏　徐圣毅　巫前进　张海强
　　　　王　海　张香宁

苏州大学出版社
Soochow University Press

图书在版编目(CIP)数据

实用管理方法 / 金铭,魏文斌主编. --苏州:苏州大学出版社,2023.4
城市轨道交通"慧"系列管理教材
ISBN 978-7-5672-4358-3

Ⅰ.①实… Ⅱ.①金… ②魏… Ⅲ.①管理方法-高等学校-教材 Ⅳ.①C931.2

中国国家版本馆 CIP 数据核字(2023)第 064183 号

书　　名：实用管理方法
主　　编：金　铭　魏文斌
责任编辑：施小占
装帧设计：刘　俊
出版发行：苏州大学出版社(Soochow University Press)
社　　址：苏州市十梓街1号　邮编：215006
印　　装：苏州工业园区美柯乐制版印务有限责任公司
网　　址：www.sudapress.com
邮　　箱：sdcbs@suda.edu.cn
邮购热线：0512-67480030
销售热线：0512-67481020
开　　本：787 mm×1 092 mm　1/16　印张：15.5　字数：330 千
版　　次：2023年4月第1版
印　　次：2023年4月第1次印刷
书　　号：ISBN 978-7-5672-4358-3
定　　价：45.00 元

凡购本社图书发现印装错误,请与本社联系调换。服务热线：0512-67481020

城市轨道交通"慧"系列管理教材
编 委 会

主　任　　金　铭

副主任　　史培新

编　委　　陆文学　王占生　钱曙杰　楼　颖　蔡　荣
　　　　　　朱　宁　范巍巍　庄群虎　王社江　江晓峰
　　　　　　潘　杰　戈小恒　陈　升　虞　伟　刘农光
　　　　　　蒋　丽　李　勇　张叶锋　王　永　王庆亮
　　　　　　查红星　胡幼刚　韩建明　冯燕华　鲍　丰
　　　　　　孙田柱　凌　扬　周　礼　毛自立　矫甘宁
　　　　　　凌松涛　周　赟　姚海玲　谭琼亮　高伟江
　　　　　　戴佩良　魏文斌　姚　远　李　珂　叶建慧

序

习近平总书记指出："城市轨道交通是现代大城市交通的发展方向。发展轨道交通是解决大城市病的有效途径，也是建设绿色城市、智能城市的有效途径。"习近平总书记的重要讲话指明了城市轨道交通的发展方向，是发展城市轨道交通的根本遵循。

当前，城市轨道交通正在迈入智能化的新时代。对此，要求人才培养工作重视高素质人才、专业化人才的培养和广大员工信息化知识的普及教育。如何切实保障城市轨道交通安全运行？如何提升城市轨道交通的服务质量和客户满意度？如何助推交通强国建设？这是摆在我们面前的重要任务。

苏州是我国首个开通轨道交通的地级市，多年来，苏州市轨道交通集团有限公司坚持以习近平新时代中国特色社会主义思想为指导，牢记"为苏州加速，让城市精彩"的使命，深入践行"建城市就是建地铁"的发展理念，坚持深化改革和推动高质量发展两手抓，在长三角一体化发展、四网融合、区域协调发展等"国之大者"中认真谋划布局苏州轨道交通事业，助推"区域融合"，建立沪苏锡便捷式、多通道轨道联系。截至2023年，6条线路开通运营，运营里程突破250千米；在建8条线路如期进行，建设总里程达210千米。"十四五"时期是苏州轨道交通发展的关键期，面对长三角一体化发展、面对人民群众的期盼，苏州轨道交通事业面临各种挑战和机遇，对人才队伍的专业技能和整体素质也提出了更高要求。

苏州轨道交通处于建设高峰期，对人才的需求更加迫切。苏州市轨道交通集团有限公司一直高度重视人才培养和高素质人才队伍建设，特别推出了城市轨道交通"慧"系列管理教材和"英"系列技能教材。

"慧"系列管理教材包括管理基础、管理能力、管理方法、创新能力、企业文化等方面的内容，涵盖了从管理基础的学习到创新能力的培养，从企业文化的塑造到管理方法的运用，为城市轨道交通行业的管理人员全面、系统地学习管理知识和提升管理能力提供了途径。

"英"系列技能教材包括行车值班员、行车调度员、电客车司机、安全实践案例分析、消防安全等方面的内容，为城市轨道交通行业的从业人员技能培训和安全意识提升提供了途径，为城市轨道交通行业的安全和服务质量提供了重要的保障。

这两个系列教材，顺应轨道交通事业发展要求，契合轨道交通专业人才特点，聚焦管理基础和技能提升，融合管理资源和业务资源，兼具苏州城市和轨道专业特色，具有很好的实践指导性，对于促进企业管理水平提升、培养高素质管理人才和高水平技能人才将会起到实实在在的推动作用。

这两个系列教材可供轨道交通相关企业培训使用，也可作为院校相关专业教学用书。

这两个系列教材凝聚了编写组人员的心血，是苏州轨道交通优秀实践经验的凝练和总结。希望能够物尽其用，充分发挥好基础性、支撑性作用，促进城市轨道交通技能人才培养，推动"轨道上的苏州"建设，助力"强富美高"新苏州现代化建设，谱写更加美好的新篇章。

中国城市轨道交通协会常务副会长

前 言

企业是社会经济的基本细胞和社会创造财富的主体，企业的管理和高效运营是一项极其复杂的系统工程。企业管理学是一门系统研究企业管理基本规律、基本原理和基本方法的科学，普及管理知识对提高企业整体管理水平有着十分重要的实际意义。

当前，我国城市轨道交通已进入由高速发展向高质量发展的转型阶段。在高速发展的同时，城市轨道交通行业发展整体上存在重线路、轻网络，重建设、轻管理，重运营、轻经营等问题，离提供高质量的轨道交通服务、保持城市轨道交通行业持续健康发展尚有一定距离。因此，为适应城市轨道交通高质量发展的要求，帮助轨道交通企业培养高素质管理人员，进一步提升企业管理水平，我们组织编写了本教材。

本教材为城市轨道交通"慧"系列管理教材之一，根据管理工作实际所需的管理方法来编排内容，共分10个项目，分别为：计划与目标管理方法、决策方法、人力资源管理方法、沟通与协调方法、激励方法、项目管理方法、质量管理方法、控制方法、安全管理方法、风险管理方法。每个项目设置："学习目标及要求""引导案例""学习任务""案例分析""项目训练""自测题""延伸阅读"，并穿插"小知识""小贴士"等，深入浅出，重点明确，案例典型、新颖，力求结合城市轨道交通管理案例分析和项目实训，致力于知行合一、学有所用。本教材可作为企业管理培训用书，也可供高等院校学生和对企业管理方法感兴趣的社会人士阅读。

本教材由苏州市轨道交通集团有限公司和文子品牌研究院组织编写。在编写过程中，我们查阅和参考了国内外有关企业管理、城市轨道交通管理等方面的相关文献资料和部分网络资源，已在书中注明相应资料的出处，在此向相关作者表示感谢。本教材的编写和出版得到了苏州市轨道交通集团有限公司、苏州大学轨道交通学院、苏州市品牌研究会等单位领导的支持，在此一并表示感谢。

由于编者水平有限，书中疏漏、错误之处在所难免，敬请读者批评指正！

编 者

2023 年 1 月

目 录

- **项目一　计划与目标管理方法**　/ 1
  - 引导案例：轨道交通列车智能检修计划系统　/ 1
  - 任务一　滚动计划法　/ 3
  - 任务二　计划评审技术　/ 4
  - 任务三　甘特图　/ 8
  - 任务四　目标管理　/ 10
  - 案例分析：重庆城轨快线规划与建设管理　/ 16
  - 项目训练　/ 18
  - 自测题　/ 18

- **项目二　决策方法**　/ 19
  - 引导案例：北京地铁苏州街站一体化开发模式　/ 19
  - 任务一　定性决策方法　/ 22
  - 任务二　定量决策方法　/ 26
  - 任务三　大数据分析方法　/ 34
  - 案例分析：苏州轨道交通6号线母婴室设计的决策　/ 38
  - 项目训练　/ 39
  - 自测题　/ 40

- **项目三　人力资源管理方法**　/ 41
  - 引导案例：海尔人力资源共享服务中心的数字化转型　/ 41
  - 任务一　职位分析方法　/ 43

任务二　人员招聘方法 /51
　　　任务三　培训开发方法 /57
　　　任务四　绩效考核方法 /61
　　　案例分析：苏州轨道交通企校合作人才培养实践 /65
　　　项目训练 /67
　　　自测题 /68

● 项目四　沟通与协调方法 /69
　　　引导案例：苏州轨道交通与乘客双向沟通平台的构建 /69
　　　任务一　口头表达 /71
　　　任务二　倾听 /77
　　　任务三　谈判 /81
　　　案例分析：绩效反馈沟通的成与败 /87
　　　项目训练 /89
　　　自测题 /90

● 项目五　激励方法 /92
　　　引导案例：山东临工的全员激励之路 /92
　　　任务一　经济激励 /94
　　　任务二　精神激励 /101
　　　任务三　工作激励 /109
　　　案例分析：中铁设计的员工股权激励 /113
　　　项目训练 /116
　　　自测题 /116

● 项目六　项目管理方法 /118
　　　引导案例：苏州轨道交通宝带路站"P+R"智慧停车项目实践 /118
　　　任务一　项目生命期管理方法 /119
　　　任务二　项目里程碑管理方法 /122

任务三　项目管理流程方法　　　　　　　　　　　　/ 126

任务四　项目管理控制方法　　　　　　　　　　　　/ 130

案例分析：苏州轨道交通站务委外项目管理实践　　　/ 132

项目训练　　　　　　　　　　　　　　　　　　　　/ 134

自测题　　　　　　　　　　　　　　　　　　　　　/ 135

● 项目七　质量管理方法　　　　　　　　　　　　　/ 136

引导案例：宝钢公司的质量管理　　　　　　　　　　/ 136

任务一　非数字数据统计方法　　　　　　　　　　　/ 139

任务二　数字数据统计方法　　　　　　　　　　　　/ 144

任务三　六西格玛管理　　　　　　　　　　　　　　/ 149

任务四　QC 小组活动　　　　　　　　　　　　　　 / 157

案例分析：苏州轨道交通服务质量评价与提升　　　　/ 163

项目训练　　　　　　　　　　　　　　　　　　　　/ 165

自测题　　　　　　　　　　　　　　　　　　　　　/ 166

● 项目八　控制方法　　　　　　　　　　　　　　　/ 167

引导案例：苏州市轨道交通集团有限公司的资产管控　/ 167

任务一　预算控制　　　　　　　　　　　　　　　　/ 169

任务二　非预算控制　　　　　　　　　　　　　　　/ 174

任务三　成本控制　　　　　　　　　　　　　　　　/ 178

任务四　综合控制　　　　　　　　　　　　　　　　/ 182

案例分析：港铁公司的可持续发展　　　　　　　　　/ 187

项目训练　　　　　　　　　　　　　　　　　　　　/ 188

自测题　　　　　　　　　　　　　　　　　　　　　/ 189

● 项目九　安全管理方法　　　　　　　　　　　　　/ 190

引导案例：京博集团的安全管理　　　　　　　　　　/ 190

任务一　安全管理计划　　　　　　　　　　　　　　/ 192

任务二　安全决策　　　　　　　　　　　　　　　　/ 198

任务三　安全组织管理　　　　　　　　　　　　/ 204

　　案例分析：苏州轨道交通构建运营安全双重预防机制　　/ 209

　　项目训练　　　　　　　　　　　　　　　　　　/ 211

　　自测题　　　　　　　　　　　　　　　　　　　/ 212

项目十　风险管理方法　　　　　　　　　　　　/ 213

　　引导案例：顺丰控股跨境并购财务风险防范　　　　/ 213

　　任务一　风险管理认知　　　　　　　　　　　　/ 215

　　任务二　风险识别过程和方法　　　　　　　　　/ 217

　　任务三　风险评估的方法　　　　　　　　　　　/ 222

　　任务四　风险控制的方法　　　　　　　　　　　/ 224

　　案例分析：城市轨道交通运营安全风险评估　　　　/ 228

　　项目训练　　　　　　　　　　　　　　　　　　/ 229

　　自测题　　　　　　　　　　　　　　　　　　　/ 230

参考文献　　　　　　　　　　　　　　　　　　　/ 231

项目一　计划与目标管理方法

【学习目标及要求】

1. 掌握编制计划的四种方法；
2. 会运用目标管理方法。

轨道交通列车智能检修计划系统

一、轨道交通列车智能检修计划系统的生成步骤

轨道交通列车智能检修计划系统的生成主要分为 3 个步骤：

第一步，根据现有可用列车，结合列车当日的检修项目，确定当日检修计划表。

第二步，根据既有检修计划表、今明日检修事项，生成明日用车车次。

第三步，对明日用车计划进行校验。主要校验是否有检修项、是否和运营计划冲突、基地列车数、后日检修事项等，确定列车可用状态，最终形成明日用车计划表。

二、轨道交通列车智能检修计划系统的功能

1. 智能编制检修计划

为了防止漏排、错排检修计划，也为了提高计划编排效率，统一编排检修计划标准，轨道交通列车智能检修计划系统提供了智能编制检修计划的功能。只需操作人员填写必须检修的事项，以及各基地期望的检修数、回库数，便能生成一份完整的检修计划。

2. 智能调整检修计划

轨道交通列车智能检修计划系统在第一阶段（使用初期）由于缺少大量数据支撑，无法自动生成月度计划和年度计划，故需自动将上级单位下发的月度及年度检修任务，按具体情况拆分到日检修计划中。

由于运营存在不确定性，当检修计划需调整时，若通知不到位，可能会影响后续多项计划，故轨道交通列车智能检修计划系统设置了任务交换及顺延日期等功能，可批量修改检修计划，并保留调整记录，以避免计划修改及通知延后导致的不便。待轨道交通列车智能检修计划系统积累了一定的使用数据，便能进入第二阶段（成熟应用期）：智能编制检修计划。在此阶段，对各检修项的检修间隔、维修条件、人员配置及列车走行公里数等指标进行分析，并按权重打分排序，进而配置出符合要求的月度检修计划甚至是年度检修计划。

3. 实时下发检修任务

为了节省登记、整理每日检修任务的时间，避免任务下发不及时等问题，轨道交通列车智能检修计划系统提供维修任务查询功能。检修班组可查询其责任范围内的检修任务内容。日检班组可直观地看到各库各车的任务安排和回库情况。一旦发生任务变更，执行班组就能及时查阅。这一功能有效地缩减了下发任务、接收任务的流程及时间。

4. 智能生成、保存及分析检修日志

轨道交通列车智能检修计划系统提供确认检修功能，由检修人员每日确认当日任务完成情况，自动快速汇总每日检修情况，智能生成检修日志。若检修人员未完成当日任务，则需填写原因。列车智能检修计划系统将保存所有检修记录，实时反映各条线路的检修完成情况，以便用户随时查询所需信息。

5. 总览检修信息数据

轨道交通列车智能检修计划系统的输入数据与使用记录，经积累后便能成为分析各项生产指标的基础数据。目前，列车智能检修计划系统提供故障、运营、检修及架大修等情况的数据分析，并通过图表和表格的形式呈现各线路的工作情况。轨道交通列车智能检修计划系统根据每日工作完成情况自动生成的检修日志、班组日志和线路日报，可直接导出为电子台账，有助于管理人员实时看到每条线路的详细情况。

6. 分析检修数据的全寿命周期

检修工作的信息化管理使得每个计划、每条记录都可追溯。在列车从新车到架大修的全寿命周期中，都可通过轨道交通列车智能检修计划系统查询到其详细的检修信息，进而得出更有利于维修实施的检修策略方案。

三、轨道交通列车智能检修计划系统试用效果

自2018年起，轨道交通列车智能检修计划系统在上海某线的车辆检修生产活动中试用，并于1年内完成了适用性调试及功能调试。轨道交通列车智能检修计划系统可根据检修项目自动生成检修计划，在计划冲突时能提醒计划编制人员进行调整，可形成统一格式的线路日志，能减少线路检修计划制订中出现的"拍脑袋"现象，能帮助维修生产班组更高效、更快速地制订复杂计划。

制订检修计划是检修管理模式的关键环节。从试用效果来看，与传统检修计划相

比，智能检修计划系统具有编制用车计划时间短、检修计划编制和任务下发智能化、信息存储容量大、大数据分析适用性强、适用范围广等优点。此外，智能检修计划系统还实现了检修活动可视化管理，改变了管理理念，由事后管理转变为事前管理。

（案例改编自：解嵩博，宗志祥. 上海轨道交通列车智能检修计划系统研究［J］. 城市轨道交通研究，2022，25（04）：210-213.）

案例思考：

结合案例材料，谈谈轨道交通列车智能检修计划系统的制订方法。

任务一　滚动计划法

一、滚动计划法的基本思想

滚动计划法是一种定期修订计划的方法，它按照"近具体、远概略"的方法，在原计划的基础上，每经过一段固定时期（称为滚动期），便根据计划的执行情况和环境变化情况定期修订计划，并逐期向前推移，使短期计划、中期计划和长期计划有机结合起来。例如，年度计划每一个季度编制一次，每季度向后滚动一季度；五年期计划每年编制一次，每年向后滚动一年。图1-1是五年期的滚动计划编制方法。

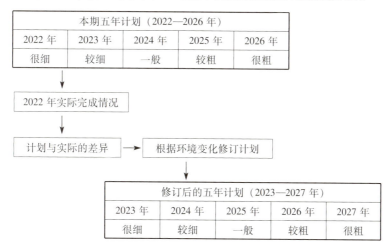

图1-1　五年期的滚动计划编制方法

二、滚动计划法的优缺点

（一）滚动计划法的优点

滚动计划法虽然使得计划编制工作的任务量加大，但在计算机已被广泛应用的今天，其优点十分明显。

1. 使计划更加切合实际

由于滚动计划相对缩短了计划时期，把计划期内各阶段以及下一个时期的预先安排有机地衔接起来，而且定期调整补充，加大了对未来估计的准确性，从而从方法上解决了各阶段计划的衔接和符合实际的问题，因此，它能更好地保证计划的指导作用，提高计划执行的质量，使计划更具有现实性和可行性，并且较好地解决了计划的相对稳定性和实际情况的多变性这一矛盾。

2. 使长期计划、中期计划和短期计划相互衔接

滚动计划法保持了短期计划内部各阶段的相互衔接，保证了计划可根据环境的变化及时地进行调节，并使各期计划基本保持一致。

3. 增强了计划的弹性，提高了组织的应变能力

采用滚动计划法，组织可以根据环境条件的变化和实际完成情况，定期对计划进行修订，大大增强了计划的弹性，使计划更加符合现代社会急剧变化的需要，从而也提高了组织的应变能力。

（二）滚动计划法的缺点

滚动计划法的缺点是计划编制的工作量较大。在计划逐期调整过程中，工作比较烦琐，对于近似性比较大的工作内容，计划管理人员容易采用传统经验处理相关问题，对客观条件可能发生的变化估计不足，使计划编制过程流于形式。

需要指出的是，滚动间隔期的选择要适应企业的具体情况。例如，比较稳定的大批量生产的企业，宜采用较长的滚动间隔期；不太稳定的单件、小批量生产企业，则可考虑采用较短的间隔期。

任务二　计划评审技术

一、计划评审技术概述

（一）计划评审技术的概念

计划评审技术（Program Evaluation and Review Technique，简称PERT），就是把工程项目当成一种系统，用网络图、表格或者矩阵来表示各项具体工作的先后顺序和相互关系，以时间为中心，找出从开工到完工所需要时间的最长路线，并围绕关键路线对系统进行统筹规划、合理安排以及对各项工作的完成进度进行严密的控制，以达到用最少的时间和资源消耗来完成系统预定目标的一种计划方法。

(二）计划评审技术网络图

网络图是计划评审技术的基础。任何一项任务都可分解成有许多步骤的工作，根据这些工作在时间上的衔接关系，用箭线表示它们的先后顺序，画出一个各项工作相互关联并注明所需时间的箭线图，这个箭线图被称作网络图。图1-2是简单的网络图。

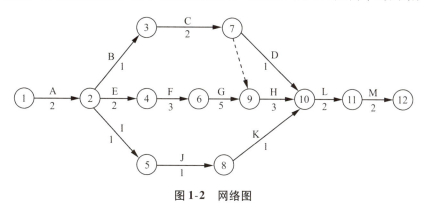

图1-2　网络图

网络图的构成要素有：

（1）"→"代表工序。它是一项工作的过程，有人力、物力参加，经过一段时间才能完成。图中箭线下的数字便是完成该项工作所需的时间。此外，还有一些工序既不占用时间，也不消耗资源，是虚设的，叫作虚工序，用虚箭线表示。网络图中应用虚工序的目的是避免工序之间关系含糊不清，以正确表明工序之间先后衔接的逻辑关系。

（2）"○"代表事项。它是两个工序间的连接点。事项既不消耗资源，也不占用时间，只表示前道工序结束、后道工序开始。一个网络图中只有一个始点事项、一个终点事项。

（3）路线。路线是指网络图中由始点事项出发，沿箭线方向前进，连续不断地到达终点事项为止的路径。一个网络图中往往存在多条路线，图1-2中，从始点①连续不断地走到终点⑫的路线有4条，即：

①→②→③→⑦→⑩→⑪→⑫
①→②→③→⑦→⑨→⑩→⑪→⑫
①→②→④→⑥→⑨→⑩→⑪→⑫
①→②→⑤→⑧→⑩→⑪→⑫

比较各路线的路长，可以找出一条或几条最长的路线，这种路线被称为关键路线。关键路线上的工序被称为关键工序。关键路线的路长决定了完成整个计划任务所需的时间。关键路线上各工序完工时间提前或推迟都直接影响着整项工作能否按时完成。确定关键路线，以此合理安排各种资源，对各工序活动的进度加以控制，是利用计划评审技术的主要目的。

二、计划评审技术的步骤

PERT 的基本步骤是定目标、列出清单、绘制草图、加注记、算工期、总结评价，如图 1-3 所示。

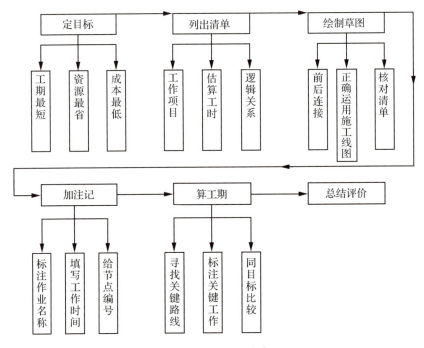

图 1-3　计划评审技术步骤

（一）定目标

PERT 的作用有：调节工程进度，节约时间；合理分配物资设备，降低工程成本；高效使用人员；等等。因此，运用 PERT，主管人员应首先确定主要目标，这关系到建立何种数学模型及方案选择标准。

（二）列出清单

主管人员召集有关技术专家及负责人，集思广益，将工程计划分解成一项项相对独立的工作，并确定出完成每项工作所需的时间，然后按照各项工作的施工顺序和逻辑关系，列出清单。

（三）绘制草图

绘制草图就是把具体有逻辑关系的工作清单编排成网络图的过程。网络图就是用箭线代表工作，用节点表示工作开始、结束及相互连接关系的工程施工流线图。绘制网络图，自左向右，按照清单中所列工作的先后顺序一一进行。最左端的节点表示工程开始，最右端的节点表示工作结束，其余节点表示前项工作和后项工作的衔接，箭头表示工程进行的方向。

（四）加注记

网络图绘成后，将每项工作的名称或代号写到它的箭线上面，所需要的时间写到箭线下面，用阿拉伯数字给节点编号，编号顺序自左向右、自上而下排列。

（五）算工期

网络图上从最始节点到最终节点通常有多条路线。由于各条路线所含工作不同，故各条路线所需时间是不同的，其中路径最长的路线就是网络图上关键路线，关键路线所串连的工作，是整个计划的重点工作。因此，对关键路线应重点控制。这些工作都是没有机动时间可利用的，工程必须按期开始与结束，否则将会影响总工程的进度。非关键路线都有不同的机动时间，可调节利用，这些可被调节的时间称为时差。路线的总时差越多，时间调节的余地越大。施工中可以按照各路线的总时差大小，排列它们的先后顺序，以便集中人员、物资、时间，保证重点工作的按期开始与结束，从而使整个计划顺利进行和按期完成。

（六）总结评价

绘成网络图和完成计算之后，看所有结果是否符合预先的目标要求，做出总结评价。

三、计划评审技术的优缺点

（一）计划评审技术的优点

（1）该方法是一种有效的事前控制方法。在绘制网络图的过程中，各级主管人员必须对所负责的工作和项目进行认真细致的计划工作，做到心中有数，从而能够形成一个各级管理人员共同参与的、严密的计划控制体系。

（2）通过时间网络分析可以使各级主管人员熟悉整个工作过程并明确自己负责的项目在工作过程中的位置和作用，增强全局观念和对计划的接受程度。

（3）通过时间网络分析可以使各级主管人员更加明确其工作重点，将注意力集中在可能需要采取纠正措施的关键问题上，使控制工作更加有效。

（4）该方法是一种计划优化方法，可以节约工作时间，降低资源消耗，大幅度提高工作的效率。

（二）计划评审技术的缺点

该方法并不适用于所有的计划和控制项目，其应用领域具有较严格的限制。如果不顾项目本身的特点，盲目使用该方法，则可能导致计划严重偏离实际，不仅不能指导和控制实际工作，反而会造成工作进程混乱失控的局面。

实用管理方法

任务三 甘特图

一、甘特图的概念

甘特图，也称为条状图（Bar Chart），是1917年由亨利·甘特开发的一种用线条表示的计划图，其内在思想简单，基本是一种线条图，横轴表示时间，纵轴表示活动项目，线条表示在整个期间计划和实际的完成情况。它直观地表明任务计划在什么时候进行，以及实际进展与计划要求的对比，管理者由此可极为便利地弄清一项任务还剩下哪些工作要做，并可评估工作是提前还是滞后，或是正常进行。甘特图是一种理想的控制工具，它具有简单、醒目和便于编制等特点，在企业管理工作中被广泛应用。甘特图按反映的内容不同，可分为计划图表、负荷图表、机器闲置图表、人员闲置图表和进度表等五种形式。

甘特图包含以下含义：（1）它以图形或表格的形式显示活动；（2）它是一种通用的显示进度的方法；（3）制作时应包括实际日历天和持续时间，并且不要将周末和节假日算在进度之内。一般而言，甘特图上与每项工作对应的横道表示该工作所需要的时间，横道上实体部分表示工作的实际完成情况，空白部分表示没有完成的工作（图1-4）。这样，可以在任何时点上检查工作的实际进展情况。

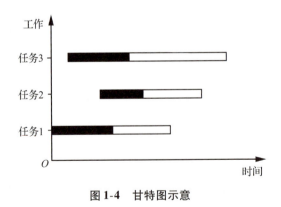

图1-4 甘特图示意

 小贴士

亨利·甘特和他的甘特图

亨利·甘特出身美国马里兰州的农民家庭，南北战争使美国避免了分裂，却导致了

社会贫富分化。家庭的贫穷，幼年生活的艰辛，使甘特明白了勤勉、俭朴、自省、奋斗的意义所在。1880年，当他以优异成绩从霍普金斯大学毕业时，他明白，大学学习的知识还远远不够。于是，他一边在自己的母校麦克多纳预备学校任教，一边在史蒂文斯技术学院继续学习。1884年，他成为一名机械工程师。在麦克多纳从事自然科学和机械技术教学的经历，对他日后的职业生涯有着重大影响。1887年，甘特来到米德维尔钢铁厂任助理工程师，在这里，他结识了泰罗，并在后来和泰罗一起去了西蒙德公司和伯利恒公司。此后，甘特同泰罗密切合作，共同研究科学管理问题。1902年，甘特离开了泰罗，独立创业，担任咨询工程师，并先后在哥伦比亚大学、哈佛大学、耶鲁大学等大学任教。第一次世界大战期间，甘特放弃了赚钱的企业咨询工作，为政府和军队充当顾问，对造船厂、兵工厂的管理进行了深入的研究。甘特最重要的贡献是他创造的"甘特图"，这是一种用线条表示的计划图。这种图现在常被用来编制进度计划。

二、运用甘特图编制计划的步骤

第一步，明确项目牵涉到的各项活动、项目。内容包括项目名称（包括顺序）、开始时间、工期、任务类型（依赖/决定性）。

第二步，创建草图。将所有的项目的开始时间、工期标注到甘特图上。

第三步，确定项目活动依赖关系及时序进度。使用草图，按照项目的类型将项目联系起来，并且予以安排和设置。

第四步，计算单项活动任务的工时量。

第五步，确定活动任务的执行人员，并适时按需调整工时。

第六步，计算整个项目所需的时间。

三、甘特图的优缺点

（一）甘特图的优点

（1）清楚而简单地表现了活动的进程，易于归纳和理解。

（2）中小型项目一般不超过30项活动。

（3）有专业软件支持，无须担心复杂计算和分析。

（二）甘特图的缺点

（1）它主要关注进程管理和时间。甘特图事实上仅仅部分地反映了项目管理的三重约束（时间、成本和范围）。

（2）软件的不足。尽管能够通过项目管理软件描绘出项目活动的内在关系，但如果关系过多，纷繁复杂的线图必将增加甘特图的阅读难度。

（3）栅格较多。栅格的使用会转移阅读者的注意力，应尽量避免。

四、甘特图的应用

下面以一个图书出版的例子来说明甘特图的应用，如图 1-5 所示。

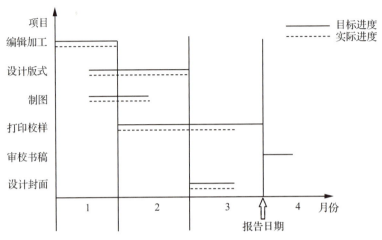

图 1-5　甘特图的应用

（资料来源：文大强. 管理学：原理与实务［M］. 北京：北京理工大学出版社，2018.）

图 1-5 中，主要项目从上到下排列在图的左边，时间以月份为单位表示在图的下方。计划需要确定图书的出版包括哪些项目、这些项目的顺序，以及每个项目持续的时间。时间框里的实线线条表示计划开展的目标进度，虚线线条表示项目的实际进度。在这里，甘特图作为一种控制工具，帮助管理者发现实际进度偏离计划的情况。从图中可以看出，在从编辑加工到印刷的所有项目中，打印校样项目实际进度落后于目标进度，其他项目则均按计划完成。

任务四　目标管理

一、目标管理的概念和特点

（一）目标管理的概念

目标管理（Management by Objectives，MBO）是由美国著名企业专家彼得·德鲁克于 1954 年提出的，经由其他人发展，逐步成为西方许多国家普遍采用的一种系统地制定目标并进行管理的有效方法。德鲁克在《管理的实践》一书中首先提出了"目标管理和自我控制的理论"，并对目标管理的原理做了较全面的概括。20 世纪 80 年代初，我国企业开始引进目标管理。现在，目标管理已成为世界上比较流行的一种企业管理方法。

目标管理的概念可以概括为：组织的最高领导层与各级管理人员共同参与，制定出一定时期内经营活动所要达到的各项工作目标，然后层层落实，要求所属各部门主管人员以至每个员工，根据上级的目标制定出自己工作的目标和相应的保证措施，形成一个目标体系，并把目标完成情况作为各部门或个人考核依据的一套管理方法。

"现代管理学之父"——彼得·德鲁克

1909年11月19日，彼得·德鲁克出生于维也纳，其家族在17世纪时就从事图书出版工作，彼得·德鲁克从小生长在文化氛围浓郁的环境中。他先后在奥地利和德国接受教育，1929年后在伦敦任新闻记者和国际银行的经济学家，1931年获法兰克福大学法学博士学位。

1954年，彼得·德鲁克出版《管理的实践》一书，书中提出了一个具有划时代意义的概念——目标管理。从此，管理学成为一门学科，彼得·德鲁克也以建立于广泛实践基础之上的30余部管理学著作，奠定了其现代管理学开创者的地位，被誉为"现代管理学之父"。

（二）目标管理的特点

1. 系统性

目标管理首先由管理层确定一定时期的总目标，然后对总目标进行分解，层层下达，逐级展开，形成不同层次、不同要求的多个目标。这些目标之间相互关联、相互支持，形成整体的目标网络系统，从而保证组织目标的整体性和一致性。

2. 主动性

目标管理既重视科学管理，又重视人的因素。目标管理理论认为，员工是愿意负责的，愿意在工作中发挥自己的聪明才智和创造力。如果我们控制的对象是一个社会组织中的"人"，则必须通过对其动机的控制来实现对其行为的控制。目标管理的主旨是用"自我控制管理"代替"压制性的管理"，这种"自我控制管理"可以激励员工尽自己最大的努力把工作做好。

3. 分权性

目标管理的网络化将目标层层分解下达，这就要求各级管理人员要明确自己的管理目标和管理责任。上级要根据目标的需要，授予下级部门和个人相应的权力，才能激励下级部门和个人充分发挥自己的聪明才智，保证目标的顺利实现。因此，授权是提高目标管理效果的关键，推行目标管理，可以促使权力下放。

4. 绩效考核

德鲁克强调，凡是影响企业组织健康成长的所有方面，都必须建立目标。由于目标管理有一套完整的目标考核体系，使其能够对组织成员中的实际贡献和业绩大小进行评价，从而克服了以往凭印象、主观判断等传统管理方式的不足。

二、目标的性质

目标表示最后结果，总目标需要由子目标来支持，这样，组织及其各层次的目标就形成了一个目标网络。

作为任务分配、自我管理、业绩考核和奖惩实施依据的目标具有如下特征：① 层次性；② 网络性；③ 多样性；④ 可考核性；⑤ 可接受性；⑥ 挑战性；⑦ 伴随信息反馈性。

（一）目标的层次性

组织目标形成一个有层次的体系，从广泛的组织战略性目标到特定的个人目标。这个体系的顶层是组织的愿景和使命陈述，第二层次是组织的任务。在任何情况下，组织的使命和任务必须转化为组织的总目标和战略，总目标和战略更多地指向组织较远的未来，并且为组织的未来提供行动框架。这些行动框架必须进一步细化为更多的具体的行动目标和行动方案。目标体系的基层是分公司的目标、部门和单位的目标、个人的目标等。

在组织目标的层次体系中，不同层次的主管人员参与不同类型目标的建立。董事会和最高层主管人员主要参与确定企业的使命和任务目标，并且也参与在关键领域中更具体的总目标的确定。中层主管人员，如副总经理、营销经理或生产经理，主要是建立关键领域的目标、分公司和部门的目标。基层主管人员主要关心的是部门和单位的目标以及他们的下级人员目标的制定。对于组织中任何层次的人员来说，都应该有个人目标，包括业绩和个人发展目标。

（二）目标的网络性

如果说目标体系是从整个组织的角度来考察组织目标的话，那么，目标网络则是从某一具体目标的实施规划的整体协调方面来进行考察的。目标网络的内涵表现为以下四点：

第一，目标很少是线性的，即并非当一个目标实现后接着去实现另一个目标。目标和规划形成一个互相联系着的网络。

第二，主管人员必须确保目标网络中的每个组成部分相互协调。不仅要协调各种规划的执行，还要在时间上协调这些规划的完成。

第三，组织中的各个部门在制定自己部门的目标时，必须与其他部门相协调。一家公司的一个部门似乎很容易制定完全适合于它自身的目标，但这个目标却可能在经营上与另一个部门的目标相矛盾。

第四，组织制定各种目标时，必须与许多约束因素相协调。

（三）目标的多样性

任务和企业的主要目标通常是多种多样的。同样，目标层次体系中的每个层次的具体目标也可能是多种多样的。有人认为，一位主管人员不可能有效地追求更多的目标，以 2~5 个为宜。其理由是，过多的目标会使主管人员应接不暇而顾此失彼，甚至可能会使主管人员过于注重小目标而有损于主要目标的实现。也有人认为，主管人员可以同时追求多达 10~15 个重要目标。但如果目标的数目过多，其中无论哪一个没有得到足够的重视，则计划工作都是无效的。因此，在考虑追求多个目标的同时，必须对各个目标的相对重要程度进行区分。

（四）目标的可考核性

要让目标可以考核就要将目标量化。对目标量化可能会损失组织运行的一些效率，但会对组织活动的控制、成员的奖惩带来很多方便。目标可考核性表示这样一种意思：人们必须能够回答"在期末，我如何知道目标已经完成了？"比如，获取合理利润这一目标，可以最好地指出公司是盈利还是亏损，但它并不能说明应该取得多少利润。因为不同人的对"合理"的解释是不同的，对于下属人员是合理的东西，可能完全不被上级领导接受。如果意见不合，下属人员一般无法争辩。如果我们将此目标明确地量化为"在本会计年度终了，实现投资收益率10%"，那么它对"何时""什么""多少"都做出了明确回答。

有时，用可考核的措辞来说明结果会有更多的困难，对高层管理人员以及政府部门尤其如此。但原则是我们只可能规定明确的和可考核的目标。

（五）目标的可接受性

根据弗鲁姆的期望理论，人们在工作中的积极性或努力程度是效价和期望值的乘积。其中，效价指一个人对某项工作及其结果（可实现的目标）能够给自己带来的满足程度的评价，即对工作目标有用性（价值）的评价；期望值指人们对自己能够顺利完成这项工作可能性的估计，即对工作目标能够实现的概率的估计。因此，如果一个目标要对其接受者产生激励作用，那么对于接受者来说，这个目标必须是可接受的、可以完成的。对一个目标接受者来说，如果目标超过其能力所及的范围，则该目标对其是没有激励作用的。

（六）目标的挑战性

同样根据弗鲁姆的期望理论，如果完成一项工作所达的目的对接受者没有多大意义的话，接受者是没有动力去完成该项工作的；如果完成一项工作对接受者来说是件轻而易举的事件，那么接受者也没有动力去完成该项工作。教育学中有一种原则叫"跳一跳，摘桃子"，说的就是这个道理。目标的可接受性和挑战性是对立统一的关系，但在实际工作中，我们必须把它们统一起来。

（七）目标的伴随信息反馈性

信息反馈是把目标管理过程中目标的设置、目标实施情况不断地反馈给目标设置和实施的参与者，让他们时时知道组织对自己的要求及自己的贡献情况。如果建立了目标，再加上反馈，就能更进一步促进员工工作的完成。

综上所述，设置目标一般要求目标的数量不宜太多，能涵盖工作的主要特征，并尽可能地说明必须完成什么和何时完成即可，如有可能，也可明示所期望的质量和为实现目标的计划成本。此外，目标应能促进个人职业上的成长和发展，对员工具有挑战性，并在目标管理过程中有必要适时地向员工反馈目标完成情况。

三、目标管理的步骤

由于各个组织活动的性质不同，所以目标管理的步骤不完全一样，一般来说，可以分为以下四个步骤。

（一）建立一套完整的目标体系

实行目标管理，首先要建立一套完整的目标体系。这项工作总是从企业的最高主管部门开始的，然后由上而下地逐级确定目标。上下级的目标之间通常是一种"目的—手段"的关系，某一级的目标，需要用一定的手段来实现，这些手段就成为下一级的次目标，按级顺推下去，直到作业层的作业目标，构成一种锁链式的目标体系。

（二）制定目标

制定目标的工作如同所有其他计划工作一样，需要事先拟订和宣传。这是基本指导方针，如果指导方针不明确，就不可能期望下级主管人员能制定出合理的目标来。此外，制定目标应当采取协商的方式，应当鼓励下级主管人员根据基本方针拟定自己的目标，然后由上级批准。

（三）组织实施

目标既定，主管人员就应放手把权力交给下级成员，而自己去抓重点的综合性管理。完成目标主要靠执行者的自我控制。如果在明确了目标之后，作为上级主管人员还像从前那样事必躬亲，便违背了目标管理的主旨，不能取得目标管理的效果。当然，这并不是说上级在确定目标后就可以撒手不管了。上级的管理应主要表现在指导、协助、提出问题、提供情报以及创造良好的工作环境等方面。

（四）检查、评价、奖惩

对各级目标的完成情况，要事先规定出期限，定期进行检查。检查时，可灵活地采用自检、互检和责成专门的部门进行检查的方法。检查的依据就是事先确定的目标。对于最终结果，应当根据目标进行评价，并根据评价结果进行奖罚。

成果评价与成员行为奖惩，既是对某一阶段组织活动效果以及组织成员贡献的总结，也是为下一阶段的工作提供参考和借鉴。在此基础上，组织成员及各个层级、部门制定新的目标并组织实施，即展开目标管理的新一轮循环。

三、目标管理的潜在问题

（一）主管人员对目标管理的认识不够

目标管理看起来简单，但要把它有效地付诸实施，尚需各级主管人员对它有详尽的了解和认识。这就需要对目标管理的整个体系做耐心的解释工作，说明目标管理是什么、它怎样发挥作用、为什么要这样做、它在评价管理工作成效时起什么作用以及参与目标管理的人能得到什么好处等。

（二）给予目标制定者的指导不够

目标管理和其他各种计划工作一样，如果那些拟订目标的各级主管人员得不到必要的指导方针，不了解计划工作的前提条件和企业的基本战略和政策，那么他们就无法制定出正确的目标，也就无法发挥目标管理的作用。

（三）目标难以确定

目标难以确定包括以下两个方面：一方面，可考核的目标是难以确定的；另一方面，使同一级主管人员的目标都具有正常的"紧张"和"费力"程度是很困难的。解决这两个问题是使目标管理取得成效的关键。

（四）目标一般是短期的

在所有实行目标管理的组织中，所确定的目标一般都是短期的，很少超过一年，常常是一季度或更短些。强调短期目标的弊病是显而易见的，因此，为防止短期目标所导致的短期行为，上级主管人员必须从长期目标的角度提出总目标和制定目标的指导方针。

（五）不灵活的危险

目标管理要取得成效，就必须保持其明确性和肯定性，如果目标经常改变，就难以说明它是经过深思熟虑和周密计划的结果，这样的目标是没有意义的。但是，计划是面向未来的，而未来存在许多不确定因素，这又使得目标制定者必须根据已经变化了的工作计划提前对目标进行修正。然而修订一个目标体系与制定一个目标体系所花费的精力相差无几，结果可能迫使主管人员不得不中途停止目标管理的过程。

2035年"铁路强国"目标

中国国家铁路集团有限公司于2020年8月13日发布《新时代交通强国铁路先行规划纲要》(以下简称《纲要》)。《纲要》提出,到2035年,全国铁路网达到20万千米左右,其中高铁7万千米左右;20万人口以上城市实现铁路覆盖,其中50万人口以上城市高铁通达;全国1、2、3小时高铁出行圈和全国1、2、3天快货物流圈全面形成。

《纲要》提出了新时代中国铁路的发展目标,从2021年到本世纪中叶,分两个阶段推进目标:到2035年,率先建成服务安全优质、保障坚强有力、实力国际领先的现代化铁路强国;到2050年,全面建成更高水平的现代化铁路强国,全面服务和保障社会主义现代化强国建设。

重庆城轨快线规划与建设管理

重庆市是成渝地区双城经济圈高质量发展的重要增长极和核心引擎。以轨道交通为重点,健全交通基础设施,加快城市轨道交通(以下简称"城轨")快线建设,是提升主城都市区发展能级和综合竞争力,梯次推动中心城区和主城新区功能互补、同城化发展,构建一体化综合交通运输体系,形成中心城区至周边城市(镇)"一小时通勤圈"的关键举措。

一、重庆城轨快线规划及建设管理概况

轨道线网由干线铁路、城际铁路、市域(郊)铁路(都市快线)和城轨组成。其中,干线铁路指国家层面的高速铁路和普速铁路;城际铁路是专门服务于相邻城市间或城市群的客运专线铁路;市域(郊)铁路是一般单程通行时间不超过1小时,尽可能串联城镇组团和重要工业园区、旅游景点等的轨道交通线路;城轨是城市中心区出行的主要轨道交通,包括快线和普线。

基于"四网融合"的轨道交通线网发展策略,重庆市中心城区城轨快线网构建"四纵四横"网络格局,形成平纵相间8条轨道交通快线网骨架,总长度459千米,并预留了与市域铁路的衔接条件。

二、重庆城轨快线建设管理目标

1. 勘察设计标准

勘察设计以"国际化、绿色化、智能化、人文化"为基本要求,结合工程实际,重点在站城一体化、交通衔接、人性化服务、绿色节能、智慧运维、文化设计等方面进行提升,以综合打造"品质轨道、智能轨道、绿色轨道、文化轨道"为目标,实现轨道交通的高质量、高品质发展,支撑轨道引领城市发展格局。

2. 创新建设模式

城轨快线建设以谋划长远、可持续发展，实现土地资源配置效益最大化、最优化为目标，统筹考虑沿线功能开发、建设。由此，衍生出以城轨快线自建为主，沿线开发工程委托代（管）建为辅的多样化创新建设模式，建设过程充分借鉴、吸收国内外城轨成功经验，深入研究城轨快线沿线代（管）建工程、以公共交通为导向的开发和地下空间利用等方案，统筹推进，做好预留预埋，充分实现轨道交通辐射功能，打造城轨快线建设新形象。

3. 构建建设管理体系

结合建筑信息模型（BIM）技术运用，构建适用于多种投融资模式和建设管理模式的项目建设管理体系。

(1) 聚焦城轨快线进度、投资、质量、安全等多方面工程管理，搭建"1+N"协同数字化建设管控体系，以BIM平台为核心，与安全管控系统、投资管理系统以及参建单位自建平台数据对接，强化项目建设全过程信息化统筹调度管理，形成业主牵头，参建各方共同参与、密切配合的局面。

(2) 以"BIM+"为框架大力推进"智慧工地"建设，实现工地24小时全方位安全监控，集成平台风险状态、危大工程状态等显示，部署实名制通道闸机、环境监测等设备，提升安全管理水平。

(3) 结合项目特点，实现全生命周期、全方位的BIM系统性应用，如施工场布模型、交通导改模型、三维倾斜摄影模型、管线碰撞、施工模拟，以及基于地理信息系统（GIS）的征地拆迁和管线迁改。

(4) 推进BIM标准体系建立，大力推行基于"BIM+"的全生命周期数字化建设管理新模式、BIM+GIS+MIS（管理信息系统）的数字化建设管控，打造数字化、信息化城轨快线建设，全面实现"智慧建管"。

(5) 将BIM技术与工程建设深度融合，促进工程建设管理制度与流程的优化创新，实现城轨快线建设过程的标准化、数字化、精细化、智慧化管理。通过既有经验的总结，进一步细化、深化、创新，推动数据管理标准化，为后续项目起到示范作用。

总之，基于"四网融合"理念，重庆市坚持技术标准先进性、全面推行数字建设管理、进行精细化台账管理，以期实现重庆城轨快线快速、高效、舒适的目标，创新建设管理模式，高起点、高质量地建设全新的重庆2.0版本城轨快线，构建高密度、高效率、高服务的全新轨道交通系统。

（案例改编自：王靛. 重庆市轨道交通快线建设管理创新实践［J］. 现代城市轨道交通，2022（1）：109-113.）

案例思考：

1. 结合案例材料，探讨重庆城轨快线建设管理目标体系设计的合理性。

2. 运用目标管理方法，制订重庆城轨快线建设管理目标的实施方案。

项目训练

【训练内容】企业计划与目标管理调研及分析。

【训练目的】实地调研企业,进一步加深理解计划与目标管理方法。

【训练步骤】

1. 学生按 4~6 人划分为一个小组,以小组为单位选择一家本地著名企业为调研对象。

2. 事先收集和整理该企业计划与目标管理信息、新闻报道等资料,根据实训内容梳理出该企业计划与目标管理中存在的问题。

3. 结合调研资料,进行小组讨论并提出该企业计划与目标管理的改进建议,完成实训报告。

实训报告格式如下:

_____实训报告		
实训班级:	项目小组:	项目组成员:
实训时间:	实训地点:	实训成绩:
实训目的:		
实训步骤:		
实训成果:		
实训感言:		
不足及今后改进:		
项目组长签字:	项目指导教师评定并签字:	

4. 小组提交实训报告,教师总结点评并进行成绩评定。

自测题

1. 举例说明如何实施滚动计划法。
2. 简述计划评审技术的步骤及其优缺点。
3. 简述目标管理及其特点。
4. 简述目标管理的基本过程。

【延伸阅读】

彼得·德鲁克. 管理的实践 [M]. 齐若兰,译. 北京:机械工业出版社,2018.

项目二 决策方法

【学习目标及要求】

1. 准确掌握各种决策方法的含义和步骤；
2. 在管理实践中，有针对性地应用各类决策方法。

引导案例

北京地铁苏州街站一体化开发模式

进入21世纪以来，随着中国经济和社会的发展，城市轨道交通因其运量大、用地少、速度快、舒适安全、节能环保等优势，在中国持续保持快速发展的趋势，相关规划、设计、运营线路规模和投资额稳步增长。

近年来，城市轨道交通建设又迎来了新的发展契机，推出了以公共交通为导向的开发模式（Transit-Oriented Development，简称TOD）。该模式秉持"建轨道就是建城市"的理念，更为注重轨道交通建设对城市空间结构的调整优化作用，将轨道交通功能与住宅、商业、办公、生活服务、其他公共交通等功能相结合，进而实现轨道交通建设与城市中心区更新改造、新城建设、城市基础设施建设的一体化开发。

一、项目背景

北京地铁16号线从北安河起，经过圆明园西路、西二环路等区段，最后经抗战雕塑园至丰台区宛平城附近，全线长49.85千米，共设置车站29座、换乘站12座，建成后可进一步加密城市中西部的轨道交通线网，形成南北向大运量交通走廊，缓解中心城区道路交通的压力。

苏州街站位于北四环南侧苏州街路与海淀南路交汇处，为地铁16号线与10号线的换乘车站，周边办公楼、住宅、商业和学校云集，系客流聚集的重要交通枢纽和中心城区重要节点。北京地铁16号线各车站于2013年6月起大面积开工，但苏州街站因各类因素影响迟迟无法建设，对该线路的运营规划造成了较大影响。

二、项目面临问题

1. 场地问题

苏州街站地处中心城区，受既有建筑的限制，用地极为紧张。为满足地铁16号线的功能需求和施工场地需求，该站的设备用房、换乘区域和出入口、风亭等附属设施仅可布置于苏州街站的东南象限一侧，需占用某公司宿舍楼（以下简称公司宿舍）及临街商业的建筑用地范围；另外，该站建设施工还需征占东南象限某公司住宅改造项目（以下简称危改项目）的建设用地作为施工场地。然而这两处地块的拆迁工作形势复杂，进展缓慢。

首先，公司宿舍居民原址回迁诉求强烈，无法按照常规货币拆迁方式来解决。但公司宿舍用地拆迁后主要用于建设地铁附属设施，地面规划为住宅绿化用地，因此无法解决原址回迁问题，拆迁工作受阻。其次，危改项目历史遗留问题较多，居民的回迁安置及原开发建设企业利益补偿诉求强烈。规划建设期间待回迁居民多次上访，对社会的和谐稳定产生一定的不利影响。

2. 模式问题

项目涉及轨道交通建设、危改项目和回迁安置房建设3类不同的建设项目类型，这3类项目各自的实施模式，包括实施主体的确定、建设程序和土地使用权招标等均成为亟待解决的问题。其实施模式直接决定了后续各自任务界面的划定、建设过程的衔接、相关工作的配合等如何开展，可谓项目成败的关键所在。选取何种模式才能保障项目顺利完成，进而为后续地铁运营打下坚实基础，成为项目至关重要的问题，需经详细研究、规划后确定。

3. 功能问题

如前所述，苏州街站为10号线和16号线的换乘车站，客流量大，且需解决大量居民的回迁安置问题，因此项目应至少具备交通和住宅功能，满足出行需求和居住需求。但实施过程需拆除部分临街商业，进一步降低了当地的生活便利性，无法满足回迁安置居民的日常生活需求和地铁客流的相关消费需求，这对项目的功能性提出了更多挑战。

4. 工程条件及工期问题

项目拆迁工作涉及轨道交通功能建设、轨道交通拆迁安置和危改项目等问题，原有地铁建设拆迁政策中单一的协议拆迁方式无法有效推动工作进行，拆迁进度滞后。另外，项目存在周边环境复杂、场地条件局促、施工技术要求高三大特点，难度较大，施工过程缓慢。

5. 资金问题

苏州街站地处中心城区，且属于八一中学等北京市重点中学的学区范围，因此轨道交通拆迁补偿标准高，涉及公司宿舍的居民户数多，地铁拆迁资金所需不菲；而场地内的危改项目（作为企业职工宿舍的危旧房屋改造项目），停滞了10余年，历史成本很高，也需提供巨额经济补偿。

三、项目决策

针对项目面临的主要问题，北京地铁充分调研地铁回迁安置人群，并与地铁建设管理单位、危改项目建设单位深入沟通。在准确掌握基本需求的基础上，融合政府、企业和市民等多方需求，研究提出了协调利用棚户区改造的相关政策，实现"合并用地、综合功能"的轨道交通综合一体化开发模式。

1. 综合规划场地，妥善回迁安置

首先合并危改项目、公司宿舍两块用地，进行一体化统筹规划，满足待回迁居民房源需求。一体化开发后，为居民提供原址回迁、货币补偿和异地安置3种安置方式。其中原址回迁依据"拆一还一"的标准开展工作，并结合规划条件及户型设计等因素，为居民创造更为舒适的居住条件。

2. 统一实施主体，明确使用权属

通过研究，确定利用棚户区改造政策中"一次性招标"方案确定实施主体和土地使用权。此模式实现了前期拆迁、土地整理与一体化开发建设主体的统一，与轨道交通同步运作，加快了轨道交通建设和一体化开发建设的进度。2017年，项目通过一次性招标方式确定中标单位，并纳入北京市2018年棚户区改造实施项目计划和北京市2019年重点工程。

3. 统筹各类功能，塑造微型中心

坚持"轨道+"的规划理念，实行一体化规划方案——地下一层至地下五层设置地铁换乘、设备机房等地铁功能用房和地下车库，地上一层至二层设置便民商业，地上三层至二十二层（局部二十二层）设置居民住宅。项目采用"轨道+社区+商业+物业"的模式，综合"交通+住宅+购物+生活服务"4种功能，真正打造了活力共享、复合多元、高效集约、便捷出行、空间宜人的城市轨道微中心。

4. 协调利用政策，有效缩短工期

为确保地铁如期投入运营，该项目在地铁建设拆迁政策的基础上，综合采用棚户区改造项目的相关政策开展拆迁和回迁安置工作，最终成功利用棚户区改造政策增加回迁安置房面积以改善居民的居住条件，并采用签署选房的拆迁方式加快拆迁速度，在满足居民回迁意愿的同时，保证了地铁建设的时间和场地要求。

5. 销售补贴共举，实现资金平衡

积极与政府相关部门沟通协调，提高土地容积率。在满足回迁房源需求后，将项目部分剩余房源对外销售以回收资金成本。剩下的资金缺口依据地铁建设投资政策，由北京市、区政府各承担一半的原则进行补贴。该模式实现了跨项目资金平衡。

项目在经济、社会和实践等方面均取得了良好效果，实现了政府、企业和市民的多方共赢。

（案例改编自：王耀. 北京地铁苏州街站一体化开发创新模式［J］. 都市快轨交通，2021，34（04）：24-28.）

案例思考：

结合案例材料，谈一谈北京地铁苏州街站项目决策运用了哪些决策方法。

任务一　定性决策方法

定性决策方法又称主观决策法，是指在决策中主要依靠决策者或有关专家的智慧来进行决策的方法。这是一种"软技术"，管理决策者运用社会科学的原理并依据个人的经验和判断能力，采取一些有效的组织形式，充分发挥各自丰富的经验、知识和能力，从对决策对象的本质特征的研究入手，掌握事物的内在联系及其运行规律，对企业的经营管理决策目标、决策方案的拟订以及方案的选择和实施作出判断。这种方法适用于受社会、经济、政治等非计量因素影响较大、所含因素错综复杂、涉及社会心理因素较多以及难以用准确数量表示的综合性问题。定性决策方法是企业决策采用的主要方法，它弥补了"硬"方法对于人的因素、社会因素等难以奏效的缺陷。"硬""软"两类技术相互配合，取长补短，才能使决策更为有效。

定性决策方法主要有头脑风暴法、德尔菲法、哥顿法、电子会议等，其中以头脑风暴法和德尔菲法最常用。

一、头脑风暴法

（一）头脑风暴法的概念

头脑风暴法出自"头脑风暴"一词。头脑风暴（Brain-storming）最早是精神病理学上的用语，是针对精神病患者的精神错乱状态而言的，如今指无限制的自由联想和讨论，其目的在于产生新观念或激发创新设想，因此，头脑风暴法是一种激发、培养创造力的方法。实行头脑风暴法首先要组织一些具有科研能力和知识修养的专门人才，组成一个小组进行集体讨论，相互启发、相互激励、相互弥补知识缺陷，引起创造性设想的连锁反应，产生尽可能多的设想，然后逐一对提出的设想、方案进行客观、连续的分析，找到一组切实可行的"黄金"方案。

在群体决策中，由于群体成员心理相互作用的影响，易屈于权威或大多数人的意见，形成所谓的"群体思维"，因此常会削弱群体的批判精神和创造力，降低决策的质量。而头脑风暴法可以提高群体决策的创造性，有效克服"群体思维"，提高决质量。

头脑风暴法可分为直接头脑风暴法（通常简称为头脑风暴法）和质疑头脑风暴法（也称反头脑风暴法）。前者是通过专家群体决策尽可能激发创造性，产生尽可能多的设想的方法；后者则是逐一质疑前者提出的设想、方案，分析其现实可行性的方法。

采用头脑风暴法组织群体决策时，要集中有关专家召开专题会议，由专家们"自由"提出尽可能多的方案。主持者一般不发表意见，以免影响会议的自由气氛，只是以明确的方式向所有参与者阐明问题，说明会议的规则并尽力创造融洽轻松的会议气氛。

（二）头脑风暴法的激发机理

头脑风暴何以能激发创新思维？根据 A. F. 奥斯本及其他研究者的看法，主要有以下四点：

1. 联想反应

联想是产生新观念的基本过程。在集体讨论问题的过程中，每提出一个新的观念，都能引发他人的联想，继而产生一连串的新观念，产生连锁反应，形成新观念，为创造性地解决问题提供更多的可能性。

2. 热情感染

在不受任何限制的情况下，集体讨论问题能激发人的热情。人人自由发言、相互影响、相互感染，能形成热潮，突破固有观念的束缚，最大限度地发挥创造性的思维能力。

3. 竞争意识

在有竞争意识的情况下，人人争先恐后，竞相发言，不断地开动思维机器，力求有独到见解、新奇观念。心理学原理告诉我们，人类有争强好胜心理，在有竞争意识的情况下，人的心理活动效率可提高 50% 或更多。

4. 个人欲望

在集体讨论、解决问题的过程中，个人的欲望、自由不受任何干扰和控制是非常重要的。头脑风暴法有一条原则，即不得批评仓促的发言，甚至不许有任何怀疑的表情、动作、神色。这就能使每个人畅所欲言，提出大量的新观念。

（三）头脑风暴小组的构成

1. 头脑风暴法中的主持者

头脑风暴法中的主持者，是对决策问题的背景比较了解并熟悉头脑风暴法的处理程序和处理方法的人。头脑风暴主持者的发言应能激起参加者的思维"灵感"，促使参加者感到亟须回答会议提出的问题。通常在"头脑风暴"开始时，主持人需要采取询问的做法，因为主持者一般要在会议开始 5~10 分钟内创造一种自由交换意见的气氛，并激起参加者踊跃发言。主持者的主动活动也只局限于会议开始之时，一旦参加者被鼓励起来以后，新的设想就会源源不断地涌现出来。这时，主持者只需根据"头脑风暴"

的原则进行适当引导即可。应当指出，发言量越大，意见越多种多样，所论问题越广越深，出现有价值设想的概率就越大。

2. 头脑风暴法中的专家小组

专家小组规模以 10～15 人为宜，并且专家小组的人员应按照下述三个原则选取：第一，如果参加者相互认识，要从同一职位（职称或级别）的人员中公平选取，但领导人员不应参加，避免对参加者造成某种压力。第二，如果参加者互不认识，可从不同职位（职称或级别）的人员中选取，但不应宣布参加人员职称，并且不论成员的职称或级别如何，都应同等对待。第三，虽然参加者的专业与所论及的决策问题相一致不是必要条件，但参与者中最好包括一些学识渊博且对所论及问题有较深理解的其他领域的专家。

头脑风暴法中的专家小组应由下列人员组成：

（1）方法论学者——专家会议的主持者；

（2）设想产生者——专业领域的专家；

（3）分析者——专业领域的高级专家；

（4）演绎者——具有较高逻辑思维能力的专家。

另外，头脑风暴法的专家小组成员，都应具备较高的联想思维能力。在进行"头脑风暴"时，应尽可能提供一个有助于把注意力高度集中于所讨论问题的环境。有时某个人提出的设想，可能正是其他准备发言的人已经有过的设想。其中一些很有价值的设想，往往是在已提出设想的基础之上，经过"思维共振"的"头脑风暴"，迅速发展起来的，或者是对两个或多个设想的综合。因此，头脑风暴法产生的结果，应当认为是专家成员集体创造的成果，是专家组这个宏观智能结构互相感染的总体效应。

3. 头脑风暴的记录员

会议提出的设想应由记录员简要记录下来，或采用录音、录像方式存档，以便由分析组对会议产生的设想进行系统化处理，供下一阶段使用。记录员的系统化处理程序如下：对所有提出的设想编制名称（一览表）；用通用术语说明每一设想的要点；找出重复的和互为补充的设想，并在此基础上形成综合设想；提出对设想进行评价的准则；分组编制设想一览表。

（四）头脑风暴法的实施

1. 提出论题

在头脑风暴会议前，确定好论题是很必要的。提出的论题一定要表述清楚，不能范围太大，而是要落在一个明确的问题上，比如"手机里有什么功能是无法实现，而人们又需要的?"如果论题设得太大，主持者应将其分解成较小的部分，分别提问。

2. 制作背景资料

在给予参与者的邀请函中，可以提供会议背景资料的信件，包含会议的名称、论题、日期、时间、地点。论题以提问的形式描述出来，并且可举一些设想为例作为参考。背景资料要提前分发给参与者，这样他们可以事先思考一下论题。

3. 选择与会者

主持者要负责组建头脑风暴专家小组。专家小组由部分与会者和一位记录员组成，有许多不同的组合方式。一般来说，小组由 10 多个成员组成比较合理。

4. 创建引导问题

在头脑风暴会议中，大家的创造力可能会逐渐减弱。这个时候，主持者应该找出一个问题来引导大家回答，借以激发创造力，比如"我们能综合这些设想吗？"或者"换一个角度看怎么样？"最好在开会前就准备好一些诸如此类的引导问题。

5. 会议的进行（自由畅想）

自由畅想是头脑风暴最重要的环节，是决定头脑风暴能否成功的关键要素。自由畅想的主要目的是营造一种高度激励的氛围，使参与者能够突破各种思维障碍和心理制约，让思维自由驰骋，借助参与者之间的知识互补、信息互补和情感激励，提出大量有价值的想法。畅想阶段不需要与会者之间的讨论，其时间由主持者灵活掌握，一般不超过 1 个小时。

6. 评估

头脑风暴并不是为了提出设想让他人去评估和选择。通常在最后阶段，本组成员会自己评估这些设想并从中挑选出解决问题的方法。被挑选出来的解决方案不应要求小组成员拥有不具备或不能获得的技能和资源。如果没有达到目的就进一步开展头脑风暴。如果已经获得解决问题的满意答案，头脑风暴法就达到了预期的目的。

二、德尔菲法

（一）德尔菲法的概念

德尔菲法，也称专家调查法，其本质上是一种反馈匿名函询法，其大致流程是在对所要预测的问题征得专家的意见之后，进行整理、归纳、统计，再匿名反馈给各专家，再次征求意见，再集中，再反馈，直至得到一致的意见。该方法是由企业组成一个专门的预测机构，其中包括若干专家和企业预测组织者，按照规定的程序，背靠背地征询专家对未来市场的意见或者判断，然后进行预测的方法。

德尔菲法依据系统的程序，采用匿名发表意见的方式，即专家之间不得互相讨论，不发生横向联系，只能与调查人员纵向沟通，通过多轮次调查专家对问卷所提问题的看法，经过反复征询、归纳、修改，最后汇总成专家基本一致的看法，作为预测的结果。这种办法采用匿名方式征询专家意见，专家互不见面，不私下交流，各自发表本人的观点、分析、判断不受他人影响，不存在屈从权威的情况，较为客观，预测结果往往比较准确。

（二）德尔菲法的实施步骤

德尔菲法的具体实施步骤如下：

1. 组成专家小组

按照课题所需要的知识范围，确定专家。专家人数的多少，可根据预测课题的大小和涉及面的宽窄而定，一般不超过 20 人。

2. 提供问题材料

向所有专家提出所要预测的问题及要求并附上有关这个问题的所有背景材料，同时请专家提出还需要什么材料。

3. 提出预测意见

专家根据材料提出预测意见，并说明提出预测意见的具体理由。

4. 修改意见

将各位专家的第一次预测意见汇总，列成图表，进行对比，再分发给各位专家，让专家比较自己同他人的不同意见，修改自己的意见和判断。也可以把各位专家的意见加以整理，或请身份更高的其他专家加以评论，然后把这些意见再分送给各位专家，以便他们参考后修改自己的意见。

将所有专家的修改意见收集汇总后再次分发给各位专家，以便作第二次修改。逐轮收集意见并向专家反馈信息是德尔菲法的主要环节。收集意见和信息反馈一般要经过三四轮。在向专家进行反馈的时候，只给出各种意见，但并不说明发表各种意见的专家的具体姓名。这一过程可以重复进行，直到每一位专家不再改变自己的意见为止。

5. 综合处理意见

经过反复征询、归纳、修改，最后综合成专家基本一致的看法。

德尔菲法作为一种主观、定性的方法，不仅可以用于预测领域，而且可以广泛应用于各种评价指标体系的建立和具体指标的确定过程。

任务二　定量决策方法

一、确定型决策方法

（一）确定型决策方法的概念和特征

决策是否正确，取决于对未来可能发生情况的了解程度。对未来可能发生情况判断和掌握得越准确，决策就越有把握。所谓确定型决策方法，是指在明确决策目标的情况下，比较各个可行方案的效益结果，从中选择较优方案的决策活动。它的分析对象是确定型的决策问题。

确定型决策方法具备下列特征：决策目标明确、未来的自然状态或约束条件已经确定、具有两个或两个以上不同的可行方案、各可行方案在确定的自然状态或约束条件下的效益值可以计算等。

马特莱法则——抓关键

马特莱法则又称80:20法则，主张企业经营者管理企业不必面面俱到，而应侧重抓关键的20%。从人力资源管理的角度来看，企业经营者应把主要精力放在占员工总数20%的业务骨干身上，抓企业发展的骨干力量，再以这20%的少数带动80%的多数，以提高企业效率；从决策的角度来看，马特莱法则就是要抓住企业中存在的关键问题进行决策；从营销的角度来看，企业经营者应抓住占总数20%的重点商品、重点用户，渗透经营，以达到牵一发而动全身的效果。

马特莱法则的神奇之处，就在于它确定了经营者的大视野：侧重抓占总数20%的骨干力量、重点产品、重点用户等。抓住了这几个20%，就牵住了"牛鼻子"，整个工作就会顺势而上。掌握了马特莱法则，管理者就能找准工作的着力点，就能从繁忙的事务中解脱出来，去干自己最想干又最需要干的事情。

（二）量本利分析法

确定型决策常用的分析方法有直观判断法、量本利分析法、线性规划法、ABC分析法和经济批量法等，其中最常用的是量本利分析法。

量本利分析法，又称为盈亏平衡点分析法，通过分析企业生产成本、销售利润和业务量（产量或销售量）三者的关系，掌握盈亏变化规律，指导企业选择能够以最小的成本生产出最多产品并使得企业获取最大利润的方案。

量本利分析法的基本思想是通过比较产品的生产成本和产品的销售利润，确定企业不亏不盈（即盈亏平衡）时的生产批量（即盈亏平衡点或称保本点），然后以此盈亏平衡点为依据进行决策分析。量本利分析的核心是盈亏平衡点的分析。盈亏平衡点是指在一定的销售量下，企业的销售收入等于总成本，即利润为零的情况。以盈亏平衡点为界限，销售收入高于此点，企业盈利；反之，企业亏损。

盈亏平衡点数学公式为：

$$盈亏平衡点销售量 = \frac{固定成本}{销售单价 - 单位变动成本}$$

例如，某新产品定价为每台10万元，单位变动成本为6万元，固定成本为400万元，请问该产品在什么销量下可以保本？

$$\text{盈亏平衡点销售量} = \frac{\text{固定成本}}{\text{销售单价} - \text{单位变动成本}} = 400/(10-6) = 100(\text{台})$$

分析：该产品在销量为 100 台时，可以保本；超过此数量时，可以盈利。

二、风险型决策方法

风险型决策方法是指依据各个方案可能的自然状态发生的概率来计算各个方案的损益期望值，并据此判断方案的优劣，是一种随机的决策。

风险型决策方法的特点是：具有决策期望达到的目标；存在可由决策者选择的两个以上的可行方案；每个方案都存在各种自然状态，但是对于各种自然状态决策者无法控制；各种自然状态发生的概率可以估计，方案在各种自然状态发生的损益值可以计算出来。

风险型决策方法的类型很多，本书仅介绍决策收益表法和决策树法。

（一）决策收益表法

决策收益表就是一张数表，主要包括决策方案、各方案所面临的自然状态、自然状态出现的概率和各方案在各种自然状态下的收益值。决策标准是收益期望值。

$$\text{收益期望值} = \sum(\text{收益值} \times \text{状态概率})$$

例如，一肉食加工厂去年 6—8 月（每月以 30 日计）熟食日销量统计资料如下：日销 100 吨有 18 天，110 吨有 36 天，120 吨有 27 天，130 吨有 9 天，如表 2-1 所示。预测今年 6—8 月需求量与去年相同。若每销售一吨可获利 50 元，每剩余一吨要增加 30 元费用，该厂日生产计划应如何决策？

表 2-1　自然状态统计概率

自然状态	日数/天	概率
100 吨/日	18	0.2
110 吨/日	36	0.4
120 吨/日	27	0.3
130 吨/日	9	0.1
∑	90	1

根据条件计算决策收益表，如表 2-2 所示。

表 2-2　日生产计划决策收益表

自然状态		日销售量/吨				期望利润/元
		100	110	120	130	
		0.2	0.4	0.3	0.1	
方案 （日产量/吨）	100	收益值	5 000	5 000	5 000	5 000	5 000
	110		4 700	5 500	5 500	5 500	5 340
	120		4 400	5 200	6 000	6 000	5 360
	130		4 100	4 900	5 700	6 500	5 140

从计算结果看，日产 120 吨时，期望利润为 5 360 元，大于其他方案，应选日产 120 吨的方案。

收益值的计算方法，以日产 120 吨为例：在日销量为 100 吨的情况下，收益值 = (100×50) - (20×30) = 4 400(元)；在日销量为 110 吨的情况下，收益值 = (110×50) - (10×30) = 5 200(元)；在日销量为 120 吨的情况下，收益值 = 120×50 = 6 000(元)；在日销量为 130 吨的情况下，收益值 = 120×50 = 6 000(元)。

期望利润的计算方法，也以日产 120 吨为例：期望利润 = (4 400×0.2) + (5 200×0.4) + (6 000×0.3) + (6 000×0.1) = 5 360(元)。

（二）决策树法

1. 决策树法的概念

决策树法是指由决策节点、方案分枝、状态节点和概率分枝构成树形图来辅助决策各备选方案损益值的方法。它直观地显示出决策问题和决策的过程，层次清晰分明，特别适用于复杂的多级决策。决策树的基本形状如图 2-1 所示。

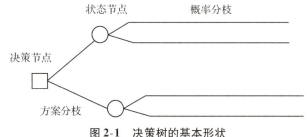

图 2-1　决策树的基本形状

（资料来源：李渠建. 企业管理基础 [M]. 北京：高等教育出版社，2014.）

图中"□"表示决策节点，从它引出的分枝叫方案分枝，有几个分枝就有几个方案；图中"○"表示状态节点，从它引出的分枝叫概率分枝，每一条分枝代表一种自然状态。

2. 运用决策树法决策的步骤

决策树法就是以决策树为工具的分析技术。运用决策树法决策的步骤如下：

（1）绘制决策树，表述相应数据。

（2）计算出每个方案在不同自然状态下的期望值。

（3）比较各方案的期望值，将期望值小的方案分枝剪掉，保留期望值最大的方案分枝。若是期望损失值，则剪掉损失值大的方案分枝，保留期望损失值小的方案分枝，即为最优的决策方案。

例如，卫龙食品企业生产某种产品，可采用的方案为：方案一是建小厂，需投资 500 万元，建成后如果销路好每年获利 100 万元，如果销路差每年亏损 25 万元；方案二是建大厂，需投资 800 万元，建成后如果销路好每年获利 200 万元，如果销路差每年亏损 15 万元。两个方案的使用期限均为 10 年。根据市场预测，产品销路好的概率为 0.7，销路差的概率为 0.3。两种方案概括如表 2-3 所示。试用决策树法进行决策。

表 2-3　产品生产方案比较

方案	投资/万元	年收益/万元		使用期限/年
		销路好（0.7）	销路差（0.3）	
建小厂	500	100	−25	10
建大厂	800	200	−15	10

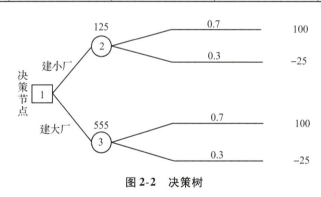

图 2-2　决策树

首先，绘制决策树，如图 2-2 所示。其次，计算期望值。

节点 2 的期望值为：

$[100 \times 0.7 + (-25) \times 0.3] \times 10 - 500 = 125（万元）$

节点 3 的期望值为：

$[200 \times 0.7 + (-15) \times 0.3] \times 10 - 800 = 555（万元）$

从期望值来看，建大厂期望值更高，所以选择建大厂。

3. 决策树的剪枝

剪枝是决策树停止分枝生长的方法之一，剪枝有预先剪枝和后剪枝两种方法。

预先剪枝是在决策树的生长过程中设定一个指标，当达到该指标时就停止生长，这样做容易产生"视界局限"，就是一旦停止分枝生长，使得节点成为叶节点，就断绝了其后继节点进行"好"的分枝操作的任何可能性。

后剪枝则是首先让树充分生长，直到叶节点都有最小的不纯度值为止；然后考虑是否消去所有相邻的成对叶节点，如果消去能引起令人满意的不纯度增长，那么就消去，并令它们的公共节点成为新的叶节点。这种"合并"叶节点的做法和节点分枝的过程恰好相反，经过剪枝后，叶节点常常会分布在很宽的层次上。后剪枝技术的优点是克服了"视界局限"，而且无须保留部分样本用于交叉验证，所以可以充分利用全部训练集的信息。但后剪枝的计算量代价比预剪枝方法大得多，特别是在大样本集中，不过对于小样本的情况，后剪枝方法还是优于预剪枝方法的。

4. 关于决策树法的评价

（1）运用决策树法的优点。

① 决策树列出了决策问题的全部可行方案和可能出现的各种自然状态，以及各可行方法在不同状态下的期望值。

② 能直观地显示整个决策问题在时间和决策顺序上不同阶段的决策过程。

③ 在应用于复杂的多阶段决策时，阶段明显，层次清楚，便于决策机构集体研究。

（2）运用决策树法的缺点。

① 使用范围有限，大多运用于一些不能用数量表示的决策。

② 对各种方案的出现概率的确定有时主观性较大，可能导致决策失误。

三、不确定型决策方法

在风险型决策中，决策者因为知道事物发生的客观概率，因而可以通过计算期望值而对方案进行取舍。但现实经济生活中往往很难知道某种状态发生的客观概率，当然也就无法根据期望值标准进行选择了。这种既不属于确定性情况也无法估计概率的情况，被称为不确定性状态，此时的决策主要受决策者主观心理的影响。很显然，决策者主观意识不同，其决策的出发点也就不一样。对于不确定型决策，决策者所采用的决策方法具有很大的主观随意性。常用的不确定型决策方法主要有最大最小值准则、最大最大值准则、乐观系数准则、最小最大后悔值准则等。

（一）最大最小值准则

1. 基本概念

最大最小值准则，也称"坏中求好"决策准则或悲观决策准则。持这种准则的决策者，都是对未来事件结果估计比较保守的。其决策方法是：先找出各方案中的最小收益值，然后从最小收益值中选择收益值最大的方案为最优方案。它力求在不利的情况下寻求较好的方案，即从坏处着眼向好处努力。

2. 决策步骤

采用最大最小值准则进行不确定型决策分析，一般按如下步骤进行：（1）确定决策问题的各种可行方案以及面临的各种客观情况，即自然状态；（2）拟订决策问题的备选方案；(3) 计算和比较各行动方案在不同自然状态下的收益值，并确定每一行动方案的最小收益值；(4) 取最小收益值中最大的收益值方案作为最优方案。

3. 优缺点

最大最小值准则是在收益最少、最不利的自然状态中进行选择，最后确定的方案是在最不利的情况下的最好方案，所以这是一种比较保守的决策方法。这种方法的优点是风险较小，比较谨慎和对未来持较为悲观态度的决策者以及承担风险能力较小的企业，倾向于采用此种决策方法。

(二) 最大最大值准则

1. 基本概念

最大最大值准则，也称"好中求好"决策准则或乐观决策准则。它是从最好处着眼，采用较为冒险的决策准则，先找出各方案中的最大收益值，然后从各最大收益值中选择收益值最大的方案为最优方案。

这种决策准则往往是决策者对未来充满信心时做出的，它带有一定的冒险性质，反映了决策者冒进乐观的态度。

2. 决策步骤

采用最大最大值决策法进行不确定型决策分析，一般按如下步骤进行：(1) 确定决策问题的各种可行方案以及面临的各种客观情况，即自然状态；(2) 确定决策问题的备选方案；(3) 计算、比较各行动方案在不同自然状态下的收益值，并确定每一方案的最大收益值；(4) 取最大收益值中最大的收益值方案作为最优方案。

3. 优缺点

最大最大值准则是一种比较乐观而积极的决策方法，常为一些敢冒风险、勇于进取的决策者和实力雄厚的企业组织所采用。它的优点是有可能取得最好的效果，其缺点是承担的风险较大。

一般地，除了特殊情况（如绝处求生）外，采用该种决策方法都强调一个基本前提：最好状态发生，恰好如愿；最坏状态出现，损失不重。如果违背这个前提，决策就是不明智的。

(三) 乐观系数准则

1. 基本概念

在实际决策过程中，人们一般会嫌最大最小值准则过于保守、悲观，不愿采用；嫌最大最大值准则过于乐观、冒进，也不愿采用。在这种情况下便产生了乐观系数准则，也称为折中系数法。

2. 决策步骤

乐观系数准则的具体执行步骤如下：

(1) 找出各方案所有状态中的最大值和最小值。

（2）根据自己的风险偏好，给定乐观系数 λ，则相应的悲观系数为 $1-\lambda$。λ 的大小表明决策者对最大值出现可能性大小的主观判断，λ 值越大表明决策者认为最大值出现的可能性越大，反之则认为最大值出现的可能性越小。λ 值可以取 0 和 1 之间的任一数字。

（3）用给定的折中系数和对应的各方案最大最小值计算各方案的加权平均值。

（4）取加权平均最大的损益值对应的方案为所选方案。

（四）最小最大后悔值准则

1. 基本概念

决策者在选定方案后，如实践证明自然状态比原先估计得要好，那么就遭受了机会损失，决策者将会为此而后悔。机会损失越大，则后悔感就越强。最小最大后悔值准则，就是要求决策者在选择决策方案之前，必须考虑到这种后悔感，尽量使决策方案所产生的后悔感最小。

后悔的程度用每个方案的最大收益值与所采取方案的收益值之差来衡量，称为后悔值。最小最大后悔值准则是对每个方案求取其最大后悔值，选取最大后悔值最小的方案作为最优方案。

2. 决策步骤

（1）找出各种自然状态下的最大收益值。

（2）分别求出各自然状态下各个方案未达到理想的后悔值，并确定每一方案的最大后悔值。

$$后悔值 = 最大收益值 - 方案收益值$$

（3）选取最大后悔值最小者所对应的方案为最优策略。

3. 优缺点

与最大最小值准则类似，最小最大后悔值准则也是从最坏处着眼，因而也具有保守性质和悲观情绪。但是，这一原则不是从收益考虑，而是从损失考虑，故能避免过于保守的结果。

在实际应用中，最小最大后悔值准则一般比较适用于有一定基础的中小企业。因为这类企业一方面能承担一定的风险，因而可以不必太保守；另一方面，这类企业又不能抵挡大的灾难，因而不能像最大最大值准则那样过于冒进。对这类企业来讲，采用最小最大后悔值准则进行决策属于一种稳中求发展的决策。另外，竞争实力相当的企业在竞争决策中也可采用此法。因为竞争者之间有一定实力，必须以此为基础进一步开拓，不可丧失机会，但又不宜过激，否则欲速则不达，危及基础。因此，在势均力敌的竞争中，采用此法既可以稳定已有地位，又可使市场开拓机会的丧失降到最低限度。

拉普拉斯准则

拉普拉斯准则也称等可能性准则,由法国数学家拉普拉斯于19世纪提出。它是一种决策方法,其基本思想是认为各种可能出现的状态出现的可能性是相等的,然后按照期望受益最大的原则选择最优方案。该准则适用于信息不完全时的决策。

任务三　大数据分析方法

一、大数据概述

自1980年美国未来学家阿尔文·托夫勒首次提出"大数据"概念以来,"大数据"经历了三个发展阶段。第一个阶段是1980—2010年,托夫勒最初提出的仅仅是概念性的理论,在信息资源并不是那么丰富的当时没有受到很大的关注。第二个阶段是2011—2012年,麦肯锡公司于2011年发布了一份大数据调研报告,题目是《大数据:下一个创新、竞争和生产力的前沿》。这份大数据调研报告显示出大数据慢慢受到人们的关注,并将大数据定义为一种超出传统数据库软件采集、储存、管理和分析能力的数据集。第三阶段是2013年至今。2013年被称为"大数据元年"。大数据技术在此之后慢慢发展,并且应用到了各个行业和领域,尤其是在前沿科技和物流领域中备受瞩目。一些文章均从不同角度对大数据概念、大数据特征和大数据技术的应用提出了独到的见解。

在大数据时代,大数据在各个领域中相继兴起,首先是互联网、金融及IT行业等虚拟行业,随后延续到教育、科研以及物联网等实际领域当中。事实上,大数据几乎完全占据了我们生活的方方面面,我们可以想象到的各个领域都在产生着大数据。比如考生的成绩、个人身份信息、商场的购买物品以及会员信息、网络运营商中存储着的手机信息和通话记录等,只要有生活的痕迹,就会形成数据。大数据,无论是数据形态、数据来源还是数据体量、数据构成、数据载体、数据表现,都更加丰富多彩,与以往数据资源相比呈现出数据量巨大、形式多样化、涌现速度快和价值大的特点,因而大数据时代的大数据具有更大的复杂性和更加显著的不确定性,使人类分析和利用数据遇到了困难。面对新型数据类型的涌现,人类要有能力去获取数据并有能力从数据中挖掘有效的信息,这种现实的需求持续推动着管理定量分析及定量决策技术的发展。

二、大数据时代的数据类型与数据变化

（一）数据类型

大数据时代，管理定量分析需要更新对数据的理解，凡是具备以下四个特征的都可以被理解为现代意义下的数据：（1）可记录。数据能够以适当的方式加以记录和储存。（2）事实。这里所指的事实只要满足客观真实记录事件或事物的真实信息就可以，并不排斥网络大数据中的一些虚假信息，因为这些数据本身记录了真实的网络数据产生过程。（3）有最合适的表现方式。在众多可供选择的表现方式中能够用最合适的方式加以表现，如数字、文本、图像等。（4）蕴含信息价值。只有包含有价值信息的数据才值得花费时间和精力去挖掘，才值得去开发和研究对应的科学研究方法，分析出其中有价值的东西。

根据数据结构性特征，可以将数据分为结构化数据、半结构化数据和非结构化数据三种类型。结构化数据就是以数字表现的可进行数学运算的数值，这是传统管理定量分析的主要数据类型。非结构化数据则是指一切可以用一定形式记录和反映的客观事实，是信息的表现方式或载体，除了数值、图表，它还可以是符号、文字、图像、声音、视频等，主要反映了大数据时代的新型数据类型，更多地需要依靠大数据分析方法进行信息挖掘和分析。半结构数据则是介于两者之间的数据类型。

（二）数据变化

大数据时代，作为管理定量分析对象的数据发生了多方面的变化，主要表现为：

第一，数据内涵的变化。以往对数据的认识主要以数字为基础、以可计算为标准，而大数据则主要以信号为基础、以可分析为标准。

第二，数据来源与构成的变化。以往只能通过"无中生有"的办法去获得数据，主要通过专门调查或实验等方式获取数据，以结构性数据为主，而大数据则主要是"有中选优"，是从基于现代信息技术获取的一切信息，包括人与人之间的网络交流数据、人与机器之间的人机交互数据以及机器自动记录的感应数据等中有选择地筛选数据。这意味着未来从大数据中筛选数据的方法和能力是挖掘大数据价值的重要影响因素。当然，大数据时代并不是任何数据都可以从现成的大数据中获得，在有些方面还需要运用传统的方式方法去收集特定的数据，数据来源和采集方式更加多样化。

第三，数据形式和存储方式的变化。以往数据的表现形式以数字为主，并表现为良好的结构特征；而大数据的表现形式是多样化的，包括数字、文字、图像、影像和视频等，由此导致大数据的存储方式也不同于以往数据的存储方式。

第四，数据复杂程度的变化。以往管理定量分析数据的复杂性主要体现在数据收集方法、测量方法和测量精度，以及变量的多元性等方面；而大数据的复杂性主要表现为六个不确定性，即数据总体的非确定性、数据表现的非标准性、数据含义的非单一性、

数据产生的非独立性、数据真伪的难分辨性和数据来源的有偏性。

与传统数据分析"先有总体后有数据"的思维模式不同，大数据研究者首先看到的是数据本身，然后才会分析总体或元素，即大数据研究是总体跟着数据走。根据大数据研究对象的不同，大数据总体可以有两种情况：一是由全部数据构成的数据总体，二是由全部数据的承担者所组成的总体。但无论怎样，都是先有数据再确定样本或元素。根据数据范围和特征分析，大数据总体可能有三种情况：一是某一现象某一方面数据的集合；二是某一现象所有方面数据的集合；三是所有相同现象或相关现象某一方面或所有方面数据的集合。从时间角度进行划分，后面时刻的大数据总体都包含了前面时刻的大数据总体，这是由大数据的累积性决定的，所以前面时刻的大数据总体都是后面时刻大数据总体的一个样本。

三、大数据时代的数据分析

（一）大数据时代的数据分析特点

大数据时代的数据分析主要不是以问题为导向，而是以大量数据为前提的，是要把大数据作为宝贵的资源，从中挖掘有价值的信息。因此数据分析的思路发生了变化，数据挖掘的分析思路主要为"探求式的现象特征描述、多元化的数据分析思维、挖掘性的数学运算、强大的计算技术、形成结论"，其遵循的逻辑分析框架也有不同，主要遵循"定量—定性"的逻辑分析框架。

（二）大数据时代的数据分析方法

由于大数据分析方法体系还处于形成和发展过程中，对大数据分析方法的分类有各种不同角度。

1. 根据大数据分析的具体目标分类

有学者根据大数据分析的具体目标，将大数据分析方法分为可视化分析、语义引擎、数据挖掘算法、预测性分析、数据质量和数据管理五个方面的方法。

（1）可视化分析主要是针对数据呈现形成要可视化的要求，这是大数据分析最基本的要求。

（2）语义引擎是解析、提取、分析数据的工具，需要被设计成能够从"文档"中智能提取信息，这主要是针对大数据时代多样化、非结构化数据分析的新要求。

（3）数据挖掘算法是大数据分析的理论核心，基于不同的数据类型和格式产生了各种各样的数据挖掘算法，只有那些能遵循科学统计理论并能深入数据内部挖掘有效信息、又能快速获得准确结论的算法才能被认可和生存下来。

（4）预测性分析是基于大数据分析的应用目标，具有很强的实用价值。通过基于数据挖掘获得的有效信息构建模型，将新的数据输入模型，获得对未来预测的数据。

（5）数据质量和数据管理是所有大数据分析都必须有的环节，只有高质量的数据和有效的数据管理才能够保证数据分析结果的真实性和价值性。

2. 根据大数据分析的内容要求分类

大数据分析方法还有一种比较常见的分类是按大数据分析的内容要求来划分的，分为描述型分析、诊断型分析、预测型分析和指令型分析。

（1）描述型分析主要回答"是什么"的问题，这是最常见的分析方法。例如，企业每个月的营业收入和损失账单是在获取大量客户数据和经营数据基础上对企业运营状况的描述。利用可视化工具，能够有效增强描述型分析所提供的信息的直观性。

（2）诊断型分析主要回答"为什么"的问题，通常是继描述型数据分析后进行的较深入分析。通过评估描述型数据，诊断分析工具能够让数据分析更加深入。例如，商业智能仪表盘是一般商业智能都拥有的实现数据可视化的模块，是向企业展示度量信息和关键业务指标（KPI）现状的数据虚拟化工具。商业智能仪表盘能够按照时间序列进行数据读入、特征过滤和钻取数据等，以便更好地分析数据。

（3）预测型分析主要回答"将会怎么样"的问题。预测型分析方法主要用于预测事件未来发生的可能性、预测一个可量化的值，或者是预估事情发生的时间点，这些都可以通过预测模型来完成。在充满不确定性的环境下，预测能够帮助人们做出更好的决定。

（4）指令型分析主要回答"应该做什么"的问题。指令型分析是基于"是什么""为什么""将会怎么样"分析结果的基础上，帮助用户决定"应该做什么"。例如，交通规划分析通过考量所有路线及其相互间的距离、所有线路的行驶速度限制，以及交通管制等方面的因素，来帮助人们选择最好的通行交通路线。

大数据分析方法的特点和多样化对相关专业人员提出了新的要求，通常大数据分析人员必须掌握的基础知识包括数据库、数据及编程方法、管理定量分析方法等。

数据安全的定义

国际标准化组织（ISO）对计算机系统安全的定义是：为数据处理系统建立和采用技术和管理的安全保护，保护计算机硬件、软件和数据不因偶然和恶意的原因遭到破坏、更改和泄露。

《中华人民共和国数据安全法》第三条对数据安全的定义是：通过采取必要措施，确保数据处于有效保护和合法利用的状态，以及具备保障持续安全状态的能力。

案例分析

苏州轨道交通6号线母婴室设计的决策

当今,地铁车站作为都市要素而存在,不仅承载着交通功能,更是集交通换乘、商业、娱乐休憩等功能于一身。随着城市轨道交通系统的发展越来越完善,人们选择地铁出行,不仅是因为地铁快捷高效,更是注重生活品质和生活体验感的直接体现。

一、项目背景

苏州轨道交通6号线途经高新区、姑苏区和工业园区,全长36.12 km,设站31座(地下站30座,地上站1座),是城市东西向穿越古城及金鸡湖的重要客流通道,同时也是探索苏州过去、现在、未来,体现苏州古韵今风的旅游特色线。城市的公共环境质量,体现着一个城市的内在品质,地铁车站的人性化设计是将人与当地社会环境、情感联系起来的一种方式。

在城市地铁这个使用度日渐增高的城市公共空间中,亟须设置可供哺乳人群使用的私密空间,这对于保护哺乳人群隐私、避免社会争议、便捷和推动哺乳人群使用公共交通出行、提高城市公共交通的服务能力等都有着重要的意义。

二、项目面临的问题

1. 场地问题

随着中国城市化程度的不断提高,大城市率先步入以新城市主义思想为主导的可持续发展规划时代,乘坐以轨道交通为代表的公共交通工具逐渐成为大城市居民出行的首选方式。哺乳期女性每天携子外出,地铁是她们重要的交通出行工具,而幼儿每2~3小时就需哺乳一次,所以这一需求群体是非常庞大的。但是由于地铁建筑空间有限,其他城市建设较早的地铁站中严重缺少相关母婴设施和哺乳私密空间,或者将哺乳功能同其他功能空间合并混置,比如卫生间附带哺乳功能设施,混合设置的母婴室一般环境条件较差,功能有交叉,会相互影响。

2. 可达性问题

母婴对公共场所母婴室的可达性和便捷性要求较高,位置规划不合理和指引标识不明确将增加妈妈们寻找母婴室的时间成本,造成低使用率,违背了母婴室建立的初衷。现有的母婴室标识不清,很多妈妈难以找到母婴室,找到的时候孩子已经在哭泣。

3. 便捷度问题

在国内,虽然建立母婴室的概念渐渐被重视起来,但是母婴室功能和设施的设计仍在逐步探索之中,公共场所母婴室存在的问题依然还在,母婴室缺乏人性化的设计,依然是需要解决的问题。部分母婴室房间虽为独立的空间,其中设施和设备都是不完善的,体验不佳,使用不便,严重影响母婴室功能的发挥。

三、问题的解决

1. 综合规划场地，合理空间布局

苏州轨道交通6号线全线设有8个母婴室供乘客日常使用，为携带婴儿出门的母亲提供了便利。利用显眼空间作为母婴室的最佳建设位置，采取单间面积小但数量多、分布广的建设模式，以扩大母婴室的服务半径。单个母婴室空间约12平方米，在母婴室的布局设计上，建议依据母婴室使用对象的需求，实行哺乳区与换尿布区分离的模式，哺乳区只为女性专用，换尿布区则男女均可使用。这样既可提高资源的使用效率，也为奶爸带孩子提供便利。

2. 加强可达性，提高辨识度

引导标识设计主要依据环境心理学相关理论，通过研究环境与人的心理和行为之间的关系进行设计。苏州轨道交通6号线在导向设计中，规范公共场所母婴室标识以提高便捷度。哺乳私密空间引导标识根据哺乳期女性的特点，结合地铁不同场所进行设计。公共场所区域导向地图中明确标注母婴室地理位置，以中英文书写标识，并置于显眼位置。另外，在引导和确认导向标识中，也增加了母婴室的指引信息。母婴室房间门口墙面设有醒目的特有图示化语言，标识及颜色鲜明，便于寻找。

3. 丰富功能设计，提升使用体验

苏州轨道交通6号线地铁站母婴室整体装修风格采用温馨的黄绿配色，多圆拱形造型设计，主要满足哺乳期女性的心理需求。遮挡门帘搭建私密空间，内部设施齐全，安放位置及尺寸经过考量，整体设计圆润，方便使用。母婴室内增设小厨宝等设备，满足简易换洗和冲洗奶瓶时使用者对于热水的需求。这不仅有利于缓解母亲在公共场合哺乳的紧张情绪，也符合幼儿的视觉特征。

苏州轨道交通6号线地铁站对母婴室人性化设计进行了调研与分析，并提出了相应的优化方案。地铁站空间设计在解决生理需求的基础上，还应关注和尊重乘客的心理需求。

（案例改编自：苏州市轨道交通集团有限公司内部资料）

案例思考：

结合本案例资料，探讨苏州轨道交通6号线母婴室设计的决策方法。

项目训练

【训练内容】自选一家企业决策案例，说明该企业的决策方法。

【训练目的】了解决策在企业经营活动中的重要作用，熟悉影响决策可能的因素，掌握决策方法的应用。

【训练步骤】

1. 教师将学生4~6人分成一组。

2. 组长采用自己的方式在本组内产生记录员、发言人各一名，并征得组员同意。

3. 每个小组各自分工。同时，教师将课前准备好的"案例分析报告"和"课题讨论记录稿"发放给各小组。

4. 组长组织本组成员研究案例。教师可以事先提供几个问题，供组员参考，但更应让组员自我发现问题和提出问题。

5. 完成后，各组分别派出发言人简述分析报告。一组发言时，另一组可以以咨询公司顾问的身份来提问并评价。一组发言完成后，另一组发言，角色互换。

6. 各组利用课余时间完成作业，一份是自己组的案例分析报告，另一份是以咨询公司顾问的身份对另一组所研究的课题提出自己的诊断报告。

自测题

1. 举例说明常用的定性决策方法。
2. 了解确定型决策、风险型决策、不确定型决策之间的区别。
3. 简述决策树法的含义及应用步骤。
4. 举例说明盈亏平衡点法。
5. 简述大数据分析方法的类型。

【延伸阅读】

吕燕，朱慧. 管理定量分析：方法与实践［M］. 上海：上海人民出版社，2022.

项目三 人力资源管理方法

【学习目标及要求】

1. 掌握职位分析、人员招聘、培训开发、绩效管理的步骤及注意事项；
2. 在实践中应用职位分析、人员招聘、培训开发、绩效管理的方法。

海尔人力资源共享服务中心的数字化转型

2005年，海尔集团董事局主席、首席执行官张瑞敏首创人单合一管理模式。"人"指员工，也就是创客；"单"指用户，也是用户价值；"合一"即让创客分享到的价值与其为用户创造的价值合一。在这种理念之下，海尔发生了两个重要的改变：一是一切以用户为中心，不断满足用户需求；二是组织结构从传统金字塔组织转向平台化、网络化组织，领导与中间管理层要满足与用户距离最近的一线员工的需要，人力、法务等职能型部门也要为其赋能。这两点改变都对传统的人力资源管理提出了巨大的挑战。

传统的人力资源管理模式按照职能划分各个模块，难以满足业务部门的整体需要，并且缺乏灵活性。在人单合一模式下，海尔的人力资源部门也应该像业务部门一样运作，而他们的用户则是企业内部的创客。为了让人力资源专家和业务伙伴从大量事务性的工作中解脱出来，更好地发挥战略性和支持性的功能，海尔探索建立了人力资源共享服务中心（HRSSC）。海尔HRSSC于2008年组建，经过十多年的成长和3次迭代，持续提升服务效率和质量，为用户提供极致服务体验。其发展历程大致可分为组建成长期、发展成熟期和数字化转型期3个阶段。

2019年年底，海尔集团开启生态品牌战略，实现用户及海尔生态系统中各方共创共赢。在人单合一模式下，企业内外的小微（在海尔的创业平台上生长出来的创业公司）相互并联在一起形成生态链小微群（链群）。链群中的各个节点组成利益共同体，

实用管理方法

只有根据用户的场景化需求提供解决方案，链群才能共享收益。不同于传统的项目制，链群组织是动态开放的，在链群合约机制下，链群目标确定以后，一旦某个小微出现问题，小微创客会自动退出并开放引入新的人员。2019年，海尔HRSSC全面转型升级，以运用数字化、智能化技术为用户创造最佳场景体验，创造最优运作效率为目标，海尔HRSSC颠覆传统的、线下的物理大厅，打造HR共享云大厅，实现了入职、离职、证明、公积金、合同等人力资源业务全部云端自助办理，为创客用户打造用户零跑腿、零签字、零延误的服务体验，为小微用户提供增值赋能。

海尔创新的基因不断驱动着共享专员思考如何以数字技术实现人力资源服务和流程的数字化转型，绘画全新的HR运营模式和用户体验。在人力资源共享平台的努力下，海尔通过模式创新、技术创新和场景化服务，实现海尔HRSSC的数字化转型，并助力其成为行业引领的人力资源领域人单合一的样板。

海尔HRSSC聚焦用户体验和增值，通过生态连接和交互，为用户提供高效和便捷的体验。目前，海尔已在HR共享云大厅上线了15个云场景。

海尔HRSSC的实践理念是将人力资源管理中大量重复性、事务性的工作整合，以技术驱动流程再造，让服务场景化、可视化，用产品理念升级用户体验。但无论是流程、技术还是服务，最终的落实都由HRSSC团队人员支撑。因此，着眼于HRSSC人员的能力培养和职业发展，海尔构建了独具特色的火焰状的岗位胜任力模型，提供多元化的胜任力培育方式打造创新人才链的赋能体系。

自2018年开始，为了更好地助力海尔组织变革与生态化转型，海尔HRSSC采用渐进式试验方法，通过"探索"驱动数字化转型，运用"数字技术"修复问题，采用"场景化"提升服务，深入融入创客、小微与链群的日常运营中，数字化转型初具成效。

在人单合一模式"人的价值最大化"宗旨下，海尔始终将用户、创客和外部合作伙伴的价值放在首位。在海尔生态系统中，外部的合作伙伴也是生态的重要组成部分。2020年3月，为了更好地服务于海尔生态中新创企业和外部合作伙伴，海尔HRSSC复制现有管理模式，孵化出智慧企业管理云平台（小微）——海企通，为他们提供人力资源管理服务。

（案例改编自：赵曙明，赵李晶，李茹，等. 不破不立：海尔HRSSC的数字化转型之路［R］. 中国管理案例共享中心案例库.）

案例思考：

1. 结合案例内容，说说海尔集团在人力资源共享服务中心数字化转型过程中，主要采取了哪些做法和实践，这些做法和实践对公司具有怎样的价值。

2. 结合案例内容，说说海尔在人力资源共享服务中心人员的培养和发展上采取了哪些举措。

任务一　职位分析方法

一、职位分析概述

（一）职位分析的定义

职位分析，是对组织中某个特定工作职位的设置目的、任务以及职责、权力、隶属关系、工作条件、所需知识和技能等相关信息收集与分析的过程。职位分析的核心内容即编写出职位说明书，也称职位描述。职位说明书是对企业岗位的任职条件、职位目的、指挥关系、沟通关系、职责范围、负责程度、考核评价内容给予一个定义性的说明。

职位分析有利于人力资源管理科学化，它既为招募、选拔和录用合格人员明确了标准，也是实现公平合理的报酬、设计员工培训开发方案和绩效管理的前提条件。

（二）职位分析的步骤

职位分析是一项全面细致的工作，一般需要经过以下几个步骤。

1. **明确职位分析的目标和任务**

有了明确的目标和任务，才能确定调查的范围、对象和内容，并弄清应当收集哪些资料和怎样收集这些资料。

2. **选择有代表性的职位分析**

有很多相似或相近的职位需要分析时，应选择有代表性的职位进行分析。

3. **搜集有关信息**

通过搜集有关工作活动、员工行为、工作条件、员工必备的素质和能力等资料，对某一职位进行分析。

4. **审查职位分析信息**

根据员工执行某职位的实际情况和直接主管检验员工的工作来审查职位分析信息，进一步确认职位分析信息的真实性和全面性，并得到员工对职位分析信息结论的认可。

5. **编写职位说明书**

职位说明书一般包括工作描述和工作规范，是职位分析的结果文件。

二、职位分析方法

职位分析的方法有很多，在实践中须根据职位分析的目的，结合各种方法的利弊，选择适当的方法对不同的职位进行分析。

按照不同的标准,职位分析的方法有不同的类型。按照分析结果的可量化程度,它可分为定性分析法和定量分析法。定性分析法主要有观察法、访谈法、关键事件法和工作日志法。定量分析法主要有问卷调查法和功能性岗位分析法等。下面重点介绍几种方法。

（一）问卷调查法

问卷调查法是根据职位分析的目的、内容等事先设计一套岗位调查问卷,一般由任职者和任职者的上级进行回答,再由调查者汇总,从中找出有代表性的答案,然后对职位相关信息进行描述的一种方法。

1. 调查问卷的设计形式

问卷调查的关键是调查问卷设计。调查问卷设计是一项非常专业的工作,须将获得的信息转化为简单明确的问题。调查问卷设计形式分为开放式、封闭式和混合式 3 种,具体内容如表 3-1 所示。

表 3-1　调查问卷设计形式

设计形式	内容说明
开放式	开放式问卷是指设计的问卷只有问题而没有给出备选答案,由被调查者根据自己的判断自由回答的问卷形式; 由于被调查者可以自由回答,因此调查人员容易获得某些新的或更全面的信息,但同时也可能会收集到一些无效的信息,且难以对收到的信息进行统计和对比分析
封闭式	封闭式问卷是指调查人员先设计好问题的答案,被调查者在其中选择合适的答案即可的问卷形式; 封闭式问卷比较规范且可量化,适合计算机对结果进行统计分析,但它的设计比较费时费力,也不易获得较为全面的信息
混合式	混合式问卷是将封闭式问卷和开放式问卷有机结合起来后形成的问卷形式,其中既包括开放式问题,又包括封闭式问题

无论采用何种设计形式,调查问卷都应围绕拟分析的职位进行设计。

2. 设计调查问卷时需要注意的问题

问卷设计质量的高低直接影响调查结果的有效性。在设计调查问卷时,应注意以下几个问题。

（1）提问要准确,语言要通俗易懂。问题、备选答案的设计要准确,避免使用生涩难懂的文字或语言。

（2）问题不可模棱两可。问卷的设计除了要求准确外,还要表达清楚、简洁,使被调查者能很清晰地明白所要回答的问题。

（3）避免诱导性的问题。设计问卷时,避免设计带有倾向性、诱导性问题,如"大多数人认为,该工作岗位的任职资格中应包括需要 3～5 年的相关工作经验,您是这样认为的吗?"

(4) 问题的排列次序。一是把调查者感兴趣的问题放在前面;二是把简单的问题放在前面,把难以回答的、开放式的问题放在后面。

(二) 观察法

观察法是在不影响正常工作的前提下,对员工工作过程进行观察,对所观察到的工作内容、方法、程序、设备、环境等进行记录和核实,最后将获取的信息归纳整理为适合使用的结果的方法。

1. 观察法的类别

根据不同观察对象的工作周期和工作突发性的不同,观察法又可分为直接观察法、阶段观察法和工作表演法,具体内容如表 3-2 所示。

表 3-2　观察法的类别

类别	内容说明	使用情况
直接观察法	职位分析人员直接对员工工作的全过程进行观察	适用于工作周期很短的职位,如保安人员,其工作基本上以一天为一个周期,分析人员可以一整天跟随保安人员,对其进行直接的工作观察
阶段观察法	有些员工的工作具有较长的周期,为了能完整地观察到员工的所有工作,必须分阶段进行观察	如观察战略投资部员工项目投资的工作情况
工作表演法	工作周期很长和突发性事件较多的工作比较适用于该法	由于工作时间跨度太大,分析工作无法拖延很长时间,这时采用工作表演法更为合适

2. 观察法的实施程序

在使用观察法进行职位分析时,要求所选的被观察者的工作程序相对稳定,即在一定的时间内,其工作内容、程序不会发生明显的变化,具体实施程序如表 3-3 所示。

表 3-3　观察法具体实施程序

实施程序	内容说明
第一步:观察准备	(1) 检查现有文件,形成职位的总体概念,包括职位的使命、主要职责和任务、工作流程; (2) 准备一个初步的观察任务清单,作为观察的框架; (3) 为数据收集过程中涉及的尚不清晰的主要项目做注释
第二步:进行观察	(1) 在部门主管的协助下,对员工的工作进行观察; (2) 在观察中,要适当地做记录
第三步:进行面谈	(1) 根据观察情况,选择一个主管或有经验的员工进行面谈,了解职位的整体情况以及各项任务是如何分配的; (2) 确保所选择的面谈对象具有代表性

续表

实施程序	内容说明
第四步：合并工作信息	（1）检查最初的任务或问题清单，确保每一项都已经被回答或确认； （2）进行信息的合并，即把收集到的各种信息合并为综合的工作描述； （3）在合并阶段，职位分析人员应该随时收集补充材料
第五步：核实工作描述	（1）把工作描述分发给主管和员工，并附上反馈意见表； （2）根据反馈意见表，检查整个工作描述，在模糊或错误的地方作出标记； （3）与所有观察对象面谈，补充工作描述中遗漏的内容； （4）形成完整和精确的工作描述

3. 观察法的注意事项

在运用观察法进行职位分析时，需要注意以下事项。

（1）所有观察的工作行为应具有代表性，且稳定性强。

（2）观察人员在观察时尽量不要引起被观察者的注意。

（3）观察前应确定观察位置和提纲。

（4）观察时记录的信息应反映工作有关内容，避免机械记录。

（5）使用观察法时，可以事先将职位分析人员用适当的方式介绍给员工，使之能够被员工接受。

（三）访谈法

访谈法又称面谈法，是收集职位分析信息的一种简单快速的方法，由访谈人员就某一职位与访谈对象按事先拟定好的提纲进行交流和讨论。访谈对象包括该职位的任职者、对工作较为熟悉的直接主管人员、与该职位工作联系比较密切的工作人员、任职者的下属等。访谈法主要有3种表现形式，如表3-4所示。

表3-4 访谈法的主要表现形式

形式	内容说明
个别访谈法	对每个员工进行个别访谈，主要适用于工作差异较大的职位且分析时间较为充足的情况
集体访谈法	对所有从事该职位的员工进行集体访谈，主要适用于工作岗位性质比较相近的情况
上级主管访谈法	对该职位的上级主管进行访谈，由他介绍或者回答该职位相关信息

（四）关键事件法

关键事件法要求职位人员或其他有关人员描述能够影响该职位绩效好坏的关键事件（即对岗位工作任务造成显著影响的事件）。该方法适用于对员工较多或内容过于繁杂的工作进行的调查。

1. 关键事件的分类

关键事件按性质可以分为正向关键事件和负向关键事件。正向关键事件是指对个人绩效及组织绩效产生积极影响的关键事件。负向关键事件是指对个人绩效及组织绩效产生消极影响的关键事件。

2. 关键事件描述的内容

关键事件的描述包括4部分内容,即导致该事件发生的背景和原因,员工有效或多余的行为,关键行为的后果及员工控制上述后果的能力。

3. 关键事件法的注意事项

采用关键事件法进行职位分析时,应注意以下事项。

(1) 调查期限不宜过短。

(2) 关键事件的数量应足够说明问题,事件数目不能太少。

(3) 正反两方面的事件要兼顾,不能偏颇。

(五) 工作日志法

工作日志法是让员工在一段时间内以工作日记或工作笔记的形式记录日常工作活动而获得职位工作信息资料的方法。

工作日志法的优点是可以提供一个完整的工作画面,可以得到其他方法无法获得或者观察不到的细节。其最大的问题可能是工作日志内容的真实性很难保证。该方法对高水平、复杂的职位进行分析比较经济、有效。

一般来说,观察法和工作日志法不单独使用,而是配合问卷调查法和访谈法一起使用。

(六) 功能性岗位分析法

功能性岗位分析法是一种以岗位为导向的职位分析方法,它以工作者应发挥的职能为核心,对岗位的每项任务要求进行详细分析,对岗位内容的描述要非常全面、具体。

1. 功能性岗位分析法的实施流程

功能性岗位分析法的实施流程一般是:回顾现有工作信息,安排同主题专家的小组会谈,确定任务描述的方向,列出工作的产出,列出任务,推敲任务库,产生绩效标准和编辑任务库。

2. 功能性岗位分析法的注意事项

应用功能性岗位分析法时应注意以下事项。

(1) 工作设施要与员工的身体条件相适应。

(2) 要对员工的工作过程进行详细分析。

(3) 要考虑工作环境对员工生理和心理的影响。

(4) 要考虑员工的工作态度和积极性。

三、职位说明书的编制方法

职位说明书是对组织中各类岗位的性质和特征、工作任务、职责权限、岗位关系、劳动条件和环境，以及承担本岗位的任职资格等事项所做的统一规定。形象地说，职位说明书就是给职位画像，把职位所具有的特征用白描的手法写出来。

（一）职位说明书的组合要素

职位说明书包括职位描述和职位规范两部分内容。

1. 职位描述

职位描述是对岗位的工作性质、职责、任务和环境等所做的规定，用来说明任职者应该做什么、怎么做以及在什么条件下做，主要包括职位基本信息和职位说明两方面内容。

职位基本信息主要包括岗位名称、所属部门、汇报关系、岗位编号、职务等级。

职位说明主要包括以下6个方面内容：

（1）职位概述。用于描述岗位的整体性质。

（2）职责和权限。用于说明任职者必须完成的工作任务、承担的责任，以及岗位权限范围等。

（3）绩效标准。用于说明组织期望此岗位的任职者完成工作任务时达到的标准。

（4）工作联系。用于说明任职者与组织内部或外部人员之间因工作关系而发生的联系。

（5）机器设备及其他。是指岗位任职者在工作过程中需要用到的办公用品及设备。

（6）工作条件及环境。包括工作地点、光照度、有无噪声干扰、有无危险作业等。

2. 职位规范

职位规范是指该职位人员的教育水平、工作经验等方面应具备的条件。它主要包括5个方面内容：

（1）教育水平。主要包括本职位任职者的最低学历水平、专业领域和方向、必须拥有的与专业工作相关的资格证书等。

（2）工作经验。主要包括任职者应具备的行业工作年限和岗位工作年限。

（3）必备知识和技能。主要包括职位所需的专业知识和基本技能。

（4）身体状况。主要包括身高、体重、身体健康状况等身体素质和观察能力、记忆能力、理解能力、学习能力、解决问题能力、语言表达能力、逻辑思维能力、兴趣、爱好等心理素质两方面。

（5）个性要求。主要是指从事该职位通常需要从业人员具备的性格特征。

（二）职位说明书的设计要领

职位说明书的编制，应按步骤、有计划地进行起草、修改，直至形成完善的职位说明书。

1. 职位说明书的设计步骤

职位说明书是职位分析的直接结果，从起草、修改到形成一般经历以下6个步骤：

（1）前期准备。人力资源管理部门应和组织高层领导沟通，让其产生建立岗位责任制的意识。

（2）明确内容。职位说明书由职位描述和职位规范两部分组成。

（3）明确要求。一是逻辑性，职位说明书中包含多项内容，应注意它们之间的先后顺序、重要程度等；二是准确性，清楚地说明该职位的工作情况，描述用语准确，避免使用含糊不清的句子；三是实用性，职位说明书必须客观、真实地反映工作职责和任职条件。

（4）收集资料。查看组织已有资料，与组织内部人员沟通，有选择地参考其他同行业组织的职位说明书。

（5）信息处理。筛选出编制职位说明书所需内容，对于遇到的问题，与相应职位的工作人员或其上级沟通，以保证内容的准确性。

（6）最终撰写。根据收集整理的信息，从工作职责、工作权限、工作关系及岗位任职资格等方面来完成职位说明书的撰写工作。

2. 职位说明书起草和修改的内容

职位说明书主要从职位名称和上下级关系、职位概述、工作职责、企业内外部沟通关系、建议考核内容及任职资格等方面进行编写。

（1）职位名称和上下级关系。职位名称是指组织内工作岗位的头衔，主要反映职位的功能，如销售工程师、人事主管等。每个职位只能有唯一的一个上级，不能有多个上级，但可以有多个下级。在填写下属人员一栏时，要注明是直接领导还是间接领导。

（2）职位概述。职位概述是用简明的话语对某一岗位的总体工作职责和工作性质进行简要说明，表明该职位的特点和工作概况。

（3）设置目的。说明职位设置的理由，该职位对实现组织战略和目标的意义。

（4）工作职责。根据职位所在部门或单位的职能分解确定，每项工作职责按照负责程度的大小可分为全责、部分、支持。

（5）沟通关系。在组织内部，明确与公司内部其他岗位的沟通关系，如与上级、平级之间的沟通关系。在组织外部，明确与社会上其他单位的沟通关系，如与相关政府部门、上下游或关联企业、客户企业、社会团体、学术单位的沟通关系。

（6）建议考核内容。明确工作责任的建议考核内容，一般为2～3项，尽量选择较容易量化的指标。

（7）任职资格和条件。主要从受教育程度、知识水平、工作能力和专业技能、工作经验等方面进行编写，如受教育程度注明最低学历与最佳学历要求。

3. 职位说明书模板

为了确保职位说明书编制合理，人力资源管理者应严格按照起草和修改职位说明书的要求，制定相应内容模块固定的模板。这里给出具体模板供参考，如表3-5所示。

表 3-5　职位说明书的模板

单位		岗位名称		编制日期	
部门		任职人		任职人签字	
		直接主管		直接主管签字	
任职条件	学历				
	经验				
	专业知识				
	业务了解范围				
职位目的					
沟通关系					
内部关系					
外部关系					

下属人员		人员类别	
总人数		经理	
直接管辖人员		专业人员	
间接管辖人员		其他	

职责范围	负责程度	建议考核内容	占用时间
按照重要程度依次列出职责和目标	全责/部分/支持	岗位职责考核指标	百分比（%）

城市轨道运营管理师

城市轨道运营管理师是指掌握城市轨道运营管理的基础理论知识和技能，能从事城市轨道交通运营的组织与管理的高素质技术应用型专门人才，分为助理、中级和高级三个级别。

任务二　人员招聘方法

一、人员招聘概述

人员招聘是按照组织战略规划，运用科学的方法寻找、吸引一定资格的人员，并从中选出合适的人员予以聘任的过程。人员招聘是人力资源管理的首要环节，是确保人力资源管理有效性的重要保证。

按照招聘对象的来源划分，人员招聘方法可分为内部招聘和外部招聘两种。

（一）内部招聘

内部招聘的方法主要有以下几种。

1. 组织内部公开招聘

组织内部招聘是指组织通过公告栏、邮件或口头传达等广而告之的方式让全体员工了解现有职位的空缺数以及申请人资格限制等信息，鼓励员工积极应聘，争取更好工作机会的方法。组织内部公开招聘不仅有利于激发员工的积极性、主动性和创造性，也有利于组织内劳动力的有效利用。但组织在进行内部招聘时必须注意，在信息的公布、选拔程序的制定以及申请人资格的限定等方面一定要坚持公平、公正原则，要保证组织内部招聘渠道的畅通。

2. 内部员工推荐

内部员工推荐是指当员工了解到组织的人力资源需求后，向组织推荐其熟悉的内部或外部人员让组织进行考核的一种方法。选择这种方法的优点是由于员工对任职资格相当了解，所以他们推荐的人都是有备而来的，这样有助于人力资源管理人员节省时间。

3. 利用组织人才库及其相关信息

现代企业大多都有一个相对完善的人才库，组织可以利用企业人事档案信息和相应的技术信息进行招聘。

4. 工作公告与工作投标

工作公告和工作投标是企业及时向员工通报企业内部现有的职位空缺的一种方法。

（二）外部招聘

外部招聘的方法主要有以下几种。

1. 广告招聘

广告招聘是指通过广播、报纸、杂志、电视等媒体面向社会大众传播招聘信息，通过详细的工作介绍和资格限制吸引潜在的应聘者。广告招聘对任何职务都适用，它是现代社会非常普遍的一种招聘方式。一般来说，广告内容要包括公司基本情况介绍、职位描述、应聘者资格要求、联系方式和应聘方式等。传统的"四大广告媒体"为报纸、杂志、广播、电视。

2. 校园招聘

企业常常通过赞助学校文艺、学术等活动的方式来扩大知名度，有些企业还通过设立奖学金的办法与学校建立长期稳定的关系，使学校真正成为员工的来源之地。在校园招聘的过程中，企业可以通过举办大型专场招聘会的方式进行招聘，也可以通过选择校园广播、校园网络、公告栏或学院推荐等渠道进行招聘。

3. 猎头公司

猎头公司就是为企业寻找高层管理人员的服务机构。猎头公司一方面为企业搜寻高级管理人才，另一方面也为各类高级管理人才寻找合适的工作。猎头公司拥有自己的人才库，它们掌握着大量的求职和招聘信息，熟悉各类企业对特殊人才的需求，因此利用猎头公司进行招聘一般成功率较高，但相应的费用也较高。

4. 移动网络招聘

随着移动互联网的发展，通过社交媒体进行招聘已经越来越广泛地被企业所采用。这种方法传递信息快捷而准确，影响范围又十分广泛，且费用低廉，不受其他因素的影响。在我国，很多社交媒体正在积极尝试涉足招聘，如微博、微信、QQ 等。

无论采用何种社交媒体进行招聘，都应重视以下 3 个问题：

（1）选择合适的工具。网络上有数百种社交媒体，要在每种社交媒体上运营好不太现实，须结合要传播的信息及目标受众，审查现有工具，选择合适的招聘平台。

（2）与其他工具一起使用。利用社交媒体招聘可更快捷地寻找合适的人才，但并不是唯一的招聘方法，不应过分依赖，需要与其他测评工具结合使用。

（3）有专人负责管理。为了灵活运用这一招聘工具，应有专门的人员负责，并且该负责人应知晓这一工具如何使用，包括信息处理、与潜在应聘者联系等。

在以大数据为先导的今天，如何有效利用社交媒体达到招聘的目的，是企业管理人员亟待解决的问题。下面以微信招聘为例进行详细的说明。

利用微信招聘的方法包括以下 3 种：

（1）通过加入相应微信群或自主建立微信群，发布招聘信息，实现招聘。

（2）通过在朋友圈发布招聘信息和招聘活动二维码，实现招聘。

（3）通过直接向微信好友发布招聘信息，由微信好友推荐人才，实现招聘。

5. 人才交流中心

在全国的各大中城市，一般都有人才交流服务机构。这些机构常年为企事业用人单位服务，它们一般建有人才资料库，用人单位可以很方便地在资料库中查询条件基本相符的人员的资料。通过人才交流中心选择人员，针对性强、费用低廉，但对一些热门专业的人才招聘效果不太理想。

6. 招聘洽谈会

人才交流中心和其他人才机构每年都要举办多场人才招聘洽谈会，在洽谈会中，用人企业和应聘者可以直接进行接洽和交流，节省了企业和应聘者的时间。随着人才交流市场的日益成熟，洽谈会呈现出向专业方向发展的趋势。比如，中高级人才洽谈会、应届毕业生双向选择会、信息技术人才交流会等。尽管洽谈会上应聘者集中，企业的选择余地较大，但招聘高级管理人才还是比较困难。

二、招聘简历筛选的方法

简历的筛选是对应聘者进行资格审查的重要环节，招聘人员可以从以下几个方面进行筛选。

（一）关注整体印象

一般通过观察法对应聘者的简历进行大致浏览后，得出简历的整体印象，标出简历中感觉不可信的地方及感兴趣的地方，面试时可以询问应聘者。简历筛选的主要标准包括书写格式是否规范、有无错别字、视觉效果是否美观、简历是否整洁等。

（二）分析简历结构

简历结构在很大程度上反映了应聘者的组织和沟通能力。结构合理的简历比较简练，一般不超过两页。通常应聘者为了强调自己近期的工作，书写工作经历时，会采取从现在到过去的时间排列方式，最近的经历常被突出表述。简历书写并没有固定的格式，只要简洁明了即可。

（三）审查简历的客观内容

简历内容一般可分为两部分，即主观内容和客观内容。其中，主观内容主要包括应聘者对自己的描述，例如"本人开朗乐观、勤学好问"等评价性内容。招聘人员在筛选简历时，应主要将注意力放在客观内容上。客观内容主要包括个人信息、受教育程度、工作经历和个人成绩4个方面。

（四）审查简历的逻辑性

在审查应聘者简历中的工作经历和个人成绩时，要注意简历中的描述是否有条理以及是否符合逻辑。如果能够断定简历中有虚假信息存在，一般就可以直接将这类应聘者淘汰掉。

简历中的逻辑问题有很多种。例如，应聘者在简历中描述工作经历时，列举了一些著名的单位和高级岗位，而应聘者应聘的却是一个普通岗位，这就需要引起注意。另外，如果应聘者简历中列举自己在许多领域取得了很多成绩，获得了很多的证书，但是依据其工作经历分析，很难有这样的条件和机会，这样的简历也要引起注意。

（五）判断岗位技术与经验的相符性

在筛选简历的过程中，最重要的一步就是通过分析应聘者的学习经历及工作经历，来判断其岗位技术与经验的相符性。

在客观内容中，首先要查看应聘者的个人信息和教育经历，判断应聘者的专业资格和经历是否与空缺岗位相关、相符。如果不符合要求，就没有必要再浏览其他内容，可以直接筛选掉。如果对学历有特殊要求，则需特别注意简历中是否使用了模糊的字眼，或隐藏了教育的起止时间及类别。

教育经历符合要求后，需要对应聘者的工作经历进行评估，详细分析其工作经历是否与本岗位要求的技能及相关经验相符。工作经验及工作技能的重叠度不可能达到100%，在招聘工作中应对应聘者之前的工作单位、工作岗位、项目经历等相关因素进行综合分析，找到最合适的候选人。

（六）注意应聘人员登记表与简历的匹配度

应聘人员登记表的出发点是服从和服务于企业需要。招聘单位要求应聘者填写应聘人员登记表是为了规避应聘者提供资料中的漏洞、表述不详和不真实信息等。

个人简历的出发点是服从和服务于应聘者的个人需要。应聘者为了获得好的工作，可能会在个人简历中进行不真实的描述，或者在制作简历时出现纰漏。

应聘者的个人简历和应聘人员登记表中存在有关信息不一致的，企业招聘人员应该加以注意，并在面试中进行询问和考证。

三、面试的方法

（一）行为描述法

此种方法是根据在应聘者资料中发现的完整行为事件来推测应聘者工作表现（能力）的一种方法。它主要围绕应聘者某一行为的情景、工作任务、个人行动和工作结果展开。情景（Situation）、任务（Task）、行动（Action）和结果（Result）简称为"STAR"。

（1）情景：行为事件发生的背景或情景。通过不断提问与工作业绩有关的背景问题，可以全面了解该应聘者取得优秀业绩的前提，从而获知所取得的业绩有多少是与应聘者个人有关，多少是和市场的状况、行业的特点有关。

（2）任务：在一定情景下所需达到的目标。详细了解应聘者为了完成业务工作，都有哪些工作任务，每项任务的具体内容是什么样的。通过这些可以了解应聘者的工作经历和经验，以确定他所从事的工作与获得的经验是否适合所空缺的职位。

（3）行动：为达到目标所采取的行动。继续了解该应聘者为了完成这些任务所采取的行动，即了解他是如何完成工作的，都采取了哪些行动，所采取的行动是如何帮助他完成工作的。通过这些，可以进一步了解他的工作方式、思维方式和行为方式。

(4) 结果：该事件所产生的效果或结果。每项任务在采取了行动之后的结果是什么，是好还是不好，好是因为什么，不好又是因为什么。

这样，通过 STAR 式发问的四个步骤，一步步将应聘者的陈述引向深入，从而挖掘出应聘者潜在的信息，为企业更好的决策提供正确和全面的参考，既是对企业负责（招聘到合适的人才），也是对应聘者负责（帮助他尽可能地展现自我），获得一个双赢的局面。

（二）压力面试法

压力面试法是面试官故意制造紧张气氛，以考查应聘者在外界压力下的反应。面试官会问一些让应聘者难堪的问题或者针对应聘者不愿回答的某一问题做一连串的发问，直到应聘者无法回答。这种方法主要考查应聘者的灵活应变能力、情绪控制能力及心理素质等。

（三）情景模拟法

情景模拟法是将应聘者安排在模拟的工作环境之中，让应聘者根据担任的职务处理或解决一些工作中的"现实"问题，通过观察应聘者处理问题过程中的行为表现及问题处理结果，判断应聘者的工作胜任能力，如人际交往能力、事务处理能力等。

（四）心理测试法

心理测试法通过设计一套科学的测评量表，将应聘者的心理特征数量化，通过应聘者的回答来评估其智力水平及个性方面的差异。心理测试主要有人格测试、兴趣测试和能力测试，具体如表 3-6 所示。

表 3-6　心理测试类型

类型	测试内容	测评工具
人格测试	被测个体所拥有的可测量的人格特质，测试个体所有的行为反应方式及与他人的交往方式	(1) 明尼苏达多项人格测验（MMPI）； (2) 卡特尔16种个性因素测验（16PF）； (3) 加州心理测验（CPI）
兴趣测试	被测个体的职业兴趣，测试个体感兴趣的工作是什么，从工作中最希望得到什么样的满足	(1) 霍兰德职业兴趣测验； (2) 斯特朗职业兴趣量表； (3) 库德职业兴趣调查表
能力测试	被测个体表现在认知能力方面的心理特质，如观察力、理解能力、思维能力、推理能力等	(1) 韦氏智力量表； (2) 麦夸里机械能力测验； (3) 奥康纳手指灵活性和镊子灵活性测验

（五）评价中心

评价中心是人力资源测评的一种综合性方法，它通过一系列科学测评手段对应聘者的心理和行为特点进行评价。评价中心在人才评价、个人发展指导、人员培训等人力资源管理领域有着广泛的实际应用，同时，评价中心的设计也更趋于完善和科学。

小知识

数字化面试

数字化面试就是利用数字化机制,将传统的只能依靠面对面交流进行的面试数字化。它是通过声音、视频等数字化方式来进行的所有面试行为的统称。

四、招聘效果的评估方法

为了检验招聘工作的成果与招聘方法的有效性,从而改进招聘工作,通常需要对招聘效果进行评估,一般有成本效益评估、数量质量评估、信度效度评估3种方法。

(一)成本效益评估

对成本效益进行评估,可以清楚地了解招聘费用的支出情况,有利于降低今后的招聘费用,为企业节省开支。成本效益评估主要分为招聘成本效用评估和招聘收益成本对比两种方式,具体内容如表3-7。

表3-7 成本效益评估的具体内容

方式	相关说明	所用公式
招聘成本效用评估	对招聘成本所产生的效果进行分析	(1) 总成本效用 = 录用人数/招聘总成本 (2) 招聘成本效用 = 应聘人数/招聘期间的费用 (3) 选拔成本效用 = 选中人数/选拔期间费用 (4) 人员录用效用 = 正式录用人数/录用期间费用
招聘收益成本对比	既是一项经济评价指标,又是一项对招聘工作的有效性进行考核的指标。招聘收益成本比越高,说明招聘工作越有效,反之越无效	招聘收益成本比 = 所有新员工为企业创造的总价值/招聘总成本

(二)数量质量评估

1. 数量评估

对数量进行评估是检验招聘工作有效性的一个重要方面。企业通过数量评估,分析数量上满足或不满足需求的原因,有利于找出各招聘环节的薄弱之处,在改进招聘工作的同时,通过录用人员数量与招聘计划数量的比较,可为人力资源计划的修订提供依据。

录用人员评估主要从录用率、招聘完成率和应聘比三方面进行。

2. 质量评估

对录用员工质量的评估是对员工的工作绩效行为、实际能力与工作潜力的评估。它既是对招聘成果与方法的检验,又可为员工培训、绩效评估提供必要的信息。对录用员工质量进行评估，有利于检验招聘工作与方法的有效性，进而改进招聘方法。

（三）信度效度评估

信度即有效性或准确性，是指实际测评的应聘者的有关特征与想要测评的特征的符合程度。信度效度评估是对招聘过程中所使用方法的正确性与有效性进行检验。只有信度和效度达到一定水平的测试，其结果才适合作为录用决策的依据，否则将误导招聘人员，影响其作出正确的决策。

任务三　培训开发方法

一、培训方法

培训方法是指培训师和学员为了完成培训任务、实现培训目标而采用的手段和技法，主要指培训师的培训方法和学员的学习方法。员工培训的方法多种多样，在不同的培训工作中，应该根据工作的特点、企业的特点及培训人员的具体特点，因地制宜，制定科学、合理、合适的培训方法。

常用的培训方法有讲授法、操作示范法、案例分析法、角色扮演法、研讨法、岗位培训法、视听法。

（一）讲授法

讲授法是一种传统的培训方法，是指培训师按照准备好的讲稿以讲授的形式系统地向学员传播知识的方法。这种方法适合系统全面地传授知识，特别有利于大批量人才的培训，但是这种方法属于单向传授，缺乏互动，而且传授的内容过多，难以引起学员的兴趣，因此，采用这种方法培训时，需要考虑如何调动学员的学习积极性。

（二）操作示范法

操作示范法是职前实务训练中被广泛采用的一种方法，它的基本程序是：讲解→示范→演练，即先现场向学员简单地讲授操作理论与技术规范，然后进行标准化的操作示范表演；学员则反复模仿实习，经过一段时间的训练，使操作逐渐熟练直至符合规范的程序与要求，达到运用自如的程度。培训师在现场作指导，随时纠正操作中的错误。这种方法适用于较机械性的工种。

（三）案例分析法

案例分析法是指把实际工作中出现的问题作为案例，交给学员研究分析，培养学员的分析能力、判断能力、解决问题能力及执行业务能力的培训方法。案例分析法有利于提高学员分析问题、判断问题、解决问题的能力。需要注意的是，所选案例应该具有典型性、实用性、趣味性。

（四）角色扮演法

角色扮演法是指在真实或者仿造的情景下给予学员角色实践的机会，使学员在真实的模拟情景中，体验某种行为的具体实践，帮助他们发展和提高行为技能。通常，角色扮演法适用领导行为培训（管理行为、职位培训、工作绩效培训等），会议成效培训（会议讨论、会议主持等），尤其适用培养学员的沟通能力、冲突处理能力、合作能力等。

（五）研讨法

研讨法是指在培训师的引导下，学员围绕某一个或几个主题进行交流讨论，相互启发的培训方法。讨论过程中学员全面参与，有利于提高学员的综合能力，加深学员对知识的理解，提高学员的知识运用能力。但是，研讨法对培训师的要求比较高，培训师要善于激发学员踊跃发言，营造讨论氛围，需要对讨论过程具有良好的掌控能力，最后培训师需要对讨论结果进行归纳总结，引导学员对讨论结果有全面的认识。

（六）岗位培训法

岗位培训是指根据岗位要求所应具备的知识、技能而为学员安排的培训活动。岗位培训的课堂应是工作岗位，培训内容是在岗员工的业务知识、服务态度和专业技能。

（七）视听法

视听法是指充分利用幻灯机、录音机、投影机、电影和录像等视听教具对学员进行培训的方法。视听法适用于情景教学、会议讨论、课堂讨论等多种教学形式。视听法将语言和情景紧密结合，重视口语教学和句型教学。视听法使培训更具趣味性，有利于激发学员的求知动机，吸引学员的注意力。另外，合理地规划视听教具可以缩短教学时间，提高教学效率。但是，应该注意选择恰当的视听教学媒体。各种视听教学媒体既有各自的优点，又有局限性，没有一种全面适用的万能媒体。

二、能力开发方法

（一）一般能力开发方法

一般能力指的是综合性职业能力，包括沟通能力、人际交往能力、学习能力等。一般能力开发方法主要有讨论法、参观法、面谈法及网上培训等。

1. 讨论法

讨论法是将开发对象聚集在一起，分组讨论并解决问题的一种方法。通常情况下，讨论小组负责人是培训管理人员，主要作用是确保讨论的正常进行，避免讨论偏离主题。采用讨论法解决问题，可以充分调动开发对象思考的积极性和主动性，使其能力通过讨论得到锻炼和提高。

2. 参观法

参观法是企业根据员工的工作需要，组织员工到实地直接观察客观事物，从而获得知识的方法。参观法一般适用于管理者了解一线员工的生产方式和工作方式。通过参观，管理者可获得丰富的感性认识，加强管理和实际的联系，增强与基层员工的沟通，有利于锻炼沟通能力。

3. 面谈法

使用面谈法的目的是使开发人员了解被开发对象在一般能力上的欠缺之处，并据此提出指导意见，以更好地帮助其改善和提高。

4. 网上培训

所谓网上培训，是指被开发对象通过网络学习有关一般能力开发的在线课程，观看相关视频，以此激发其开发一般能力的动力。

（二）特殊能力开发方法

特殊能力指的是创新能力和领导能力等，特殊能力开发方法一般有头脑风暴法、KJ法、课题组研究法、团队建设法等。

1. 头脑风暴法

头脑风暴法是指一群人在正常、融洽和不受任何限制的气氛中以会议形式进行讨论、座谈，打破常规，积极思考，畅所欲言，充分发表看法，从而获得更多的方案和解决方法。

2. KJ 法

KJ 法又称 A 型图解法（Affinity Diagram）。KJ 法是将未知的问题、未曾接触过领域的问题的相关事实、意见或设想之类的语言文字资料收集起来，并利用其内在的相互关系作成归类合并图，以便从复杂的现象中整理出思路，抓住实质，找出解决问题的途径的一种方法。

3. 课题研究法

课题研究法要求受训学员在一段时间内研究与实际工作相似的课题，得出结论。课题研究法可以训练学员收集信息、发现问题、分析问题与解决问题的能力。

小贴士

复兴号动车组研发创新团队荣获全国创新争先奖

2020年5月30日，在第四个"全国科技工作者日"到来之际，第二届全国创新争先奖评选结果揭晓，复兴号动车组研发创新团队荣获全国创新争先奖牌。复兴号动车组研发创新团队由中国国家铁路集团有限公司牵头负责，以行业知名专家为骨干，是复兴号研发创新的国家队。创新团队从国家战略需求出发，依托国家"中国标准高速动车组及高铁关键装备研发试验工程"项目，在重大装备攻关方面取得创新和突破。

4. 团队建设法

团队建设法要求员工通过共享各种观点和经历，建立群体统一性，并审视自身的优缺点及其他学员的优缺点。该法比较适合进行学员创新能力的训练。

（三）管理技能开发方法

管理技能是指管理人员的管理能力和领导能力。管理人员的技能发展能够促进企业的发展。

管理技能开发主要是开发管理人员的领导能力，增强管理人员对他人的敏感性，激发下属员工的工作积极性，提高绩效。目前，管理技能开发方法主要有领导者匹配培训、维罗母-耶顿领导能力培训、人际关系分析培训、敏感性训练、团队协作培训和时间管理培训等。

1. 领导者匹配培训

领导者匹配培训也叫目标导向培训，指的是训练管理人员如何确定自己的管理风格，如何与特定的环境相适应，如何达成目标。这个培训项目采用一本手册实施，手册中附有能够让领导者评价自己习惯的管理风格，以及对自己所处环境控制能力的问卷。

2. 维罗母-耶顿领导能力培训

这个领导能力的训练是为了提高管理者的决策能力，主要是确定让下属人员参与决策的程度。

3. 人际关系分析培训

人际关系分析培训是在分析管理者与下属之间的人际"交易"或者沟通模式的基础上，帮助管理者在工作中以理性的、合乎逻辑的方式，通过理解和互动来进行沟通的方法。

4. 敏感性训练

敏感性训练也称"实验室训练""团体训练""人群关系训练""领导训练"，目的是提高受训者对自己的感情和情绪、自己在组织中扮演的角色、自己同别人的相互影响关系的敏感性，进而改变个人和团体的行为，达到提高工作效率和满足个人需求的目标。

5. 团队协作培训

进行团队协作培训时，利用咨询顾问、面谈及团队建设会议等形式来提高企业管理者的工作绩效，让他们学会利用一系列技术来改进部门的工作。

6. 时间管理培训

时间管理培训是通过讲演、案例分析、管理游戏、观看录像等形式，对进行有效时间管理的重要性进行讲解。

任务四　绩效考核方法

绩效考核是企业绩效管理中的一个环节，是指考核主体对照工作目标和绩效标准，采用科学的考核方式，评定员工的工作任务完成情况、员工的工作职责履行程度和员工的发展情况，并且将评定结果反馈给员工的过程。

一、绩效考核指标

绩效考核指标是能够反映业绩目标完成情况、工作态度、能力等级的数据，是绩效考核体系的基本单位。

绩效考核指标主要有定量考核指标和定性考核指标两方面。

（一）定量考核指标

定量考核指标是可以进行精确衡量考评并能设定绩效目标的考核性指标。定量考核指标方法主要有7种：数字量化方法、质量量化方法、成本量化方法、时间量化方法、结果量化方法、行动量化方法和标准量化方法。

1. 数字量化方法

数字量化就是用数据指标来量化员工的业绩和技能，主要有两种量化方式，具体内容见表3-8。

表3-8　数字量化方法的两种量化方式

分类	方法	具体内容
量化方式一	数量额	如销售额、利润额、产量、产值
	百分比	如计划完成率、达成率、差错率
	频率	如次数、周转速度
量化方式二	工作量	如销售额、产量、计划完成率、次数
	工作质量	如合格率、优良率、完成率、通过率、差错率、满意度
	工作效率	如劳动生产率、及时率
	业务管理	如达成率、完成率
	员工管理	如投诉率、出勤率、持证上岗率

2. 质量量化方法

在绩效考核中，许多企业不仅考核工作量还考核工作质量，体现工作质量的指标有准确率、合格率、通过率和满意度等，具体内容见表3-9。

表 3-9 绩效考核指标中的质量指标

考核项	量化指标示例
产品质量	产品合格率、产品优良率
生产报表统计	统计准确率
设备维护	设备完好率、维修合格率
技术支持	技术支持满意度、客户投诉次数
客户投诉处理	投诉处理满意度

3. 成本量化方法

从成本的角度细化、量化考核工作，落实成本管理责任，不仅有利于加强企业的成本管理，而且可以增强全体成员的成本管理责任意识。成本量化指标示例见表 3-10。

表 3-10 成本量化指标示例

考核项	量化指标示例
采购成本	采购成本节约率
生产成本	单位生产成本、生产成本下降率
质量成本	预防成本、鉴定成本、内部损失成本、外部损失成本
物流成本	配送成本、运输成本、仓储成本

4. 时间量化方法

如期限、天数、完成周期等可以从时间维度实现考核指标量化。用时间量化考核指标有利于企业对其阶段工作进行有效控制。

5. 结果量化方法

结果量化方法是指按照任务完成后的状况，直接给出数字化的任务结果，如产量、销售额、次数、频率、利润率等量化指标。结果量化考核的结果可以作为确定工资奖金、选优评先、职务升降等的直接依据。

6. 行动量化方法

行动量化方法从分析完成某项工作出发，明确需采取的行动，并对需采取的各项行动设置考核指标的一种方法。该方法适合一些难以具体化、量化的考核内容。

7. 标准量化方法

标准量化方法是指按照国际标准、国家标准、行业标准进行量化考核的方法。

（二）定性考核指标

当绩效成绩无法通过定量考核方法进行评价或者量化成本过高时，可以采用定性考核指标的方法。定性考核指标是指通过对评价对象的客观描述和分析来反映评价结果的指标。

定性考核指标方法主要有目标管理法、绩效管理法、直接指标法和成绩记录法。

1. 目标管理法

目标管理法是指由主管和员工依据企业战略目标及部门目标协商制订个人目标的方法。目标管理法是领导者与下属之间双向互动的过程。

2. 绩效管理法

绩效管理法采用更具体、合理、明确的工作绩效衡量指标，但绩效管理的指标应该有时间、空间、数量和质量的限制。另外，应该规定好完成目标的先后顺序，以确保个人目标与企业目标保持一致。

3. 直接指标法

直接指标法是指采用可监测、可核算的指标构成若干考核要素对员工进行评价和考核。对于管理人员，直接指标法可以通过衡量其管理下属的情况来进行评价。对于非管理人员，可以通过衡量其生产率、工作数量、工作质量等进行评价。

4. 成绩记录法

某些工作人员由于工作内容不同，无法用固定的指标进行考核，可以采用成绩记录的方法进行考核评价。成绩记录法需要被考核者将与工作职责相关的成绩填写在成绩记录表上，上级主管部门需要核验所写成绩的真实性，然后由外部专家进行评估，确定工作绩效。成绩记录法适合考核一些从事科研工作的人员。

二、绩效考核方法

绩效考核的方法一般有关键绩效指标法、平衡计分卡、目标管理法。

（一）关键绩效指标法

关键绩效指标法即 KPI 法，是通过对组织内部流程输入端、输出端的关键参数进行设置、取样、计算、分析，衡量流程绩效的一种目标式量化管理指标。关键绩效相对简单方便，便于操作，但是对于选择标准相对随意，标准的权重也是随机确定的。

（二）平衡计分卡

平衡计分卡的核心是把对企业业绩的评价划分为财务、内部流程、客户及学习与发展四方面。通过这四个方面指标之间相互驱动的因果关系，实现从绩效评估到绩效改进以及从战略实施到战略修正的目标。

（三）目标管理法

目标管理法是把企业的工作目标和任务自上而下地转化为全体员工的明确目标，根据目标进行考核的方法，采用目标管理法时，企业上级和下级一起协商，根据企业的使命确定一段时间内企业的总目标，由此确定上下级的责任和分目标，并把这些目标作为评估企业绩效、评价每个部门和每个人的绩效产出对企业贡献的标准。

三、绩效反馈面谈方法

绩效反馈是绩效管理的最后一步，由员工和管理人员一起，回顾和讨论考评的结果。绩效反馈对绩效管理起至关重要的作用。

（一）绩效反馈面谈的目的

1. 反馈

反馈是指主管领导通过比较员工一个绩效周期内的工作业绩与预定的目标，评估员工继续工作的业绩，在肯定员工工作成绩的同时指出不足之处。

2. 沟通

绩效反馈是考核者和被考核者之间的直接对话，是一个双向的沟通过程。主管领导与员工进行交流沟通时，要认真听取员工提出的问题，并进行回答和解释。

3. 改进

主管领导应该从员工的工作业绩、工作表现、行为表现及能力素质表现等方面对之进行评价总结，展望下一个周期，提出改善绩效的策略和新的绩效标准，与员工共同探讨改进方法，提高员工的绩效。

（二）绩效反馈面谈的准备工作

绩效反馈面谈对绩效管理非常重要，成功的绩效反馈面谈需要主管领导和员工在面谈前做好充分的准备。一般情况下，双方需要做的准备工作见表3-11。

表3-11 绩效反馈面谈准备事项清单

面谈双方	主管领导	员工
需要做的准备	（1）收集并准备面谈材料：目标管理卡、岗位说明书、绩效考评表、员工绩效档案； （2）拟订面谈计划：面谈内容、地点、时间和人员等； （3）下发面谈通知书，将面谈时间、地点提前告知员工	（1）填写自我评估表：前一阶段的绩效回顾、个人工作表现描述、自我评价等； （2）准备好个人发展计划； （3）准备好个人要提出的问题； （4）将自己的工作安排好

（三）绩效反馈面谈的技巧

1. 合适的面谈场所

面谈场所的选择关系到反馈面谈的有效性。最理想的面谈场所应该是中立性的场所，例如会议室、小会客厅等，不仅要远离办公场所，保持安静、轻松的氛围，让员工没有心理负担，畅所欲言，还应该注意关上房间的门，保证面谈的保密性。

2. 合适的开场白

主管领导要注意暖场，营造融洽的氛围，在正式面谈前应该先谈一些与面谈无关的内容，例如天气、着装等，然后慢慢转入正题。暖场时间不宜过久。

3. 学会倾听

主管领导要注意表达的方法，避免喋喋不休、指责与命令，要认真地倾听员工的讲述，不能只是保持沉默，而应该边听边思考，抓住面谈的重点，理解对方所表达的内容，作出反应，如点头或提问。

4. 添加开放性的问题

主管领导应该多提问一些开放性的问题，只有调动员工的积极性，消除员工的戒备心理，才能更多地了解员工对绩效的看法。

5. 给员工台阶下

面谈时，员工如果意识到自己的不足，或者意识到某些事情自己没做好，主管领导应该委婉地圆一下场，避免尴尬。

绩效考核的误区

绩效考核的误区有：相信"绩效考核，一考就灵"；用考核代替管理；设计过分复杂的考核体系；激励个人主义；重短期，不重长期；只考业务，不考支持；对考核的可能结果不做测算；平均主义与老好人思想；考核频率太高或太低；等等。

苏州轨道交通企校合作人才培养实践

苏州市轨道交通集团有限公司自成立之初便围绕运营重点紧缺型的城轨专业人才，依照共赢、协作、互助和共同发展的原则深入开展企校合作工作。在行业发展、岗位需求、学生情况、教师、企业实践专家等师资方面信息共享，在企校文化交流及技术攻关、教研教改等方面共同研究，在对外信息发布、企业管理、学院管理等方面实现相互支持，共同研究解决培养高技能人才的重难点问题，积极探索创新教师培养和研修、订单招生、工学交替、顶岗实习、在职培训等，实现教学过程与生产过程交替进行，使教学过程成为岗位适应过程，缩短人才的岗位适应期，为促进苏州轨道交通的可持续发展提供坚实的人才保障和智力支持。

一、多角度实施专业建设工程，从高度上推进企校合作

围绕运营管理、机车驾驶、城轨机电、城轨供电、列车检修、轨道巡检、通信信号等紧缺高技能城轨专业，公司积极实施《企校合作城轨运营专业建设》方案，与本地院校签订协议，大力协助学校进行专业建设，还积极参与学校实训中心建设及教学大纲的制定、课程体系的完善、教学计划的落实和教学内容的更新等，并为学校提供合适的实训设施设备。本着互利共赢、不断创新的原则，公司与三所订单院校共同成立企校合作工作委员会、企校合作专业建设委员会、企校合作协调小组等，定期召开会议，共同研究解决培养高技能人才的重难点问题，积极探索创新订单招生、工学交替、顶岗实习、在职培训等模式。公司与学校合作培养高技能人才的成果受到苏州市人社局的高度肯定，被评为市级现代职业教育定点实习企业。

公司已成为江苏省城市轨道交通从业人员培训考核基地、多家院校轨道交通专业校外实训基地等，企校资源实现最佳组合。

二、多维度实施"师资"提升工程，从力度上推进企校合作

针对学校教师队伍，公司在借助学校抓好教师力量建设的同时，设立优秀教师专项奖金，把参加评选的专业教师安排到公司跟岗培训，确保生产与教学、理论与实践的高度融合。针对公司内训师队伍，公司充分利用合作院校人才培养基地的有利条件，积极建设和培育企业内训师队伍，创新内训师管理体系，明确内训师的激励、约束机制，通过精神和物质结合的激励方式，鼓励各类管理及专业技术人员投入较大精力从事课程开发、授课等具体培训工作，把日常工作中遇到的问题及解决方法整理归类，通过专业的方法进行分析。同时，依托企校合作平台，建设"双师型"员工，选拔内训师组建企校共建城轨专业讲师团，到合作学校担任兼职教师。

三、多层次实施订单生工程，从广度上推进企校合作

自2012年起，公司逐步将订单生生源地扩大到江苏省内外，共与省内外21所大专院校、13所本科院校建立了良好的合作关系。为进一步保障订单生质量，企校合作范围也由单一的订单招生，扩大到公司积极参与在校学生管理。联合学校对订单班级实行准军事化管理，建立档案记录，进行量化考核，并将结果作为综合测评、奖励、处分、培训考核及录用与否的重要依据。同时，实施专业工程师进校工作和座谈联系机制，开设苏州轨道交通专业知识和企业文化课程，开展寒暑假期跟岗实习活动，并将上岗取证与就业合格证挂钩，使订单生在毕业前取得上岗资质，确保学生毕业就能上岗。目前，公司共招收和培养学生4 000余人，在校订单生录取率达到98%。

四、多措施实施智力升级工程，从深度上推进企校合作

为使企校合作的成果能够进一步转化为企业发展的内生动力，公司一方面联合高校开设干部培训班，与相关高校学者教授以及企业等有关专家组成高层次、高标准的师资队伍，围绕管理能力、创新能力、行业热点、理想信念等模块，对公司各级干部、主管、后备干部进行强化培训，推动各级干部在企业经营和管理方面的知识能力素质不断提升。另一方面，为使培训与一线生产结合更加密切，公司积极推进在线测试、在线考试信息化建设，组建监控综合实验室、高压35 kV实验平台，进一步提高了培训针对性和有效性。公司还联合合作学校和苏州市人社部门技能鉴定管理机构，依据《国家职业标准制定技术规程》，对现有的内部职业技能鉴定体系进行系统的完善和优化，完成了

38 个岗位标准、36 个专业 45 本教材、16 万专业题库的编写，逐步形成了有初、中、高级工通用教材及作业指导书、操作规程的员工培训教材体系，并顺利通过专家评审。其中电客车司机、行车值班员、行车调度员三个关键岗位题库通过市人社局评审后，提升为市级标准。

丰硕的成果也擦亮了苏州轨道交通"人才培训基地"的牌子。截至目前，公司共承接了长沙、济南、合肥、无锡、常州等地轨交同行及院校的员工和教师 1 388 人次的培训工作，涉及电客车司机、调度、站长、车辆检修、信号、轨道等 70 多个专业岗位，培训收入约 1 700 万元。

（资料来源：苏州市轨道交通集团有限公司内部资料）

案例思考：

结合案例材料，分析苏州轨道交通企校合作人才培养模式的优缺点。

项目训练

【训练内容】企业人力资源管理调研及分析。

【训练目的】通过对企业实地调研，进一步加深理解人力资源管理方法。

【训练步骤】

1. 学生按 4~6 人划分为一个小组，以小组为单位确定一家调研企业。

2. 事先收集和整理该企业人力资源管理信息、新闻报道等资料，根据实训内容梳理出该企业人力资源管理中存在的问题。

3. 结合调研资料，进行小组讨论并提出该企业人力资源管理的改进建议，完成实训报告。

实训报告格式如下：

_____实训报告		
实训班级：	项目小组：	项目组成员：
实训时间：	实训地点：	实训成绩：
实训目的：		
实训步骤：		
实训成果：		
实训感言：		
不足及今后改进：		
项目组长签字：	项目指导教师评定签字：	

4. 小组提交实训报告，教师总结点评并进行成绩评定。

自测题

1. 职位分析的方法有哪些？
2. 人员招聘有哪些渠道？
3. 如何进行员工培训开发？
4. 如何理解绩效管理？有哪些绩效管理方法？
5. 绩效考核有哪些误区？

【延伸阅读】

任康磊. 绩效管理工具：应用方法与实战案例［M］. 北京：人民邮电出版社，2021.

项目四

沟通与协调方法

【学习目标及要求】

1. 掌握面谈、演讲、倾听的方法和技巧;
2. 在不同情形下,基于不同的谈判对象选择合适的谈判方法。

苏州轨道交通与乘客双向沟通平台的构建

苏州市轨道交通集团有限公司（以下简称"公司"）建立双向沟通平台，倡导全方位、多渠道、无障碍的沟通原则，要求各级管理者重视多维度、多角度的沟通和协调，创造条件，利用现有资源主动与乘客进行有效沟通。坚持乘客为先、需求导向、持续改进的原则，设置服务监督（投诉处理）机构，沟通渠道畅通且处理及时，建立有效乘客关系。搭建乘客委员会、行风监督员、名誉站长三支第三方监督队伍维护乘客关系，通过"走出去、引进来"营销活动加强乘客关系，以年度为周期开展满意度测评确定乘客满意、忠诚的关键因素。

一、建立乘客关系以赢得乘客，满足并超越其期望，提高其忠诚度，获得良好口碑

公司针对不同的乘客群建立差异化的乘客关系与服务方式，通过"精准服务"赢得不同需求的乘客，并通过满足并超越其期望，以提高乘客满意度与忠诚度，获得良好口碑（表4-1）。

实用管理方法

表4-1 乘客关系与服务方式

乘客群体	满足并超出乘客期望	乘客关系建立方式
学生群体	普及安全文明乘车知识	• 开展"进校园"特色主题活动 • 学生群体实施票价优惠 • 高考绿色通道活动
通勤客流	提高乘车效率，实现准点、高效、便捷出行	• 早晚高峰期间员工立岗、引导 • 智慧车站试点 • 扫码支付的普及 • "一码通"的推行
老年乘客	提供暖心、舒心的适老化服务	• 适老化设施（无障碍渡板）的引进推广 • 老年乘客实施票价优惠 • "爱心预约"温馨服务
其他乘客群体（外地游客）	苏州窗口形象打造	• 在交通枢纽站点设置"581服务台" • 重点车站设置为您导游便签板

二、建立与乘客接触的主要渠道，方便乘客查询乘车信息、交易记录和提出投诉

市民可通过来访、苏e行app等渠道查询交易记录；可通过来电、来信、乘客车站留言、网站留言、电子邮件及媒体、其他部门转发等多渠道提出诉求。同时，公司不定期开展线下意见征集活动，包括站长面对面、进社区、进企业、进学校访谈，接受乘客投诉与意见反馈。对乘客接触要求通过各种渠道和机制组织实施和转化，落实到有关的人员与过程。创新培训形式，形成"临聘专家授课""服务轮训"等有效培训方式，培训人员覆盖站务员、客运值班员、值班站长等有关人员。发挥锚定效应，制定并可视化服务标准化口诀，将服务标准化口诀海报张贴在线网各站的整装镜旁，在日积月累中向一线员工宣传主动落实乘客接触要求及日常服务注意事项（图4-1）。将乘客接触要求汇编成服务标准化指导手册，更加便于员工学习。

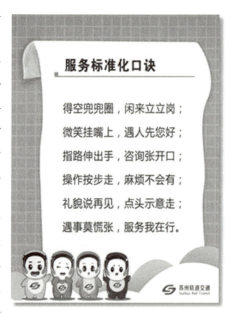

图4-1 标准化服务口诀

三、处理乘客投诉，减少乘客不满和业务流失，并积累和分析投诉信息以用于改进

公司根据《运营板块公众服务平台与新媒体平台管理办法试行标准化文件》形成投诉处理流程图（图4-2），依托流程处理乘客投诉。接到投诉事务时，根据事务的投诉对象或事项划分管理，相关部门（中心）承担相应责任，并积极开展事务调查与处理工作。受理事务部门需根据乘客反映的内容进行调查，依据事实处理，不得隐瞒不

报、弄虚作假,并根据调查情况组织分析、整改,留有相应记录。

同时,公司通过提前对外公示服务承诺、邀请乘客监督等方式,减少乘客不满和业务流失。最后,公司每周上报汇总一周投诉处理情况,每月形成投诉事务分析报告,积累和分析投诉信息以用于改进。针对典型事务重点分析,结合存在问题落实整改,切实提升现场服务质量。

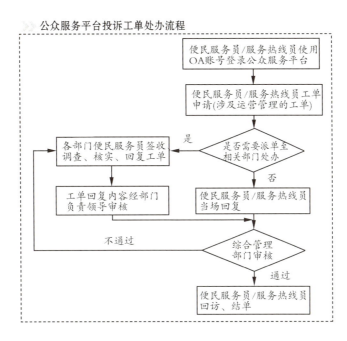

图 4-2　乘客投诉处理流程

(案例改编自:苏州市轨道交通集团有限公司内部资料)

案例思考:

结合案例内容,谈谈苏州轨道交通与乘客双向沟通平台的优缺点。

任务一　口头表达

沟通占用了每个人的大部分时间,职位越高,沟通花费的时间越多,耗用的精力越多。沟通涉及人性、个性、人际交往的实际经验。沟通效果往往取决于沟通双方传递信息和接收信息的密切配合。

口头表达是日常工作中最常用的一种沟通方式,它是指借助口头语言进行的信息传递与沟通交流,大量的信息是通过说话来完成传递的。口头表达有不同的应用类型,主要有面谈、演讲等。

一、面谈

（一）面谈的含义和类型

面谈是指组织中与工作有明确关系的、有目的的和受控制的两个人或多个人参与的面对面的沟通方式，是一种有组织、有计划开展的交换信息的活动。面谈是发生在收集信息者（面谈者）与提供信息者（面谈对象）之间的直接沟通行为，面谈能否成功，依赖于彼此能否建立有效的互动关系。面谈不同于日常生活中的闲聊。比如在公司的厂区、过道、电梯或超市里与同事偶然相遇，常常会引出各种话题，但这种闲聊属于自发性交谈而不是面谈。

常见的面谈类型有三种：招聘面谈、信息收集面谈和绩效评估面谈。

1. 招聘面谈

招聘面谈用来帮助现有的组织挑选新成员，是面谈中最常见的类型之一。通过面试者与受试者面对面的接触和问答式的交谈，可以使招聘单位了解应聘者的情况，评价应聘者是否适合进入本组织以及他们是否具有从事该项工作的合适技能，从而做出正确的录用选择。同时，应聘者也可以了解用人单位，找到合适的雇主。招聘面谈常会涉及四个一般性话题：以前的工作经历；教育和培训的背景；面谈对象的个性特征；面谈对象参加过的相关活动以及对方的兴趣。不同公司会按照自己的需要设计一些特殊的问题，以考察应聘者的能力。

2. 信息收集面谈

信息收集面谈是指想要获取某一方面信息资料时进行的面谈，它也是我们平时最常用的调查研究方法之一。当你想收集关于某个话题或问题的信息时，你可以进行这类面谈，并需要自己选择被访者。选择被访者需要基于两个因素的考虑：谁能给你需要的信息和谁愿意给你这个信息。这种形式的面谈通常包括数字数据、客观事实、主观评价和感受等信息。

3. 绩效评估面谈

绩效评估面谈是指绩效考评结束后，管理人员在规定的时间内将绩效结果反馈给下属。面谈的主要内容包括：对考核结果形成一致的看法；回顾被考核者在某一特定考核期内的表现；指明被考核者的优点与存在的不足；对下一阶段工作的期望达成一致，制定其个人业绩目标；讨论并制定双方都能接受的绩效改进计划与方法；制定未来的培训方案与发展计划。在员工的绩效上给出正确的反馈是十分重要的，但同时，管理者也得注意反馈的方式，注意照顾员工的情绪，以免影响员工的积极性。

（二）面谈的过程

1. 准备资料

面谈前要准备的资料主要包括面谈的基本内容、为应对对方提问而事前准备的资料。在面谈前，面谈者应根据面谈的目的进行相关文件资料的阅读，并把面谈中要获取的信息按照一定的逻辑关系进行排序、归类，剔除重复的问题。这样做既有助于对具体问题作出决定，也可以避免忘记。

2. 了解面谈对象

了解面谈对象即了解面谈对象的性格。要根据不同面谈对象的个性来采取不同的面谈方法，事先要思考周全如何应对在面谈中可能出现的情绪和行为。

3. 安排面谈的时间和地点

选择面谈的地点时，尽量选择一个双方都熟悉的环境，这对面谈时情绪的放松有很大的作用。时间上的选择也十分重要，时间仓促的面谈只能是草草收兵而难以达到预期的效果，如果是重要的面谈，应该安排在双方时间都比较宽裕的时候。

4. 进行提问

进行提问是面谈的主体阶段。面谈一般会以一问一答的方式进行，面谈者要对受访者的回答予以回应。这样，在问下一个问题之前，先就前一个问题交换意见，因为面谈者与受访者双方意见的交换是非常重要的。作为面谈者，可以利用对受访者的回答做出回应的机会，把会谈引向自己所期望的目标。

5. 结束面谈

结束面谈时需要做好以下事项：① 对参与面谈的人员表示感谢，无论结果如何，都要感谢对方花时间参加面谈。② 商议下一次的面谈或者落实下一步的行动，并在具体进展过程中及时反馈。③ 对面谈的结果进行总结或评价，核对面谈结果是否符合计划目标并作出下一步计划。

（三）面谈的技巧

面谈者应该在面谈准备、提问、结束等方面注意各种面谈技巧。

1. 开始的技巧

尽早与受访者建立起和谐融洽的面谈关系，营造轻松的氛围。面谈者应根据不同的目的来决定面谈双方的空间位置，同时告诉受访者面谈的目的及怎样做才有助于达到那个目的。在办公室进行面谈时，区域的安排也会对面谈效果产生非常大的影响。研究表明，办公室区域可以分为两部分：压力区域和半社会化区域。压力区域是指办公桌周围的空间，办公室的主人坐在办公桌后面，那么这张桌子就会在交谈双方尤其是地位不平等的双方面谈时变成一道自然的"心理屏障"。因此，这一区域一般被用来安排正式的面谈。而半社会化区域则是指离办公桌稍远的空间，比如办公桌旁边的沙发。这个区域的交谈会被认为是建立在较平等的基础上的，因此会使面谈双方产生较轻松的情绪。通常，除了一些很严肃的面谈，其他的可以尽量安排在半社会化区域。这将有利于提高面谈的质量。

2. 提问的技巧

提问是面谈中获取信息的最主要手段，提出问题的方式不同会直接导致对同一问题所做回答的形式、信息量大小等方面的不同。在提问中，首先应多涉及具体的问题，其次还要注意问题的平衡性，既问正面问题，也问反面问题。

3. 结束的技巧

成功的面谈应该是意味深长而令人留恋的，继而使双方产生希望今后继续交谈的愿望。而在实际生活中，很多人不知道如何把握结束交谈的时机，常常到了双方都感到疲倦甚至厌烦的时候才终止交谈，这样不仅难以发展今后的联系，而且也可能使已经取得的成果尽毁。一般来讲，我们要见好就收，在谈话的主题已经得以深入展开、双方进行了充分的交流、交谈情绪达到高潮时主动提出结束。这时，任何一方出现的其他情况均可以成为结束交谈的时机。比如，其他人的到来、电话铃响等。我们要抓住机会，及时结束交谈。有时，对方有事或者兴趣索然却不便说明的时候，常常会通过一些话语或者动作展示出来。我们要做一个有心人，善于捕捉这些信号，主动结束会谈。

面谈结束时，要对面谈的要点加以总结，主动表达谢意以及进一步沟通的愿望。一个有沟通技巧的、善于交往的人应该把握住面谈结束的机会，为下一次面谈做好铺垫。

二、演讲

（一）演讲的含义和特征

演讲是指演讲者在特定的现实背景下，运用有声语言和体态语言的表达手段，对听众发表意见、抒发情感，以达到感召听众目的的一种带有艺术性、技巧性的社会实践活动。演讲者、听众、现实背景构成演讲的三个前提条件；既强调有声语言又强调体态语言，是演讲区别于其他口语表达形式的关键。

通常来说，演讲具有以下四个特征：① 综合性。演讲是一种综合的说话形式。从演讲的定义可以看出，演讲不仅要有演说者的语言和神态，还要有听众的配合，以及演说者的心理状态、环境氛围的营造等，这些要素缺一不可。② 直接性。演讲是一种面对面的宣传鼓动形式。演讲者的发言富于鼓动性、感染力，同时可以根据听众的现场反应灵活调整。③ 现实性。演讲的主题一般是针对当前社会中出现的一些现象，针对现实中出现的问题进行宣传和鼓动。④ 艺术性。演讲是运用语言和体态等来影响听众的，因此演讲内容的哲理化、语言的文学化、姿态的戏剧化都不同程度地存在于演讲中，赋予了其艺术感。

（二）演讲方式

在正式场合发表演讲，演讲方式的选择非常重要。演讲者要根据不同的场所、听众、性质、目的，选择不同的演讲方式。常用的演讲方式主要有以下几种。

1. 宣读式演讲

宣读式演讲就是演讲者根据已经写好的演讲稿向听众宣读。这种方式适用于政策性强、法定性强或内容重要、场合严肃的演讲。其优点是：从观点到细节在演讲稿中都做了预先的设置，演讲时很少会出现临时搜索词汇、组织措辞或说漏嘴的情况；在限定时间的演讲中，这种方式也能通过预先设定演讲稿长度的方法使自己在规定的时间里讲完预定的内容。但其缺点也是十分明显的：演讲者一味读稿，缺乏与听众的交流，听众有可能对演讲失去兴趣。

2. 背稿式演讲

背稿式演讲就是演讲者记忆预先写好的演讲稿，在正式演讲时依靠背诵演讲稿进行演讲。这种方式适合准备时间比较长、演讲稿比较短，又追求现场效果的演讲。如果是一个演讲稿多次使用，这种方式对演讲者更为有利。应聘时的自我介绍、新工作岗位的就职演说均可以采用这种方式。除了具有宣读式演讲所具有的优点外，背稿式演讲由于解放了演讲者的双手，故可以以手势语言增强演讲效果。其缺点是：由于听起来像是背书，听众可能不太乐于接受；演讲者要记忆演讲稿的全部内容，思想压力较大，容易出错；在演讲过程中一旦遗忘某一措辞，就会影响演讲效果。

3. 提纲式演讲

提纲式演讲是指不使用演讲稿演讲，而是将要演讲的主要内容和结构安排列出提纲，演讲者根据提纲进行演讲。为了避免宣读式演讲和背稿式演讲的弊端，演讲者可以将原来的演讲稿精减为提纲，然后按照提纲进行演讲；演讲者临时决定或被安排做演讲，在允许的时间内来不及写出讲稿时，也可以采用这种方式。这种方式的最大优点是它的机动性。演讲者根据提纲的内容演讲，或者不看提纲，仅在必要时看一下提醒自己，保证了演讲的连贯性和完整性，同时又给了演讲者发挥的空间。这种方式一般在管理工作中用得比较多。

4. 即兴演讲

即兴演讲是指在特定的背景和未做充分准备的情况下为实现自己的表达意愿或现场需要而临时组织语言的演讲。这种方式又有两种情形：一种是没有外力邀请或督促的主动演讲；另一种是在外力邀请或督促下的被动演讲。酒会、讨论、自由发言、评论时经常要即兴演讲。由于它具有现场性、即兴性、灵活性的特点，因此被认为是口语表达的最高形式。迅速选择话题、确立观点、组织思路、言简意赅是一次成功的即兴演讲的前提。

即兴演讲包括传递信息的发言、引荐发言、颁奖词、欢迎词、祝酒词和口头报告等。

（三）演讲技巧

演讲技巧指的是在正式演讲过程中所运用的一些吸引听众、提高演讲效果的方式方法。一次有效的演讲，需要学习、注意一些技巧的运用，包括充分准备、积极的心理暗示、把握节奏和语气语调技巧、合理运用体态语言、利用直观教具等。

1. 充分准备

机会是留给有准备的人的，因而在演讲前我们要做好以下三方面的准备：一要思想上高度重视，充分认识到这是一次展示和提升自我的机会。二要内容上认真准备，充分做好演讲的构思，拟好提纲，形成演讲稿。三要行动上积极演练，演讲前要多次排练，甚至可以邀请自己的亲朋好友扮演听众，模拟练习，熟悉内容的同时又可以消除紧张感。

2. 使用积极的心理暗示

积极的心理暗示是消除紧张感的有效方法之一。演讲者可以把自己想象成有关演讲话题的绝对权威，而听众只不过是一些对此话题一点都不了解的人，听众不是来挑刺的，而是来倾听你的演讲的。在演讲之前，你可以想象你在演讲时神采飞扬，听众洗耳恭听，积极配合，演讲结束后听众掌声雷动，你获得了空前的成功。

3. 把握节奏和语气语调技巧

节奏包括语速的快慢、语句的长短、语调的刚柔，以及重音、吐字、停顿等内容。演讲的节奏固然取决于演讲者的气质、性格以及听众的情绪，但主要还是取决于演讲内容、演讲目的以及演讲背景。为了增强演讲效果，演讲者应据此选择恰当的节奏。在致欢迎词、宴会致辞、友好访问以及其他较为随和的演讲场合，宜选用轻快型的节奏；理论报告、纪念会发言、会议开幕词、工作报告等演讲场合，宜选用持重型的节奏；在紧急动员报告、声讨发言等演讲场合，宜选用紧促型的节奏；在具有哀伤气氛的演讲场合，宜选用低抑型的节奏；在誓师会、动员会等演讲场合，则应选用高昂型的节奏。

语气与语调可以表达丰富的感情色彩。在演讲中，气徐声柔可以表达爱的感情，气粗声硬可以表达惜的感情，气沉声缓可以表达悲的感情，气满声高可以表达喜的感情，气提声凝可以表达惧的感情，气短声促可以表达急的感情，气促声重可以表达怒的感情。演讲者要善于选用不同的语气来表达不同的感情色彩。语调技巧则是通过语调的升、降、平、曲四种调式来表达演讲者不同感情的技巧。在实际演讲过程中，随句子和表达的需要，语调也要不断变换。需要说明的是，演讲一般有一个相对稳定的语气与语调——基调，但在演讲过程中，随着演讲内容和演讲者情绪的变化，语气语调也应随之变化。不过，这种变化不是装腔作势和矫揉造作。

4. 合理运用体态语言

演讲是一种语言艺术，但绝不仅仅是语言艺术。一次成功的演讲，除了要运用好有声语言外，还要重视体态语言这一表达手段。体态语言通常包括表情、眼神、手势、站姿等内容。体态语言能够引起听众的注意，能够配合有声语言，强化演讲效果，使用动作的演讲者比那些站着不动的演讲者可能吸引更多的注意。

5. 利用直观教具

直观教具是帮助演讲者解释要点的装置，演讲者应学会使用。直观教具的种类很多，大致可以分为：① 黑板。这是最为普遍的教具，常被用于关键词、要点的板书与简单的图画。② 实物。听众很愿意看演讲者正在谈论的或者与演讲话题相关的东西，演讲者可以将其作为直观教具。③ 图表。包括广告、宣传画、组织图、结构图、挂图、表格等。④ 多媒体。常见的是演讲者预先将演讲稿制作成幻灯片，以传递文字、图形、动画以及音频的信息。大多数会议和演说场所都有现代化的直观教具，如投影、幻灯片等，演讲者要注意这些工具的使用技巧。

口头表达中的感染力

感染力是指鼓励、激发他人的能力。要想在表达的基础上感染别人，就应该多采取正向的、积极的语言，用激情有温度的话语赞美别人，避免说些负面的、会伤害别人的话。例如，多采取以下口头禅：

（1）哇！你好厉害哦！

（2）哇！太棒了！

（3）哇！你真是不简单！

（4）哇！你真行！

（资料来源：周静，王一帆. 领导力与管理沟通［M］. 成都：西南交通大学出版社，2021.）

任务二 倾 听

一、倾听及其作用

在日常生活中，经常出现这样的情况：很多人在听完别人的慷慨陈词之后，还是一头雾水地追问："他刚才说的是什么？"还有人时常抱怨："我刚刚说过的，听者为什么不仔细听？"或者"听者为什么不听我说？"这说明，在双方沟通的过程中，许多人忽视了倾听的重要性。

对于大多数人来说，听由我们听到别人讲话的声音时开始。但是，从学术意义上讲，听与倾听还是有所区别的。"听"是人体感官对声音的一种生理反应，是感官对外界声音的接收。而"倾听"虽然也以听到声音为前提，但它更多地体现在听话人对所听到的声音的反应上，是一种积极的、有意识的听觉感受及心理活动，是信息接收者积极、主动地捕捉信息和搜寻信息的过程。因此，所谓倾听，是指接收口头和非语言的信息、确定其含义和对此做出反应的过程。倾听，就是用耳朵听，用眼睛观察，用心灵感受。通过倾听，人们在获得表层信息内容的同时还能挖掘信息中隐藏的深层感情和意思表达，指导听者的思维判断。

倾听的作用主要体现在以下方面：

第一，获取重要信息。交谈中有很多有价值的信息，有时它们是说话者一时的灵感，而说话者自己又没意识到，对听者来说却有启发。此外，通过倾听，我们可了解对方要传达的信息，同时感受到对方的情感，还可据此推断对方的性格、目的和诚恳程度。通过提问，我们可澄清不明之处，或是启发对方提供更完整的资料。

第二，激发谈话兴趣。如果你对对方的谈话始终抱着一种真诚的、享受的倾听感觉，那么谈话者就会觉得自己的话有价值，进而会说出更多、更有价值的话语。如果只顾一味地说而不能专心倾听，就无法随时了解对方的反应。只有专心倾听，才能提高对方谈话的兴趣，诱发其表达的欲望，促进彼此之间建立良好的沟通渠道。

第三，留下良好印象，提高信任度。人们大都喜欢发表自己的意见，如果你愿意给他们一个机会，他们立即会觉得你和蔼可亲、值得信赖。作为一名管理者，无论是倾听顾客、上司还是下属的想法，都可消除他们的不满和愤懑，获得他们的信任。

二、倾听的类型

倾听实质上映衬着说话者与听话者的关系，所以倾听同样包含倾听者的主动参与。主动倾听者在倾听过程中会对接收的话语（或其他内容）进行理解、筛选和加工，也会采取不同类型的倾听对所听到的内容进行处理。常用的基本倾听类型包括获取信息式、批判式、情感移入式和享乐式四种。

（一）获取信息式倾听

获取信息式倾听主要是指倾听者为了了解某种知识、技能或者就某一事物（问题）征求别人意见的学习或沟通的过程。如学生们在课堂上的大部分时间就是通过倾听以获取信息；营销人员接触顾客也采取获取信息式倾听，尽量了解顾客的购买要求，了解竞争对手的信息。获取信息式倾听的着眼点首先是识别中心思想，这是贯穿整个内容的基本思想，然后倾听加强中心思想的主要观点，最后倾听支持主要观点的材料。

（二）批判式倾听

批判式倾听一般紧随获取信息式倾听，是指倾听者在获取信息式倾听结束后，对所获取的信息进行分辨、筛选、加工、整理的过程。批判式倾听需要获取信息式倾听的所有构成要素，在批判式倾听中，仍然要识别中心思想，抓住主要观点，但倾听者还应该对所听到的内容进行估量和质疑。在理想状态下，所有沟通中的倾听都应该是批判式的。

在批判式倾听中，首先要弄清对方的动机。当一个朋友设法劝说我们停下学习去购物时，我们也必须问一些问题：他的动机是什么？结果可能是怎样的？当我们处于被劝说的情景之中时，质问劝说者的动机是一种正当和恰当的反应。在公共演讲中，我们常通过研究演讲者的背景去审视演讲者的动机。演讲者做很长时间的自我介绍，就是为了建立自己的可信度或信任度。其次，作为倾听者，我们听到的更多的是观点而不是事实，所以应具备区分事实与观点的能力。

（三）情感移入式倾听

情感移入式倾听是指倾听者受到演说者情感的带动，从而在短时间内自觉不自觉地被演说者的演说所牵制，失去自己判断能力的现象。在不同程度上，通过不同方式，我们的倾听能力会受到情感因素的影响，这时最好的方式是利用情感移入式倾听，即设法从他人的观点中理解他人的感受并做出相应的反应。作为倾听者，要把自己的情感放在一边，投入对方的情感中去。为此，要识别说话者的情感，并鼓励其继续表述并解决问题。

识别情感通常是最难的部分，倾听者需要琢磨谈话者所说的话的真正含义，即能听出言外之意。要识别情感，就要了解说话者的意图、愿望、观点、价值观等。这里并不需要同意或接受他，只要尽力去理解他。情感移入式倾听的关键在于投入情感、识别情感。

（四）享乐式倾听

享乐式倾听是指在一种轻松、愉快的形式下进行倾听，使得严肃的倾听变成了愉悦的沟通方式。在看电视或者听音乐时，人们都会尽可能放松地倾听。享乐式倾听可以缓解压力，消除疲劳，调节神经兴奋度，进而提高办事效率。所以，有些公司及公共场所用一些合适的背景音乐来刺激人们倾听。

三、倾听的方法

倾听在沟通的过程中具有重要的意义，然而人们却不可避免地因环境原因与个人原因而造成倾听效果不好，为此，我们需要采取技巧达成有效倾听，具体方法如下。

（一）充分准备，营造环境

沟通前，要根据本次沟通的内容及性质，在沟通时间选择、场所安排和氛围营造上做好充分的准备，确保沟通能在不受外界环境干扰的情况下进行，为有效倾听营造一个良好的沟通环境。首先，选择恰当的时间。沟通时间的选择必须得到双方的认可，安排较为充分、完整的时间，尽量避免在倾听的过程中因其他事而被打断。其次，安排合适的场所。一个安静、舒适的场所能够避免外部噪声的影响，确保双方能够互相听清楚，因而在沟通过程中要力求避免固定电话、手机和他人的干扰。最后，营造平等的氛围。在正式的沟通场合，沟通双方应该保持一定的距离，保持一样的高度和状态，保持轻松自然的态度，营造平等和谐的沟通氛围。

（二）真诚理智，消除偏见

沟通由心开始，交流贵在真诚，只有双方敞开心扉、用心对待、真诚交流，才能达成有效沟通。因而，在沟通的过程中，应时刻提醒自己交谈到底要解决什么问题，告诫自己应摒除偏见，做到坦诚相对、认真倾听、理智判断。在倾听的过程中，应该把注意力集中在对方所传递的信息本身，而不应将个人情绪与主观成见掺杂进来，以免影响对信息的正确判断。更不能因为自己和谈话者或者谈话者所谈内容涉及的人有过矛盾，就刻意在沟通中忽略其所传达的信息。除了消除对谈话者的偏见外，还需要消除对其所传递信息的偏见。即使你不完全同意对方的观点，也要倾听对方的话语，以免遗漏重要的信息。

（三）适度沉默，认真听讲

在沟通的过程中，适度的沉默往往能够达到无声胜有声的效果。我们要正确对待沉默，灵活运用沉默，借助沉默达到最好的沟通效果。一方面，我们要理解对方的沉默。当对方突然出现沉默时，我们应反思：是否自己的表现让对方产生不满情绪？自己认真听讲了吗？另一方面，要学会沉默。当对方在认真陈述观点时，应该保持沉默，认真聆听，不要急着打断对方。在听讲的过程中，倾听者要时刻保持精力充沛，全神贯注于对方的信息之上，特别是讲话的开始、中间和结尾部分，不要让自己在交谈停顿的时候胡思乱想，不要因讲话者的衣着外表、使用的措辞以及可视的辅助物等分散注意力，应降低注意力的波动性和选择性，不断地把新的信息注入自己接收的信息体系里面。

（四）及时反馈，适时总结

反馈可以强化沟通效果，并且为沟通者创造一个真正的互动交流过程。倾听者在进行反馈时，应该是真诚的、友好的、开放的、直接的、有建设性的、有意义的。首先，在沟通的过程中，应适当地以"是的""我明白了""好"等语言来积极地回应对方，或者有礼貌地提问题，鼓励对方做进一步的解释或澄清。其次，适时表达自我，即必要时可用自己的话准确、简洁地将对方所说的要点予以提要重述，以表示你在认真地听和记录，同时也可以检验自己是否正确理解了对方所传达的意思。当你对对方的观点不甚了解，给不出语言反馈时，此时行为反馈显得尤为重要，一个肯定的眼神、一个微笑、一个点头的动作，也会让对方感觉到你在重视他的讲话，对其话题感兴趣，并且赞同他的观点。在沟通的过程中，要适时地对谈话内容进行归纳、提炼和总结，从而达到明确要点、概括中心、澄清真相、得出结论的目的。

（五）耐心听完，再下结论

好的倾听者应该主动激发自身的倾听意愿，即使谈话者所谈的内容让自己感到无趣、枯燥或者厌烦，也应该自我调动情绪，耐心地听说话者讲完观点，听清楚全部内容，然后再做评价。因为主观臆断的情绪一旦产生，就会迫不及待地想打断谈话者，这不利于全面了解信息、客观评价对方的讲话内容。因而，在倾听过程中要学会克制自己，避免直接的质疑或反驳，让对方畅所欲言。在谈话间，即使有问题，也应留到稍后再来查证，以避免中途打断对方。如果缺乏耐心，在讲话者刚开始讲话不久，我们就断言该讲话毫无价值，那么就会影响接下来的倾听，也会失去一些重要的信息甚至机会。

任务三 谈　判

一、谈判的要素和程序

谈判是人们为了协调彼此的关系，满足双方或多方的目标诉求，通过协商而争取达到意见一致的行为和过程。当某一个人或群体的利益取决于另一个人或群体为追求自己的利益而采取的行动时，当双方所追求的各自利益需要以合作的方式才能得以实现时，就需要谈判。谈判是在反复磋商中达到一致的过程。

（一）谈判的要素

谈判的要素是指构成谈判活动的必要因素，它是从静态结构上对谈判行为的剖析。谈判通常由谈判当事人、谈判议题、谈判背景三个要素构成。

1. 谈判当事人

谈判当事人是谈判过程中有关各方的所有参与者。从谈判组织的角度看，谈判当事人一般有两类人员：台上的谈判人员和台下的谈判人员。

台上的谈判人员，是指参加一线谈判的当事人，亦即上谈判桌的人员。一线的当事人，除单人谈判外，通常包括谈判负责人、主谈人和陪谈人。其中，谈判负责人，即谈判当事一方现场的行政领导，也是上级派往谈判一线的直接责任者。他虽然可能不是谈判桌上的主要发言人，但有发言权，可以对主谈人的阐述进行补充甚至必要的更正，是谈判桌上的组织者、指挥者。主谈人，即谈判桌上的主要发言人，他不仅是主攻手，也是组织者之一，其主要职责是按照既定的谈判目标及策略同谈判负责人默契配合，与对方进行有理有据的论辩和坦率、诚恳的磋商，以说服对方接受自己的方案或与对方寻求双方都能接受的方案。陪谈人，包括谈判中的专业技术人员、记录人员、译员等，其主要职责是在谈判中提供咨询、记录谈判的内容以及做好翻译工作等。

台下的谈判人员，是指谈判活动的幕后人员。他们在谈判过程中虽然不出席，但是对谈判发挥着重要的作用。他们包括该项谈判主管单位的领导和谈判工作的辅导人员。主管单位的领导，其主要责任是组班布阵、审定方案、掌握进程；辅导人员，其主要作用是为谈判做好资料准备和进行背景分析等。

2. 谈判议题

谈判议题是指谈判需要商议的具体问题。谈判议题是谈判的起因、内容和目的，并决定当事各方参与谈判的人员组成及策略。所以，谈判议题是谈判活动的核心。

谈判议题不是凭空拟定或单方面的意愿，它必须是与各方利益相关，从而成为谈判内容。谈判议题的最大特点在于当事各方认识的一致性。如果没有这种一致性，就不可能形成谈判议题，谈判也就无共同语言。

谈判议题几乎不受限制，任何涉及当事各方利益的内容都可以成为谈判议题。谈判议题的类别形式，按其设计内容分，有政治议题、经济议题、文化议题等；按其重要程度分，有重大议题、一般议题等；按其纵向和横向结构分，有主要议题及其项下的子议题（议题中的议题）、以主要议题为中心的多项并列议题、互相包容或互相影响的复合议题等。谈判议题的多样性决定了谈判复杂程度的不同。

3. 谈判背景

谈判背景是指谈判所处的客观条件。任何谈判都不可能孤立地进行，必然处在一定的客观条件之下并受其制约。因此，谈判背景对谈判的发生、发展、结局均有重要的影响，是谈判不可忽视的条件。

谈判背景主要包括环境背景、组织背景和人员背景三个方面。

环境背景一般包括政治背景、经济背景、文化背景以及地理、自然等客观环境因素。其中，政治背景在国际谈判中是一个很重要的背景因素，它包括所在国家或地区的社会制度、政治信仰、体制政策、政局动态、国家关系等。例如，国家关系友好，谈判一般较为宽松，能彼此坦诚相待，充满互帮互助的情谊，出现问题也能比较容易地解决；反之，国家关系处在对抗状态，谈判就会受到较多的限制，谈判过程的难度也会较大，甚至会出现制裁、禁运或其他歧视性政策。经济背景，也是很重要的背景因素，尤其对商务谈判有着直接的影响，它包括所在国家或地区的经济水平、发展速度、市场状况、财政政策、股市行情等。例如，经济水平反映了谈判者的经济实力，某方占有垄断地位，其在谈判中就具有绝对的谈判优势；市场供求状况不同，谈判态度及策略就会不同；财政政策与汇率，既反映了谈判方的宏观经济健康状况，又反映了支持谈判结果的坚挺程度；股市行情则往往是谈判者可供参照和借鉴的"晴雨表"。文化背景，同样不可忽视，它包括所在国家或地区的历史渊源、民族宗教、价值观念、风俗习惯等。在这方面，东西方国家之间、不同种族和不同民族之间，甚至一个国家内的不同区域之间，往往会有很大差异。

组织背景包括组织的历史发展、行为理念、规模实力、经营管理、财务状况、资信状况、市场地位、谈判目标、主要利益、谈判时限等。组织背景直接影响谈判议题的确立，也影响着谈判策略的选择和谈判的结果。

人员背景包括谈判当事人的职级地位、教育程度、个人阅历、工作作风、行为追求、心理素质、谈判风格、人际关系等。人员背景直接影响着谈判的策略运用和谈判的进程。

（二）谈判的程序

一般来说，谈判都要经历开局阶段、概述阶段、明示阶段、交锋阶段、妥协阶段和签约阶段等阶段。

1. 开局阶段

这是谈判进入正题之前的一个短暂阶段，主要是为了建立良好的谈判氛围。在此阶段，谈判双方通过自我介绍的形式相互认识，然后共同讨论一些社会新闻、娱乐消息、体育赛事等，以打破紧张气氛，消除对方的防范心理，为接下来的谈判创造轻松和谐的气氛。

2. 概述阶段

这个阶段是为了陈述各方立场、探测对方意图而进行的探索阶段。此时，双方的态度都积极而谨慎，既要通过清晰无误的概述让对方了解自己的目标和想法，又要注意己方重要信息的保密，还要通过聆听对方的概述迅速抓住对方的立场、策略，掌握对方的目标和需求，灵活调整谈判战略，为进一步谈判创造条件。

3. 明示阶段

明示阶段是双方进入实质性问题的磋商阶段，双方在提出与对方不同意见和看法的基础上，通过积极的磋商、讨论，预测出对方可以接受的最佳方案，并提出建议，供双方进一步讨论。

4. 交锋阶段

在这个阶段中，谈判双方为了共同的利益尤其是自身的需要，运用各种策略和技巧相互争执较量、讨价还价，这是谈判的核心阶段。在交锋中，双方都据理力争，力图使自己处于优势地位，让对方接受自己的观点，因此会激烈争论，气氛紧张。这时，谈判者应冷静、果断，坚定自己的目标，但也不要一味强硬，而要通过各种谈判手段和技巧，找出双方都能接受的妥协方案。

5. 妥协阶段

双方经过激烈的交锋后，进入妥协阶段，这时各方会为了最终达成协议而做出一些必要的让步，这是谈判过程中必不可少的阶段和过程。

6. 签约阶段

经过交锋和妥协，双方认为已基本达到自己的目的，便根据谈判的结果议定一个文字的协议或合同，并在文件上签字，整个谈判活动宣告结束。

谈判的准备工作

在谈判之前，我们有必要完成一些基本的准备工作，包括对背景、目标、双方的优势与不足等进行了解并作相应准备。

1. 谈判背景

谈判背景包括：（1）谈判的具体内容；（2）对方的经历、经验、能力等有关知识；

(3) 对方的需要；(4) 谈判时间和地点。

2. 谈判目标

谈判目标包括：(1) 我们的目的；(2) 我们所期望的最佳结果；(3) 我们可接受的最坏结果。

3. 双方的优势与不足

双方的优势与不足主要包括：(1) 我们的优势——技术、价格、经验时间等；(2) 我们的劣势——技术、价格、经验时间等；(3) 我们对对方优势、劣势的分析。

4. 谈判授权

作为谈判代表，我们获得了怎样的授权？可以给予对方何种程度的承诺？对方可以给予什么样的授权？

二、谈判方法

（一）谈判方法的划分

按谈判的态度划分，谈判方法分为硬式谈判法、软式谈判法、原则式谈判法。

1. 硬式谈判法

硬式谈判法，又称立场型谈判法，是谈判者以意志力的较量为手段，很少顾及或根本不顾及对方的利益，以取得己方胜利为目的的立场坚定、主张强硬的谈判方法。这种谈判，视对方为劲敌，强调谈判立场的坚定性，强调针锋相对；认为谈判是一场意志力的竞赛，认为只有按照己方的立场达成的协议才是谈判的胜利。

在硬式谈判中，谈判双方的注意力都集中在如何维护自己的立场、否定对方的立场上。谈判者只关心自己的需要，以及从谈判中能够得到的利益，而无视对方的需要及对利益的追求。他们只看到谈判内在的冲突的一面，总是利用甚至创造一切可能的冲突机会向他方施加压力，忽视去寻找能兼顾双方需要的合作途径。

硬式谈判者往往在谈判开始时提出一个极端的立场，并始终持强硬的态度，力图维护这一立场，只有在迫不得已的情况下，才会做出极小的松动和让步。如果谈判双方都采取这样的态度和方针，谈判极易陷入立场性争执的泥潭，在根本难以找到共同点的问题上做无谓的努力，增加谈判的时间和成本，降低谈判的效率。即使某一方服从于对方的意志力，被迫做出让步并最终签订协议，其内心也是不以为然，甚至是极为不满的。因为在该项谈判中，其需要并未得到应有的满足。这种结果很可能导致其有意消极地对待协议的履行，甚至想方设法阻碍和破坏协议的执行。从这个意义上讲，硬式谈判没有真正的胜利者。

2. 软式谈判法

软式谈判法，又称让步式谈判法，是指以妥协、让步为手段，希望避免冲突，为此随时准备以牺牲己方利益换取协议与合作的谈判方法，是"硬式谈判"的反面。在软式谈判中，谈判者总是力图避免冲突，为了达成协议，他们随时准备做出让步，希望通过谈判签订一项令双方都满意的协议。软式谈判者不是把对方当作敌人，而是当成朋友来对待，他们的目的在于达成协议而不是压倒对方。因此，较之利益的获取，软式谈判者更注重建立和维护双方的合作关系。

在一项软式谈判中，一般的做法是：信任对方→提出建议→做出让步→达成协议→维系关系。

如果谈判双方都能以宽宏大度的心态进行谈判，那么谈判中冲突的成分就会降低到最低的程度，达成协议的可能性、速度及谈判的效率都将是比较令人满意的；而且彼此的良好合作也会使双方的关系得到进一步的加强。但在现实的谈判活动中，这种情况很少发生。在绝大部分场合，许多谈判者都避免这种为了达成协议而不顾实际利益的做法，尤其在面对强硬的谈判对手时更是如此。软式谈判通常只限于在双方的合作关系极为良好并有长期业务往来的情况下使用，而且双方所持的态度和谈判的方针必须是一致的。

3. 原则式谈判法

原则式谈判法，也称价值型谈判法，是指谈判者既注重维护合作关系，又重视争取合理利益的一种谈判方法。原则式谈判法吸取了硬式谈判法和软式谈判法的所长而避其极端，强调公正原则和公平价值。在原则式谈判中，双方都将对方当作并肩合作的同事，而不是作为敌人来对待。他们注重与对方建立良好的人际关系，但又不像软式谈判者那样，只强调维护双方的合作关系，而忽视利益的获取。原则式谈判者注意协调双方的利益而不是双方的立场。他们尊重对方的基本需要，寻求双方在利益上的共同点。谈判双方都努力争取自己的利益，当双方的利益发生冲突时，则坚持在公平的基础上协调解决，以获取对双方都有利的结果。

原则式谈判者认为，在谈判双方对立的立场背后，既存在冲突性的利益，也存在共同性的利益。立场的对立并不意味着双方在利益上的彻底对立。只要双方立足于共同的利益，以合作的姿态去调和冲突性的利益，双方就可能寻找到既符合己方利益又符合对方利益的替代性立场。通过原则式谈判而取得的"价值"既包括经济上的价值，又包括人际关系上的价值。因此，原则式谈判是一种既理性而又富于人情味的谈判，在现实的谈判活动中具有很广泛的实用意义。

运用原则式谈判法的要求如下：① 各方从大局着眼，相互尊重，平等协商。谈判中对人温和，对事强硬，强调把人与事分开。② 处理问题坚持公正的客观标准，提出互相受益的谈判方案，以诚相待，采取建设性的态度，立足于解决问题。③ 求同存异，互谅互让，争取双赢。谈判中谋求共同利益，放下立场，努力寻找共同点，消除分歧，争取双方满意的谈判结果。

（二）谈判方法的选择

上述 3 种谈判方法各具特点，各适用于不同情况和不同条件下的谈判。在选择或运用时要考虑到以下几个制约因素。

第一，与对方继续保持业务关系的可能性。如果己方希望与对方保持长期的业务关系，并且具有这种可能性，就不能采用硬式谈判法，而应采取原则式谈判法或软式谈判法；如果与对方发生的只是偶然的、一次性的业务往来，则可考虑使用硬式谈判法。

第二，谈判双方的实力对比。如果双方实力接近，可以采用原则式谈判法；如果己方实力远远强于对方，可以考虑使用硬式谈判法。

第三，交易的重要性。如果某项交易对己方非常重要，可以考虑运用原则式谈判法或硬式谈判法。

第四，谈判的资源条件。如果谈判的开支庞大，己方在人力、财力和物力等方面的支出又受较大的制约，谈判时间过长，必然难以承受，应考虑采用软式谈判法或原则式谈判法。

第五，双方的谈判技巧。谈判者都有既定的目标，而达成这一目标的方法可以是多种多样的。有些谈判者具有较高的谈判技巧，善于控制和引导谈判行为，往往是有张有弛，软硬结合，不拘泥于某一种谈判类型。

第六，谈判者的个性与谈判风格。有些谈判者生性好胜，总期望成为胜利者，在谈判中倾向于坚持立场，多采用硬式谈判法；有的谈判者比较随和，倾向于采用软式谈判法。

小贴士

推销洽谈的方法

推销洽谈是向客户传递商品信息并进行双向沟通，向客户进行相关讲解和示范，并试图说服客户购买的过程。在整个推销过程中，推销洽谈是一个关键阶段，是极其重要的环节。能否说服客户、实现交易，在很大程度上取决于推销洽谈是否成功。推销洽谈的方法主要有提示法和演示法。提示法着重于以语言介绍的方式进行推销洽谈；演示法则着重于以非语言的方式进行推销洽谈。推销洽谈的方法和技巧见表4-2。

表4-2 推销洽谈的方法和技巧

方法	具体方法	方法简介
提示法	直接提示法	直接提示法是指工作人员在沟通洽谈的过程中，主要运用口头语言的形式直接说客户购买产品的方法
	间接提示法	间接提示法是指工作人员采用间接的信息传递与接收方法向客户传达产品的重点信息，以劝说客户购买产品的一种方法
	积极提示法	积极提示法是指工作人员从正面的角度，用肯定的、积极的明示或暗示来提示客户购买产品后可以获得的相关收益等，从而促使客户购买

续表

方法	具体方法	方法简介
提示法	消极提示法	消极提示法是指工作人员运用反面的、消极的、否定的暗示法，提示客户注意不购买产品可能会带来的消极作用，激发客户的购买欲，从而达成购买的洽谈方法
	明星提示法	明星提示法是指工作人员借助有名望的个人、法人或团体组织购买和使用产品的事例，劝说客户采取购买行为的方法
	联想提示法	联想提示法是指工作人员通过向客户提示或描述与产品有关的情景，使客户产生某种联想，进而激发客户购买欲望的洽谈方法
	逻辑提示法	逻辑提示法是指工作人员利用逻辑推理来说服客户购买产品的洽谈方法
演示法	产品演示法	产品演示法是指工作人员通过直接演示产品，向客户传递产品的有关信息，进而劝说客户购买产品的洽谈方法
	文字演示法	文字演示法是指工作人员通过演示产品的相关文字资料来说服客户购买产品的洽谈方法
	其他演示方法	除了以上演示方法之外，还有其他演示方法，如图片、图表演示法，音像、影视演示法等

案例分析

绩效反馈沟通的成与败

绩效反馈是组织在绩效考评结束后选择适当时机将考评结果告知被考评者，充分吸取被考评者的意见和建议的过程。同样都是在做绩效反馈，做法不同，其结果可能大相径庭。"有比较，才有鉴别"，我们不妨来看一组对比鲜明的绩效反馈案例。

【失败篇】

王明是 M 公司客服部的经理，年末绩效考核成绩出来后，公司的吴总把王明叫到办公室谈话。

吴总："小王啊，绩效考核的结果已经出来，想必你也知道了，我想就这件事与你谈一谈。"

（此时，吴总的手机铃声响起，吴总示意小王谈话暂停，接起电话……）吴总通话用了五分钟，放下手机，笑容满面的脸变得严肃起来："刚才我们谈到哪里了？"

王明："谈到我的绩效考核结果。"

吴总："哦，你上一年的工作嘛，总的来说还过得去，有些成绩还是可以肯定的。不过成绩只能说明过去，我就不多说了。我们今天主要来谈谈不足。王明，这可要引起你的充分重视呀，尽管你也完成了全年指标，但你在与同事共处、沟通和保持客源方面还有些欠缺，以后得改进呀！"

王明："您说的'与同事共处、沟通和保持客源方面还有些欠缺'具体指什么？"

（吴总的手机铃声再次响起，吴总拿起手机接通……）

吴总（通话结束，吴总放下手机）："王明，员工应该为领导分忧，可你非但不如此，还给我添了不少麻烦！"

王明："我今年的工作指标都已经完成了，可考核结果……"

吴总："考核结果怎么了？王明，别看我们公司人多，谁平时工作怎样，为人处世如何，我心里可是明镜似的。你看看人家陈刚，人家是怎么处理同事关系的。"

王明（心想：怪不得他的各项考核结果都比我好）："吴总，陈刚是个老好人，自然人缘好。但我是个业务型的人，比较踏实肯干，喜欢独立承担责任，自然会得罪一些人……"

吴总："好了，我等会还有个应酬，今天就这样吧。年轻人，要多学习、多悟！"

（吴总自顾陪客户吃饭去了，王明依然是一头雾水，不知领导的话是什么意思。）

【成功篇】

吴总："小王，绩效考核的结果已经出来了，这两天我想就你近来的表现跟你聊一聊，你什么时候比较方便？"

王明："吴总，我随时都可以，依照您的时间来吧。"

吴总："那明天上午十点吧，在我的办公室。"

王明："好的，吴总！"

（吴总认真准备了明天面谈的资料，并从侧面向王明同事了解了王明的个性。）

（第二天上午十点，王明来到吴总办公室。）

吴总："小王啊，今天我们谈话的目的就是回顾一下这一年来你的工作情况，讨论一下做得好与不好的地方。不过，在此之前，我想听听你对我们公司绩效考核的看法，你认为绩效考核的目的是什么？"

王明："我觉得绩效考核有利于对优秀员工进行奖励，特别是在年底作为发放奖金的依据。不知我说得对不对？"

吴总："你的理解与我们做绩效考核的真正目的有些偏差，这可能主要是由于我们给大家的解释不够清楚。事实上，我们实行绩效考核，最终是希望在绩效考核后，能通过绩效面谈，将员工的绩效表现——优点和不足反馈给员工，使员工了解在过去的一年中工作上的得与失，以明确下一步改进的方向。同时也提供一个沟通的机会，使领导了解下属工作的实际情况或困难，以确定可以提供哪些帮助。"

王明（不好意思地）："吴总，看来我理解得有些狭隘了。"

吴总（宽容地笑笑）："现在我们不是又取得一致了吗？好了，接下来我们逐项讨论一下。你先做一下自我评价，看看我们的看法是否一致。"

王明："去年我的主要工作是领导客户服务团队为客户提供服务，但是效果不是很令人满意。我们制定了一系列的标准（双手把文件递给吴总），但满意客户的数量增幅仅为55%，距离我们80%的计划比较远。这一项我给自己'及格'。"

吴总："事实上我觉得你们的这项举措是很值得鼓励的。虽然结果不是很理想，我想可能是由于你们没有征询客户建议的缘故，但想法和方向都没有问题。我们可以逐步完善，这项工作我给你'优良'。"

王明："谢谢吴总鼓励，我们一定努力！"

吴总："下一项。"

王明："在为领导和相关人员提供数据方面，我觉得做得还是不错的。我们从未提供不正确的数据，别的部门想得到的数据，我们都会送到。这一项我给自己'优秀'。"

吴总："你们提供数据的准确性高，这一点是值得肯定的。但我觉得还有一些有待改善的地方，比如，你们的信息有时滞后。我认为还达不到'优秀'的等级，可以给'优良'。你认为呢？"

…………

吴总："我想给你的总的评价应该是B+，你觉得呢？"

王明："谢谢吴总，我一定会更加努力的！"

吴总："下面我们来讨论一下你今后需要继续保持和改进的地方，对此你有什么看法？"

王明："我觉得我最大的优点是比较富有创造性，注重对下属的人性化管理，喜欢并用心培养新人。我最大的缺点是不太注重向上级及时汇报工作，缺乏有效的沟通。我今后的发展方向是做一名优秀的客服经理，培养一支高效的团队，为公司创造更好的业绩。"

吴总："我觉得你还有一个长处，就是懂得如何有效授权，知人善任。但有待改进的是你在授权后缺乏有力和有效的控制。我相信，你是一个有领导潜力的年轻人，你今后一定会成为公司的中坚力量。"

王明："谢谢吴总对我的鼓励，我一定会更加努力地工作！"

（案例改编自：张振刚，李云健. 管理沟通：理念、方法与实践［M］. 北京：清华大学出版社，2022.）

案例思考：

对比上述案例中的失败篇与成功篇，你认为其失败之处和成功之处分别在哪里？

项目训练

【训练内容】企业沟通方法调研及分析。

【训练目的】通过对企业实地调研，进一步加深理解沟通方法。

【训练步骤】

1. 学生按 4~6 人划分为一个小组，以小组为单位确定一家调研企业。

2. 事先收集和整理该企业沟通与协调的信息、新闻报道等资料，根据实训内容梳理出该企业沟通方法存在的问题。

3. 结合调研资料，进行小组讨论并提出该企业沟通方法的改进建议，并制作 PPT 及电子文档进行汇报，完成实训报告。

实训报告格式如下：

＿＿＿＿＿＿实训报告		
实训班级：	项目小组：	项目组成员：
实训时间：	实训地点：	实训成绩：
实训目的：		
实训步骤：		
实训成果：		
实训感言：		
不足及今后改进：		
项目组长签字：	项目指导教师评定签字：	

4. 班级小组讨论与交流，教师总结点评并进行成绩评定。小组提交实训报告。

自 测 题

1. 面谈者应掌握哪些技巧？
2. 演讲有哪些技巧？
3. 分析你曾经有过的一次演讲经历，你认为演讲的效果如何？应如何改进？
4. 结合自己的体会谈谈如何才能做到有效倾听。
5. 简述谈判的基本方法。
6. 倾听测试：下面每一道题都可以用"A. 一贯""B. 多数情况下""C. 偶尔""D. 几乎从来没有"之中的一个来回答，请用"A""B""C""D"在每题前记下你的答案。

（1）力求听对方讲话的实质而不是他的字面意义。

（2）以全身的姿势表示你在入神地听对方说话。

（3）别人讲话时不急于插话，不打断对方的话。

（4）会一边听对方说话一边考虑自己的事。

（5）做到听批评意见时不激动，耐心地听人家把话说完。

（6）即使对别人的话不感兴趣，也耐心地听人家把话说完。

（7）不因为对说话者有偏见而拒绝听他说话。

（8）即使对方地位低，也要对他持称赞态度，认真地听他讲话。

（9）因某事而情绪激动或心情不好时，避免把自己的情绪发泄在他人身上。

（10）听不懂对方所说的意思时，利用有反射地听的方法来核实他的意思。

（11）利用套用法证明你正确地理解对方的思想。

（12）利用无反射听的方法鼓励对方表达出他自己的思想。

（13）利用归纳法重述对方的思想，以免曲解或漏掉对方所传达的信息。

（14）避免只听你想听的部分，注意对方的全部思想。

（15）以适当的姿势鼓励对方把心里话都说出来。

（16）与对方保持适度的目光接触。

（17）既听对方的口头信息，也注意对方表达的情感。

（18）与人交谈时选择合适的位置，使对方感到舒适。

（19）能观察出对方的言语和心理是否一致。

（20）注意对方的非口头语言所表达的意思。

（21）向讲话者表达出你理解他的情感。

（22）不匆忙下结论，不轻易判断或批评对方的话。

（23）听话时把周围的干扰因素排除到最低限度。

（24）不向讲话者提太多问题，以免对方产生防御反应。

（25）对方表达能力差时不急躁，积极引导对方把思想准确地表达出来。

（26）在必要时边听边做笔记。

（27）对方讲话速度慢时，抓住空隙整理出对方的主要思想。

（28）不指手画脚地替讲话者出主意，而是帮助对方确信自己有解决问题的办法。

（29）不伪装，认真听人家讲话。

（30）经常锻炼自己的倾听能力。

评分标准：

A，4分；B，3分；C，2分；D，1分。

得分分析：

总分在105～120分之间，说明倾听能力为"优"；89～104分为"良"；73～88分为"一般"；72分以下则为"劣"。

【延伸阅读】

詹姆斯·奥罗克. 管理沟通：以案例分析为视角［M］. 5版. 康青，译. 北京：中国人民大学出版社，2018.

项目五 激励方法

【学习目标及要求】

1. 准确把握各种激励方法的定义、步骤和技巧；
2. 在实践中，有针对性地组合应用各类激励方法。

山东临工的全员激励之路

山东临工工程机械有限公司（以下简称"山东临工"），由1972年设立的临沂机械厂演变而来。公司现有员工3 400余人，公司排名位列中国机械工业百强第17位，跻身世界工程机械50强。公司主要经营业务是生产装载机、挖掘机、路面机械等三大系列工程机械产品及配套核心零部件。公司每年生产技术机器过万台，产品销往东欧、南美、中东等几十个国家和地区，是国内乃至全球生产、销售规模最大的装载机制造企业之一。装载机出口和国内销量总和在全国排名第一，市场占有率约为23%，挖掘机销量在全国排名第二，市场占有率约为6.4%。

经过50多年的发展，山东临工拥有了一支高素质的人才队伍。国家级技术中心、博士后科研工作站均在山东临工设点。公司现有工程技术人员284名，其中硕士及以上学历57人，占比20.1%；中高级工程技术人员121人，占比42.6%；技术带头人7人，在站博士后2人，外聘国内外行业著名专家14人。目前，公司承担着国家863项目及省级以上多项科研课题，拥有130余项国家专利。山东临工的产品技术居国内同行业领先水平，甚至达到国际先进水平，主要产品及创新技术有：高端液压件产品、装载机机电液一体化智能监控系统、电控系统自动换挡功能与变速箱应用系统融合，以及节能型轮胎装载机关键技术。

从外部经济形势与自身创新实践出发，山东临工提出了"一全二创三结合"的管理模式。A 总自 1986 年担任临沂工程机械厂厂长起，就时常深入一线现场调研，指导工人开展大规模的技术改造。2009 年，时任山东临工董事长的 A 总提出了"效率至上，科技领先"的发展理念，公司以该理念为引领，先后开展了多项主题活动，极大地拓展了员工的创新实践思维与视野。该模式获得了中国质量协会颁发的 2017 年度全国"质量标杆"荣誉。

自"一全二创三结合"管理模式提出以来，A 总和高层团队对各项事项的推进进行了多次商讨。将一个创新管理模式切实转变成企业员工的自觉行动，这不是件容易的事，A 总一直在思考这个问题。激励全体员工参与创新不能"一刀切"，要因人制宜。因此，山东临工搭建了全员创新平台，将员工激励分为三个层级，分别为小改革项目、专项激励项目和重大创新项目。

山东临工通过搭建全员创新平台、实施奖金激励和精神激励双重激励，使得持续改造与创新已经成为一种习惯刻进山东临工的基因中，融入每一个人的血液中。如今，走进山东临工的任何一个生产车间，都能够真真切切地感受到员工高昂的创新热情。无论是基层还是高层员工，无论是一线人员、技术人员还是管理人员，他们都习惯了主动参与技术改造，习惯了自组技术改造团队，协同攻关解决难题，习惯了利用头脑风暴等模式改造项目。在创新管理模式的推动下，临工人的创新也在逐步升级：从被动创新到主动创新；从单一的技术人员创新到与一线人员、管理人员的联合创新；从对个别生产环节的创新到覆盖所有涉及生产领域的创新……山东临工真正实现了"人人有创新能力，处处有创新空间"。

山东临工根据工作性质及业务特点，将职位划分为管理职务类、管理专业类、技术类、营销类、技能类五类。在不同的职类中，根据责任轻重、难易程度和任职资格的不同，将每类职位划分为普通人员、初级、中级、高级和专家级五级。在职业生涯发展上，员工不仅可以纵向逐级晋升，还能申请横向跨通道发展，既符合员工全方位发展要求，也可满足公司复合型人才战略的发展需要。基于"五级五通道"职业发展平台，绩效管理能够有效地将"过去业绩"和"未来提升"有机结合，实现对员工的持续激励。

山东临工推行的"五级五通道"晋升机制，让每一位员工的职业规划和未来发展都清晰可见，创造了"想干事有机会、能干事有平台、干成事有回报、干好事有发展"的良好发展氛围，同时也保证了激励的公平性，激发了全体员工的创新活力，为公司战略落地、业绩达成提供重要人才支撑。

（案例改编自：唐贵瑶，李晴，朱迎台，等. 让创新基因融入员工"血液"：山东临工的全员激励之路［R］. 中国管理案例共享中心案例库.）

案例思考：

1. 请结合案例分析山东临工员工激励机制的特色和实施效果。
2. 结合案例材料，分析山东临工为什么要建设"五级五通道"晋升机制。

任务一　经济激励

一、薪酬激励法

(一) 薪酬激励概述

薪酬激励是指通过给予员工不同等级的薪酬，调动员工的工作积极性，促使其努力完成工作任务的激励方法。薪酬激励的原理便是利用员工追求利益的动机，用更高的薪酬激发其更加努力工作。

企业的不同职级往往有不同的薪酬标准，同一职级的薪酬标准也有等级划分，企业应奉行"能者多得"和"公平公正"原则，为绩效优良者提供更好的薪酬待遇，这样薪酬激励才能发挥应有的作用。

(二) 薪酬激励原则

企业在使用薪酬激励法时，应当遵循以下四项原则。

1. 公平性

(1) 横向公平要求薪酬应建立在员工的岗位、级别、能力一致的基础之上。

(2) 纵向公平要求薪酬应基于员工在企业的发展过程，随着时间的积淀而持续增长。

2. 竞争性

(1) 竞争性原则要求企业的薪酬制度与其他企业相比具有一定的竞争性。

(2) 具有竞争性的薪酬才能够吸引人才、留住人才，进而使人才为企业的发展效力。

3. 激励性

(1) 有效的激励需要高薪与科学性相结合，而非单纯地用高薪去激发员工的积极性。

(2) 科学的薪酬激励应建立在激发员工能力并与其工作业绩紧密相连的基础之上。

4. 经济性

(1) 经济性原则要求薪酬激励要在企业的承受能力、利润积累和成本控制的范围之内。

(2) 当竞争性原则和激励性原则运用于薪酬激励制度上时，要受到经济原则的限制。

(三) 薪酬激励法的应用基础

薪酬激励法的应用需要以科学合理的薪酬体系作为基础，只有科学合理的薪酬体系才能够保证薪酬激励的预期效果。一般而言，不同企业的薪酬体系构成皆不相同，完整的薪酬体系主要包括如下内容。

1. 工资

工资即员工的基本岗位工资，通常为固定值，可根据员工的岗位性质、能力水平以及工作难度等进行设置。一般来说，员工的基本岗位工资除了岗位调换等特殊情况外，不会随意变更。

2. 奖金

奖金相对工资而言更加灵活，主要依据员工当月或全年对于企业的实际贡献程度而定。奖金不能固化，企业可设定发放标准，但要根据员工的实际绩效确定其额度。

3. 福利

福利可以定义为工资、奖金之外的，通常不以货币形式直接支付的非物质薪酬。福利是一种补充性薪酬，包括带薪节假日、五险一金等。

4. 股权

股权一般专属于股份制企业内的控股员工，并不具有普遍性。股权不仅代表利益，也代表责任，让员工持股可以有效激发其对于企业和工作的重视。

（四）薪酬激励法的应用步骤

1. 设计薪酬体系

企业首先应设计完善的薪酬体系，根据企业的实际情况和资产能力，对工资、奖金、福利等内容进行明确规定，股份制企业还应对员工股权的交易条件和利益分配标准等进行详细说明。薪酬体系设计完成后，企业还应根据实际经营状况，进行适时的修改调整，以保持其合理性。

2. 员工薪酬评定

薪酬体系设计完成后，企业便可开展员工的薪酬评定工作。企业可根据员工的实际情况，为其分配合适的薪酬标准。员工的薪酬评定一般与绩效考核直接挂钩，企业根据员工的绩效等级为其划定薪酬待遇。

3. 薪酬调整激励

薪酬评定完成后，企业应根据评定结果，按照新的划定标准对员工的薪酬待遇进行相应的升降调整。其中，绩效好的员工将获得较高的薪酬待遇，而绩效差的员工则只能得到较低的薪酬待遇。

如果员工的绩效提升，那么其薪酬待遇也会提升，以此激励其继续努力。相反，如果员工的绩效降低，那么其薪酬待遇也会降低，以此鞭策其反思，纠正错误与弊端，以期下一阶段提升工作绩效。

二、福利激励法

（一）福利激励法概述

福利激励法是指企业通过提供完善的员工福利以提高员工对企业忠诚度，继而激发其工作积极性的激励方法。一般来说，采用福利激励法的企业主要具备的特点有：

（1）企业员工薪酬提升空间有限，无法通过加薪对员工形成激励。

（2）企业具备完善的福利发放机制，企业行政部门具备丰富的员工福利管理经验。

企业采取福利激励，目标是使员工行为与企业行为保持高度一致，有效地将广大员工团结在一起，群心群力，实现企业利润最大化。福利从本质上讲又是一种补充性报酬，既然是报酬，则应当以员工支付合理劳动为对价。因此，企业的福利激励要涵盖福利设定的目标和相应的对员工行为的要求两方面内容，具备对员工的认识和行为进行正确导向的功能。一项企业福利激励政策，应当向员工表达和传递下述信息：员工福利与企业绩效相挂钩，员工福利与个人工作表现及贡献相挂钩。

（二）福利激励法应用体系

图 5-1 是企业通常采用的福利激励体系。

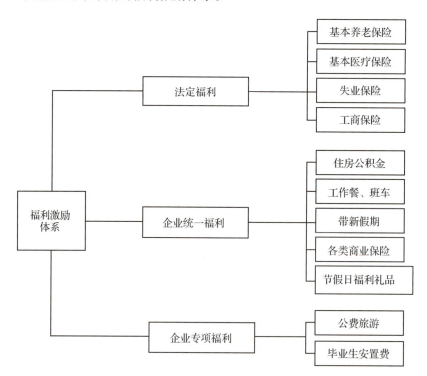

图 5-1　企业福利激励体系示意图

（资料来源：孙宗虎，李作学. 员工激励方法实例全案［M］. 北京：化学工业出版社，2014.）

企业管理者在应用福利激励法时，可能存在以下三类问题：

（1）福利发放过于频繁，造成员工麻木心理，达不到预期激励效果。

（2）可能造成员工之间进行福利攀比，影响企业凝聚力。

（3）可能因福利发放缺乏公平性引起员工不满。

（三）福利激励法应用技巧

企业管理者在应用福利对员工进行激励时，采取下列激励技巧，可有效提升激励效果。

（1）传统假日（如中秋、端午等），企业可精心准备一份礼品，当作福利的一部分送给员工，表达对员工付出的感谢，同时提高员工对企业的忠诚度，激励其努力工作。

（2）员工生日时，企业以集体名义为员工准备蛋糕，体现企业对员工的关怀。

（3）对于奖励性质的福利（如公费旅游），企业应控制奖励周期，不宜过短也不宜过长。

（4）企业可根据员工绩效情况，划分员工福利的等级，对绩效高的员工给予更多福利奖励。

（5）企业对员工进行福利奖励的时机应是员工达成绩效时。

（6）企业给予员工福利奖励时可进行公示，以激励其他员工，提高其工作热情。

三、绩效激励法

（一）绩效激励法概述

绩效激励是指对员工综合绩效水平进行评估，并根据其绩效水平采取必要的激励手段，从而激发员工的积极性、主动性和创造性的过程。

绩效激励可以分为外在激励与自我激励两种。其中，自我激励是指员工在看到自身真实绩效水平后，出于荣誉、成就、发展等各种目的而引发的自发激励；外在激励则是指企业通过与绩效水平直接挂钩的薪酬福利和绩效奖惩等手段进行的激励。

（二）绩效激励法应用原则

绩效激励主要依据绩效考核结果，为保证考核结果的合理性，考核人员应遵循以下四项原则进行绩效考核。

1. 公正

公正是绩效考核的基础前提，缺乏公正的绩效考核结果毫无意义。

2. 规范

规范原则主要包括：明确的考核标准、严肃的考核态度、完善的考核制度、科学的考核方法以及严格的考核程序。

3. 公开

考核的过程一定要透明，考核的结果一定要公开，如此才能发挥考核的作用，保证考核的合理性。

4. 客观

绩效考核的客观原则要求考核主体在考核过程中，不得存有私念与偏见，应尊重事实，做出客观评估。

（三）绩效激励法应用阶段

企业管理人员在实施绩效激励时，需分四个阶段进行，切不可盲目冒进。具体的阶段包括文化适应阶段、习惯固化阶段、逐步改善精益求精阶段、体系自动运行阶段。

1. 文化适应阶段

在这一阶段，首先要让员工和管理人员知道怎样做，习惯于这样做，并从这一过程中感到有收获。至于考核指标是什么，指标选得准不准，这个阶段都不是最重要的（因为还不需与薪酬挂钩），这就是绩效的试运行前期，先执行起来再说。

2. 习惯固化阶段

通过前一阶段，员工和管理人员知道了怎样做，习惯于这样做，之后再探讨考核指标是什么，指标选得好不好，完成工作的标准是否恰当。这就是绩效的试运行后期，先执行起来再讨论、再完善、再解决出现的各类意想不到的问题。

3. 逐步改善精益求精阶段

工作习惯形成了，上下级互相更深入地了解了绩效激励，相对客观、合理的目标和工作标准拟定出来了，才可能正式地运行绩效体系。这个阶段关键是对直线管理人员的绩效管理过程进行跟踪和辅导，随时发现和解决问题。做好第一轮的绩效申诉的处理工作，使员工从错误的方式、做法、想法中脱离出来。

4. 体系自动运行阶段

掌握了方法，形成了习惯，见到了成效，绩效管理体系就可以自动运行了，而且各部门会自己发现问题、解决问题，根据本部门的独特性进行改良，完善方法。

（四）绩效激励法应用步骤

1. 制定考核制度

制度是工作的基础，企业首先应为绩效考核制定完善的制度体系，以明确考核目的、考核原则、考核周期、考核程序以及考核的职责分工等重要内容。绩效考核工作应严格遵照考核制度的相关要求进行。

2. 选择考核方法

企业在进行绩效考核前，应根据考核对象的不同选择合适的考核方法。常用的绩效考核方法主要有简单排序法、强制分配法、要素评定法、工作记录法、目标管理法、KPI考核法、平衡计分卡以及全方位考核法等。其中，KPI考核法、平衡计分卡、全方位考核法最为常用，全方位考核法一般适用于管理人员的绩效考核。

3. 构建指标体系

确定考核方法后，企业应为各级人员构建科学的指标体系。指标体系的构建应以考核对象的职位、工作内容、工作性质和工作要求为依据。

一般而言，完整的指标体系应当包括指标、权重和评分标准三个部分。指标应注意定量与定性的结合，权重应注意考核对象的绩效重点，评分标准则应注意目标值和加减分幅度设置的合理性。

4. 开展绩效考核评估

上述准备工作完成后，考核主体按照规定的考核时间，开展绩效考核工作。考核工作应以相关的表单数据为依据，按规范程序对指标体系的各项指标进行评估打分，并按权重计算出最终的得分。

5. 考核结果运用

考核结果运用是绩效激励的重点内容。能够合理运用绩效考核结果，才能够保证绩效激励发挥预期作用。关于员工对于考核结果所引发的自我激励，此处不再作介绍，以下主要说明企业如何通过相应手段达成激励效果。

首先，企业应设定绩效水平的等级标准，根据员工的考核得分为其划定相应的绩效等级；然后，企业根据不同绩效等级所设置的不同激励内容，对员工进行相应的绩效激励，有关部门按照标准要求负责落实。

6. 绩效提升指导

考核结果运用能够激发员工改进绩效的积极性，但要保证改进效果，还需要考核结果反馈后的绩效提升指导。

绩效提升指导一般由考核对象的上级领导负责，通常采取面谈的形式。上级领导根据考核结果判断员工绩效中的薄弱环节，确立员工绩效的改进方向，为其提供相应的改进建议，并在实际工作中进行具体指导。

四、股权激励法

（一）股权激励法应用概述

股权激励法，又称产权激励法，是企业将股份转让给经营者或其他员工，使其以股东的身份参与企业的决策并同企业一同分享利润、共担风险，从而有效激励持股员工的方法。企业常选择用股权激励法对企业总经理等高层管理人员或核心技术人员进行激励，使其利益同企业利益相联系并趋于一致，从而确保企业利益目标的实现。

（二）股权激励法应用形式

根据激励对象享有的基本权利和义务的不同，股权激励常分为现股激励和期股激励两类。

1. 现股激励

现股激励是指激励对象依照约定的价格当即购买公司股票，从而当即享受各项股权的方法。其主要特点有：

（1）股票收益可在短期内兑换；

（2）激励对象切实地投入资金购买股票，从而将员工个人的利益同企业联系起来，进而有效地调动起员工的积极性；

（3）风险较大，如出现股权贬值，则激励对象需承担相应的损失；

（4）激励对象为追求个人利益最大化，可能会过于注重短期效应，从而造成短期行为。

2. 期股激励

期股激励是指公司同激励对象协商确定股票的价格，并约定在某一时期内由激励对象以适当的方式获取公司股份的方法。其主要特点有：

（1）需经过一定期限才能转化为企业章程认定的股份；

（2）将股票增值同企业效益的提高联系起来，促使激励对象关注长远利益；

（3）购股方式多样，有效解决激励对象购股时的融资问题，可有效实现以未来可获得收益激励员工的初衷；

（4）股票收益难以在短期内兑现，且激励对象承担有相应的风险。

（三）股权激励法应用要素

企业选择股权激励法进行员工激励，需明确股权激励法应用的九大要素，从而围绕股权这九大要素展开有效的激励工作。股权激励法的应用要素如图 5-2 所示。

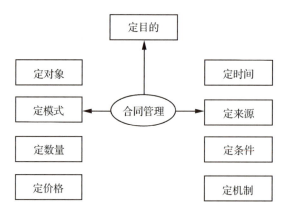

图 5-2　股权激励法应用要素一览图

需要层次理论

需要层次理论是行为科学的经典理论之一,由美国心理学家亚伯拉罕·马斯洛于1943年在其《人类激励理论》一文中首次提出,并于1954年在其《动机与人格》中进行了更全面的阐述。

需要层次理论的主要观点如下:

(1) 人类需要从低到高可分为五种,分别是生理需要、安全需要、社交需要、尊重需要和自我实现需要。生理需要是人类维持自身生存与发展的需要,如吃饭、穿衣、饮水、住房等需要。安全需要是人类保护自身免受伤害的需要,如职业安全、人身安全、社会保障、劳动保护等需要。社交需要是人类在社会交往方面的需要,如友谊、爱情、亲情、隶属关系等需要。尊重需要是人类自我尊重与希望受到他人尊重的需要,如成就、名声、地位、权力和晋升等需要。自我实现需要是人类追求至高人生境界的需要,如实现个人理想和抱负、发挥个人潜能等方面的需要。

(2) 以上五种需要可以分为高、低两个层次,其中生理需要、安全需要和社交需要都属于低层次的需要,这些需要通过外部条件就可以满足;尊重需要和自我实现需要是高层次的需要,这些需要是通过内部因素才能满足的。

(3) 人的需要有一个从低层次向高层次发展的过程,当较低层次的需要基本得到满足后,更高一级层次的需要就会出现。

(4) 任何一种需要并不由于高一级层次需要的出现而消失,各层次需要之间是相互依赖并以重叠波浪形式演进的。高层次的需要出现后,低层次的需要仍然存在,只是对行为影响的程度大大降低。

(5) 未满足的需要才具有激励作用,已基本得到满足的非优势需要对人不再具有激励作用。

任务二 精神激励

一、荣誉激励法

(一) 荣誉激励法概述

荣誉激励是企业在员工的工作业绩达到目标后,赋予员工荣誉,以此进行员工激励的方法。企业通过对达标员工进行荣誉激励，使员工认识到其工作获得了企业的肯定及其他员工的尊重，从而增强了员工的自豪感与成就感，并满足了员工的尊重需要与自我实现的需要，进而对员工产生了有效的激励作用。

荣誉激励是一种终极的激励手段，它主要是把工作成绩与晋级、提升、选模范、评先进联系起来，以一定的形式或名义标定下来，主要的方法是表扬、奖励、经验介绍等。荣誉可以成为不断鞭策荣誉获得者保持和发扬成绩的力量，还可以对其他人产生感召力，激发比、学、赶、超的动力，从而产生较好的激励效果。在管理学看来，追求良好声誉是经营者的成就发展需要，或归于马斯洛的尊重和自我实现的需要。

（二）荣誉激励法应用方式

企业荣誉激励的方式包括但不限于以下五种，企业需根据企业的实际情况及员工的实际需要，选择合适的方式进行有效的员工激励。

1. 赋予员工荣誉称号激励

这种激励方式是指开展优秀员工评比活动，并向优秀员工赋予相应的荣誉称号。具体工作要求如下：

（1）企业在设计员工荣誉奖项时，需注意奖项数目及项目内容的设计，即需保证奖项数目合适且全面，奖项内容落到实处，且具有针对性。

（2）企业在进行评比前，需公布评比流程与标准，并确保评比工作的。公开、公正与公平，以确保激励的有效性。

2. 非业绩性荣誉激励

非业绩性荣誉激励，即企业通过与员工进行沟通，了解员工的个性特征，并针对员工的个性特征，授予其相应的奖励，以此对员工进行激励，从而使其在工作业绩方面取得更大的进步。

3. 颁发内部荣誉证书

企业内部的荣誉证书代表了企业对员工的认可，是企业赋予员工的荣誉。企业通过向激励对象颁发荣誉证书，可以达到如下激励目的：

（1）会使员工认识到自己的工作得到了企业的认可，而员工为了继续得到企业的认可，会继续努力工作，以再次获得荣誉证书。

（2）体现出企业对员工的尊重，从而增强了员工的成就感和自豪感，进而激励员工更加努力工作。

4. 建立荣誉墙

企业荣誉墙激励作用体现在以下两个方面：

（1）通过建立荣誉墙，肯定员工的工作业绩，使员工的成就感得到满足，同时号召其他员工学习，也使优秀员工的尊重需要得到满足。

（2）通过建立荣誉墙及先进员工的带动作用，可对企业的其他员工形成有效的激励，激励其努力工作，以获得企业的相应荣誉。

5. 以激励对象的名字命名

以激励对象的名字命名企业的某项事物，以纪念员工在某个方面的贡献，由此肯定员工的贡献，使员工的尊重需要及自我实现需求得到满足，从而对其进行有效的激励。

（三）荣誉激励法应用要点

企业使用荣誉激励法进行员工激励时，需注意以下七项要点，以确保激励效果的最大化。

（1）企业在赋予员工荣誉时，需体现"以人为本"的思想，即需从员工的实际需要出发，通过全面的调查，掌握员工的实际需要，并根据其需要授予其相应的荣誉，以使员工的需要得到满足，进而对其进行有效的激励。

（2）荣誉的设置是为了激励先进员工，鼓励落后员工，因此在进行荣誉设计时，需防止"轮班制"等平均主义。

（3）企业在设置荣誉时，需明确荣誉的赋予对象，一般情况下，荣誉的激励对象多为企业的基层工作人员或中层管理人员。

（4）荣誉的授予需以员工工作业绩或工作贡献为主要参考依据，防止以员工的工作资历进行评比，使荣誉激励成为论资排辈的工具，从而丧失其激励效果。

（5）企业在授予员工荣誉时，需公开承认员工的工作贡献，并郑重、正式地向其授予荣誉，不得敷衍了事，以增强荣誉的庄重感，从而确保激励的有效性。

（6）企业在赋予员工荣誉时，不要吝啬头衔与名号，以满足员工尊重需要，从而达到应有的激励效果。

（7）为了确保荣誉激励效果的长期有效，企业需将荣誉的授予同员工的经济利益、福利利益等联系起来，以此确保荣誉激励的有效性与持续性。

二、参与激励法

（一）参与激励法概述

参与激励法是指企业管理者通过让员工参与企业的管理与决策，给予其一定的参与权以激励员工的方法。该方法能够产生的激励效果如下。

（1）满足员工参与管理的愿望，实现企业与员工的共同目标。

（2）通过参与让员工实现自身价值，提高其工作积极性。

（二）参与激励法应用层级

由于员工的知识文化程度和参与管理的经验存在差异，企业在实施员工参与管理时要根据不同的情况来确定员工的参与层度。

第一层级：在员工知识程度较低和管理经验不足的情况下，通常采用以控制为主的参与管理，这是基本层度的参与。

第二层级：在员工知识程度较高和有丰富的管理经验的情况下，以授权的方式让员工参与到管理中来，这是第二层度的参与。授权，是指上级授予下属一定的权力，使下属在一定的限度之内，享有相当的自主决定权和行动权。授权者对于被授权者有指挥和监督之权，被授权者对授权者负有报告情况及完成任务的责任。

第三层级：全方位的参与管理。这一层度的激励有两种主要形式，即员工股份所有制和公司内创业。

员工股份所有制方案具有提高员工工作满意度和工作激励水平的潜力。为了使这种潜力成为现实，员工需要在心理上体验做主人翁的感觉。也就是说，员工除了具备财务股份之外，还需要被定期告之企业的经营状况并拥有对公司的经营施加影响的机会。如果员工如上所述具备了对公司的财产权、知情权和参与决策权，那么他们会觉得工作更有意义，表现就会更积极。

公司内创业就是让员工能够在企业内努力，一直往上升，最后成为企业主。企业主不一定拥有很多公司股票，但是有总经理甚至董事长的头衔，有权力做决定，其收入与企业的收入成正比。

（三）参与激励法应用要点

员工参与管理的有效性是企业实施激励的关键。企业在提高员工参与管理有效性方面，需注意如下要点。

（1）企业领导应积极对员工参与管理的意识进行引导，在日常工作中向员工有效传达企业内部的相关信息，使员工了解企业面临的市场形势。

（2）企业在选择员工参与管理方式时，应综合考虑员工的知识文化水平、参与管理的意愿、参与管理的经验等因素。

（3）企业应重视管理层与员工的沟通交流，通过二者之间有效的沟通交流，可以增加员工与管理层之间的信任感，信任感越高，员工参与管理的效果越好，激励作用也越明显。

（四）参与激励法应用方式

企业管理者在运用参与激励法时，常采用如下方式。

（1）允许员工以"职代会""企业管理委员会"代表的身份参与企业重大决策。

（2）通过员工访问、讨论会等形式让员工参与决策，提高其工作热情。

（3）实行"合理化建议奖励"制度，鼓励员工对公司工作提出合理化建议。

（4）推行员工持股计划，激励员工更加努力、主动地工作。

（五）参与激励法应用技巧

在应用参与激励法激励员工时，企业中的管理者需适当地使用技巧，确保能够达到激励员工、提高其工作积极性与工作业绩的目的。参与激励法的应用技巧如下。

（1）企业进行决策时，如果管理层决定不采纳员工提出的建议应及时与员工进行沟通，并给出合理的解释，避免员工参与管理的积极性降低。

（2）只允许部分员工参与企业管理与决策，这样可以提高参与员工的自豪感，增加激励效果。

三、榜样激励法

（一）榜样激励法概述

榜样激励法是指企业领导选择在工作中表现先进、绩效突出的员工个人或是团队作为榜样，在肯定与表扬的同时，号召企业其他员工向其学习，以激发员工进取心与工作积极性的激励方法。一般来说，该激励方法适用于以下两种情况。

（1）在企业的工作团队中存在"充数"的员工，团队缺乏竞争意识，急需通过树立团队榜样对其他团队成员进行激励。

（2）管理者缺乏员工对其的信任，需将自身塑造成为榜样，以身作则，带动员工更好地完成工作目标，提高工作绩效。

（二）榜样激励法应用步骤

企业管理者在实际应用榜样激励法对下属员工进行激励时，具体的实施步骤如下。

1. 树立榜样

选择合适的榜样是应用榜样激励法的第一步，一般来说，能够作为榜样对周围员工进行激励的人员具备如下四类特征。

（1）榜样人员应具备突出的工作能力，在自身工作岗位上取得较高的绩效。

（2）榜样人员应具备端正的工作态度，对待工作认真负责、积极主动。

（3）榜样人员应具备较好的人际关系，与周围同事相处融洽。

（4）榜样人员应掌握较为先进的工作方法。

2. 对榜样进行宣传

企业管理者在确定合适的榜样人员之后，需介绍与表扬榜样的先进事迹与取得的工作业绩，激发员工的学习热情。具体来说，企业可采用的宣传方式如下。

（1）榜样报告会。企业召开榜样报告会，榜样上台介绍其工作经验、方法，并鼓励其他员工提升工作能力，超越榜样。

（2）企业大会表彰。企业召开总结大会，由企业领导对榜样的工作业绩进行介绍，号召员工以其为"标杆"，共同提高工作绩效。

（3）印刷宣传材料。企业可将榜样的工作方法、经验总结印制成宣传材料发放到各部门，号召各部门员工对材料进行学习，提高工作能力。

（4）授予称号。企业可授予榜样荣誉称号（如"劳动标兵""业绩冠军"），并在企业宣传栏进行公示。

3. 对榜样进行奖励

企业可对榜样进行物质及非物质的奖励，以激发员工的工作积极性。

4. 让榜样对员工进行培训

企业可通过榜样培训班的形式，组织榜样人员对其他员工进行培训。

（三）榜样激励法应用时可能存在的问题

企业在应用榜样激励法对员工进行激励时，可能存在以下问题需要重视。

（1）对榜样进行过度奖励造成其他员工的不满，榜样未能起到激励效果。

（2）未能采取正确的方式对榜样进行学习，导致学习效果不显著，员工失去信心。

（3）榜样人员产生骄傲心态，工作积极性下降，业绩下滑，成为反面"榜样"。

全国五一劳动奖

全国五一劳动奖章和全国五一劳动奖状，是中华全国总工会授予在中国特色社会主义建设中做出突出贡献的劳动者和企事业单位、机关团体的光荣称号，是中国工人阶级最高奖项之一。

四、成就激励法

（一）成就激励法概述

根据行为科学理论，只有尚未满足的需要才有激励作用，已经满足的需要只能提供满意感。需要本身并不能激励员工，对满足需要的期望才真正具有激励作用。成就激励也是如此。成就激励不是来源于员工成就需要已经满足了多少，而是来源于员工对满足自己成就需要的期望。也就是说，每个人都期望因工作成果中凝结的个人贡献较多而得到更大的满足，每个人都期望因自己比别人取得更好的工作成就而获得更大的满足，正是这样一种期望，使得员工总想取得更好的工作成就。而且，这种期望越强烈，员工受到的激励就越大。

（二）成就激励法影响因素

成就需要是基于内在心理体验的一种需要。其满足来源于人们对所取得的工作绩效的一种内在心理体验。这种体验包括两种：一种是对工作成果中凝结的个人贡献的体验，一种是将个人贡献与他人比较获得的优势体验。

1. 对个人贡献的体验

一般情况下，人们对工作成果中凝结的个人贡献体验越强烈，成就感就越强烈，成就需要的满足程度也就越大。在实际工作成果一定的情况下，个人贡献的份额取决于以下几个因素：工作团队的大小、个人在团队中的地位、工作中自主性的大小。一个任务由一人单独完成还是由三人或十人完成，个人的贡献份额是不同的，因此导致的贡献体验也就不同，团队越小，个人贡献体验越大；从心理上讲，单独工作取得的成就可以提供最大的成就感；个人在团队中的地位越重要，成就感就越强烈。

值得指出的是，个人贡献体验的强烈程度不仅仅取决于实际贡献或贡献份额，还受特定心理感受的影响。也就是说，在实际贡献一定的情况下，仅仅因为纯粹心理因素的变化，人们就会产生不同的体验，从而产生不同的成就感。由此，我们可以得出以下结论：不同的人，即使个人贡献完全一样，其体验到的成就感也会不同；同一个人，在不同的时期、不同的环境下，有可能对同样的贡献产生不同程度的成就感；同一个人，在不同的时期、不同的环境下，对实际不同的贡献可能产生相同的成就体验。管理者通过控制环境或者心理引导，有可能提高员工对既定贡献的内心体验，从而增强员工的成就感。显然，了解这一点对管理者有重要的意义，以此为基础，可以为员工的成就激励设计出全新的方法。

2. 个人贡献的优势体验

在工作中，人们不仅会对自己贡献的绝对量有心理体验，而且会将贡献与别人进行横向比较。当通过比较认为自己的贡献大于别人时，会产生一种优越感，或称为优势体验。这种优势体验的特点是，不管业绩是否真的比别人好，只要自己认为比别人好，就能产生优势体验。优势体验越强烈，人们的成就感就越强，成就需要的满足程度就越大。当然，影响这种优势体验强烈程度的因素也是多方面的，其中最关键的因素就是有无比较的平台或机会。这又包括两个方面：比较机会和比较标准。进行比较的机会越多，工作绩效突出的人产生优势体验的机会也越多，成就满足程度也就越大。

（三）成就激励法实施策略

1. 尽量缩小工作团队

将工作任务尽可能地划分比较小的单元，让较小的工作团队去承担，这是增强团队成员成就感的有效办法。因为工作团队越小，工作成果中员工的个人所作出的成绩和贡献也就越明显，也就越能激起员工对个人在一个团队中所贡献体验的期望。

2. 明确个人责任和目标

在一个工作团队中，个人的地位越突出、越重要，体验到的成就感也就越强烈。但是在工作实践中，并非每一个人都可以当管理者的，因而，要为每一个工作岗位规定明确、具体、清楚的责任，让团队中的每一个人都认识到自己是不可缺少的一员。也就是说，要使员工非常清楚地知道团队所取得的工作成果中有自己的一份贡献，员工会为早日看到这种成果而努力工作，增强对工作成果中个人所贡献体验的期望。团队在成功实现目标时要给予庆贺，分享劳动成果所带来的满足感。

3. 增强员工的工作自主权

要让员工决定自己怎样工作，而不是时时处处由别人指使或支配着自己工作，在工作过程中，是员工自己的意志在主导，而不是别人的意志在主导，也不是工作岗位上的木偶或傀儡。显然，这就需要管理者将以指挥、控制为主的方式转为授权、自主管理的方式，在员工自己责任的范围之内，尽可能给下属最大的业务权限，把主动权交给下属，让他们担负起业务重任，相信员工，鼓励员工创造性地工作。应重视和关爱员工，真诚地赞美和肯定员工，不能只会批评、打压或旁观看热闹。要采取宽容的态度去理解和关心受挫折的员工，要积极帮助员工分析受挫折的原因，总结经验，吸取教训，尽快消除消极影响，使他们无形中增加重新振作精神的力量和勇气，让他们感到组织的温暖。

4. 构建公正、透明的业绩比较平台

通过业绩比较，可以使优秀员工产生优势体验，从而获得成就需要的满足。企业需制定完善的员工考核办法、各类先进评比及各种活动规则，做到过程公平，让员工有正确的概率估计，使员工对业绩优势体验有一个较明确的期望，激发员工的成就感。同时，让下属真正感觉到管理者在关注着他们，使他们看到一个机会、一种氛围，或者说一种体制、一种目标。

5. 为员工创造良好的培训机会

培训能使员工的视野由本职工作拓展到多个岗位甚至更高的岗位，使员工朝着自己的职业生涯规划路径一步一步地实现既定目标。

6. 提供适度挑战性工作

挑战性工作可以激发员工的工作热情，使员工从中学到很多新东西，激发其自身潜能。挑战性工作应是员工经过自己的积极努力和上级的帮助完全可以完成的，使员工有一种通过努力达到成功的期望，当这个目标得以实现之时，它能给员工带来自信和成就感。

成就感是自我激励的动力和源泉，它比物质激励的作用更为持久。但我们不能一味强调从精神上调动员工的工作积极性，而否认物质激励的作用，否则就会让成就激励失去所依存的基础，将成就激励和物质激励二者有机结合起来运用是每个管理者必须考虑的。

小贴士

武汉地铁2号线汉口火车站"劳模班组"

2012年年底，武汉地铁2号线开通运营，汉口火车站成为武汉市第一个与铁路无缝换乘的地铁站，也是众多乘客离汉的最后一站、入汉的第一站，其服务品质与城市形象息息相关。十多年来，车站40余名员工秉持"知你心忧、懂你所求"的服务理念，全力打造"劳模班组"。车站探索出一条特色服务新路，创新"姚婕服务站""爱心候

车区""补票凭证""换乘信息卡""四导服务""会合点"等一大批特色服务举措，锻造出精细化、高品质的"服务样本"，持续提升运营服务质效。该"劳模班组"获评由交通运输部和中华全国总工会共同举办的"2021年感动交通年度人物"。

任务三　工作激励

工作激励是指通过合理设计与适当分配工作任务来激发员工的工作热情。员工在工作过程中存在多种需要和追求，如希望自己的工作有意义、有挑战性、有一定的自主权等。在这种背景下，重新审视工作本身对员工的内在激励就显得十分重要。当前有关工作激励的措施主要包括：工作扩大法、工作丰富法和岗位轮换法。

一、工作扩大法

工作扩大法是指通过扩大岗位工作的范围、增加工作岗位的职责，消除员工因从事单调乏味工作而产生的枯燥厌倦情绪，从而提高员工的劳动效率。

工作扩大法包括横向扩大工作和纵向扩大工作两种。

（一）横向扩大工作

横向扩大工作是指员工的工作范围沿组织层级的水平方向扩大，即让员工承担同一层级的更多种类的工作。比如将属于分工很细的作业操作合并，由一人负责一道工序改为由几个人共同负责几道工序。

（二）纵向扩大工作

纵向扩大工作是指将员工的工作范围沿组织层级的垂直方向扩大，即将经营管理人员的部分职能转由生产者承担。如生产工人参与计划制订，自行决定生产目标、作业程序、操作方法等。

其具体形式有：① 岗位工作纵向调整。将同一或相似相近的岗位，由横向分工改为纵向分工，提高岗位技术和技能含量。② 充实岗位工作内容。将不同性质与负荷不完全相同的岗位重新进行调整，以充实岗位业务活动的内容。③ 岗位工作连贯设计。从产品的研究开发、科学论证、试验试制到小批量试生产，将原来的多种岗位组合在一起，由项目组共同完成。

二、工作丰富法

工作丰富法是指通过增加岗位的技术和技能含量，使工作内容更具挑战性和自主性，以满足员工更高层次的心理需求。它鼓励员工参加对其工作的再设计，这对组织和员工都有益。工作设计中，员工可以提出对工作进行某种改变的建议，以使他们的工作更让人满意，但是他们还必须说明这些改变是如何更有利于实现整体目标的。运用这一方法，可使每个员工的贡献都得到认可，也强调了组织使命的有效完成。

（一）工作丰富法的实现条件

工作丰富法的核心是体现激励因素的作用，因此实施工作丰富法的条件包括以下几个方面。

一是增加员工责任。不仅是要增加设计本身的责任，还要增加其控制产品质量，保持生产的计划性、连续性及节奏性的责任，使员工感到自己有责任完成一项完整工作的一个小小的组成部分。同时，增加员工责任也就意味着降低管理控制程度。

二是赋予员工一定的工作自主权和自由度，给员工充分表现自己的机会。员工感到工作的成败依靠他的努力和控制，从而认为与其个人职责息息相关时，工作对员工就有了重要的意义。实现这一良好工作心理状态的主要方法是通过完善岗位（或职务）说明书，明确各岗位的职责，给予员工工作自主权。同时，要打破员工怕承担责任的心理。

三是将有关员工工作绩效的数据及时地反馈给员工。了解工作绩效是形成工作满足感的重要因素，如果一个员工看不到自己的劳动成果，就很难得到高层次的满足感。努力克服有考核无反馈现象，那样还不如不考核。反馈可以来自工作本身，来自管理者、同事等。

四是考核。报酬与奖励要取决于员工实现工作目标的程度。

五是培训。要为员工提供学习的机会，以满足员工成长和发展的需要。

（二）工作丰富法的内容

工作丰富法的内容主要包括以下几个方面。

一是技术多样化。培养每个员工掌握多种技能和技术，给员工提供运用不同技能和技术的机会。

二是工作整体性。使员工了解本岗位所承担的任务与单位的总任务、总目标的关系。

三是参与管理与决策。组织通过各种形式使员工有参加管理与决策的机会。

四是赋予必要的自主权。在确保单位总目标和部门分目标实现的前提下，员工可以自行设定中短期的工作目标和任务，提高员工的责任感和使命感。

五是注重信息的沟通与反馈。使员工能经常得到组织或上级领导对他工作结果、工作表现的评价信息，使员工看到自己工作的意义和价值。

三、岗位轮换法

岗位轮换法是让员工在预定时期内变换工作岗位，使其获得不同岗位的工作经验的激励方法。该方法不仅能丰富员工的工作经验，使员工明确自己的长处和弱点，找到适合自己的位置，而且可以增加员工对组织整体工作的了解，改善日后部门间的合作关系。

（一）岗位轮换法的原则

在实施岗位轮换法时，应坚持以下原则。

1. 用人所长原则

在推广岗位轮换的同时，必须要注意人才资源管理的基本原则，即用人所长，避人所短。在制定岗位轮换制时，应制订详尽的长期计划，根据每个员工的能力特点和兴趣个性统筹考虑安排，在企业内部人才合理流动的基础上，尽量做到使现有员工能学有所长，提高人才使用效率。为了保证企业内部组织的相对稳定，岗位轮换应控制在一定范围内，具体范围大小可根据企业的实际情况决定。

2. 自主自愿原则

虽然岗位轮换可以提高员工的工作满意度，但因具体情况的不同，效果也就不同，要使得岗位轮换制发挥应有的作用，有必要与员工进行有效的沟通。在企业制定有关的岗位轮换制度后，要与参与岗位轮换的员工进行有效的沟通，实行双方见面、双向选择等方式方法，减少由于岗位突然变化给员工带来的心理不安定和焦虑，使岗位轮换取得应有的效果。

3. 合理流向原则

企业组织中各个部门所负担的工作职责有所不同，对于员工的素质要求也不一样。在岗位轮换时，既要考虑到企业各部门工作的实际需要，也要能发挥岗位轮换员工的才能，保持各部门之间的人才相对平衡，推动组织效能的提升。

4. 合理时间原则

在岗位轮换实施过程中，应充分考虑轮换的时间周期。岗位轮换有其必要性，但必须注意岗位轮换的时间间隔。如果在过短时间内工作岗位变换频繁，对于员工心理带来的冲击远远大于工作新鲜感给其带来的工作热情，岗位轮换的效果就会适得其反。一般来说，若一个员工在同一工作岗位上连续 5 年以上，还没有得到晋升的机会，就可考虑岗位轮换。如果一名员工一直在同一企业中工作，考虑其晋升和岗位轮换的总数在 7～8 次较为合适。

（二）岗位轮换法的步骤

要想做好岗位轮换工作，应遵循以下步骤。

1. 必须让组织成员认识到岗位轮换的意义

岗位轮换意味着熟悉更多的岗位知识，拓宽工作面，使个人工作能力得到有效提高，轮岗后能够胜任更多岗位的工作。更宽的工作和知识面，对于个人职业生涯的发展也是一个有效的促进。

2. 做好岗位轮换计划

首先，岗位轮换计划应明确工作目标、时间安排、控制手段、考核标准及方法；其次，要做好岗位轮换风险评估工作，对于可能的不利因素事先进行评估分析，制订有效的应急解决方案，尽最大可能避免损失；最后，还要注意岗位轮换工作应避免在薄弱的部门间进行。

3. 做好前期沟通，尊重个人意愿

从整体上讲，岗位轮换是一项有利于绩效提高的积极的工作。但是，对于具体的每个人来讲，由于对此项工作认识的偏差，或者跟个人职业生涯规划不一致，并不一定会得到认可。所以，如果没有与轮岗人进行充分沟通，一厢情愿地推行岗位轮换，其结果可能适得其反。因此，轮岗前，一方面要让员工了解岗位轮换的目标、意义、工作安排等情况；另一方面也必须了解员工的职业生涯规划、对于岗位轮换的难处、意见、建议等。最后，综合沟通内容，扫除障碍，在意见一致的情况下确定轮岗人员。

4. 做好岗位轮换的培训工作

对未来的岗位有一个清晰的了解，是岗位轮换前必须扎实做好的一项工作。要视业务知识、工作流程、工作环境等方面的具体情况决定培训内容和方式。

5. 做好岗位交接工作

岗位交接包括资源交接（如工作文件、客户资料、技术资料等）、工作交接（主要是目前进行中的工作）和物品交接。事先做好详细的交接清单表格，以免遗漏。

（三）岗位轮换法的主要形式

针对不同的员工，岗位轮换法主要包括以下几种形式。

1. 确定工作岗位的新员工轮换

新员工在每一岗位轮换结束时，都应对其工作表现进行考评。通过这种方式，企业对新员工的适应性有了更清楚的了解，并最终确定他们的正式工作岗位。

2. 培养"多面手"的老员工轮换

为了适应日益复杂的经营环境，组织要求员工具有较强的适应能力。所以，在日常情况下，组织必须有意识地安排老员工轮换做不同的工作，培养其具备多种工作技能，开发其潜在能力，以适应复杂多变的经营环境。

3. 培养经营骨干的管理人员轮换

从组织长远发展考虑，管理人员的岗位轮换是培养经营骨干的重要措施。高层管理人员应当具有对组织工作的全面了解和对全局性问题的分析判断能力。为此，组织应使

管理人员在不同部门间横向移动，增强其对部门间相互依赖关系的认识，并使其产生对组织活动更全面、系统的认知。

华为的轮岗制度

华为技术有限公司（简称"华为"）为了在人力资源管理中引入竞争和选择机制，专门建立了轮岗制度。其高层领导基于这样一种考虑：要想留住人才，单靠物质奖励是难以奏效的，因为随着时间的推进，员工个人的物质水平逐渐提高，薪金的奖励作用在慢慢减弱。而轮岗给员工提供了职业发展的空间，在员工看来，在交换工作岗位的过程中，不但享受到了类似"跳槽"的新鲜和乐趣，而且从中学到了不少东西，对自己日后的职业发展大有好处。为此，华为在公司内部建立了一个劳动力市场，以促进人才的合理流动，通过岗位轮换实现人力资源的合理配置。华为还明确规定，高中级中层管理者必须强制轮换。

中铁设计的员工股权激励

随着人力资源对经济增长的贡献被普遍认可，股份公司纷纷通过配置股份或者施行股票期权，让人力资源参与利润分配，以实现长期激励。现阶段国企改革中，股权激励模式主要有股票期权、管理层收购、业绩股票、虚拟股票和员工持股计划等多种形式。在国有企业混合所有制改革试点中，让骨干员工获得公司一定比例的股权，使其以股东身份参与企业决策与管理，利益共享，风险共担，实现与企业共同发展，是深化国企改革中激发员工内生动力的一种改革创新。

中铁工程设计咨询集团有限公司（以下简称"中铁设计"）在中国中铁股份有限公司的坚强领导下，先行先试，率先改革，经过积极向国资委申报，成为国资委中央企业首批开展员工持股试点的十家企业之一，也是唯一一家国有勘察设计企业参与混合所有制改革的企业，混改取得了显著成效。

一、中铁设计简介

中铁设计是集工程规划、勘察、设计、咨询、总承包、监理、产品和科研开发于一体的特大型综合勘察设计咨询企业，是世界500强企业——中国中铁股份有限公司的控股子公司，注册资本7.3亿元人民币。2017年5月，作为国务院国资委中央企业首批十家员工持股试点企业之一，中铁设计以增资扩股方式成功完成了员工持股及同步混合所有制改革。其持股方式为：中国中铁股份有限公司控股，中铁设计骨干员工、2家战略

实用管理方法

投资者参股。中铁设计服务领域涵盖铁路、城市轨道交通、公路、市政等交通基础设施，建筑、冶金、产品及技术研发等，可为建设工程项目提供规划、勘察、设计、咨询、设计施工总承包、专项承包、投资、项目管理、工程监理、工程检测、项目后评价、运营管理等全过程服务。中铁设计在铁路标准设计、航测遥感、客运专线桥梁、高速铁路道岔、城市轨道交通轨道系统、跨座式单轨交通系统等方面一直保持领先的技术优势。

中铁设计持有涵盖21个行业的工程设计综合甲级资质，同时还拥有工程勘察综合、咨询、城乡规划编制等十余项甲级资质，拥有商务部批准的对外工程承包经营权，取得了ISO9001质量管理体系、ISO14001环境管理体系认证证书，是北京市科学技术委员会认定的国家高新技术企业和北京市设计创新中心，也是北京市经济和信息化局认定的北京市企业技术中心。2016年，中铁设计还成立了院士专家工作站和中国中铁"中国单轨交通发展研究中心"。

中铁设计在北京设有13家专业分公司，在郑州设有1家专业分公司，在济南、郑州、太原设有3家综合分公司，拥有从事工程监理、岩土工程、工程检测、工程咨询、建筑规划、轨道交通等业务的6家全资子公司和3家控股子公司，在全国近30个省、市设有驻外机构。中铁设计现有员工近3 000人，其中勘察大师1人，设计大师1人，教授级高级工程师121人，享受国务院政府津贴人员、省部级专家和拔尖人才97人，高级工程师1 151人，取得国家各类注册执业资格812人次。

二、中铁设计股权激励的主要做法

1. 加强组织领导

按照国资委和股份公司的部署要求，成立以主要领导负责的员工持股试点领导小组，全面领导、协调试点工作，确保试点工作积极稳妥有序推进。同时成立分管领导担任组长的工作小组，下设方案组、资产组、持股员工组、方案评议组、宣传组、监督组等专项工作组，同步推进试点工作的实施。

2. 制订翔实方案

制订详细的工作方案和推进计划，认真完成财务审计、资产评估、公开征集战略投资者进场交易、持股员工方案的制订以及各阶段决策程序的履行等重要节点工作，确保工作质量和进度要求。

3. 确保依法合规

严格遵守《公司法》《企业国有资产交易监督管理办法》《关于国有控股混合所有制企业开展员工持股试点的意见》等有关法律法规和政策规定，规范履行内部决策和审批备案等各项程序，有效保证员工持股方案内容合法，操作程序合规。按照增量引入原则，在产权交易市场公开挂牌征集引入非公有资本战略投资者；按照公开征集战略投资者的交易价格，确定员工持股认购股权的价格，确保国有资产不流失。完成增资后的股权结构比例为：中国中铁股份有限公司占比70%，引入的非公资本股东占比10%，骨干员工占比20%。

4. 维护企业稳定

在推进过程中，充分保障员工的知情权和监督权，做到规则公开、程序公开、结果公开，防止暗箱操作、利益输送，依法保护各股东的权益，同时不侵害公司内部非持股员工的合法权益；员工持股方案在充分听取广大职工意见建议的基础上，经职工代表大会的审议通过，89.64%的职工认同和支持员工持股，有效保障了企业的稳定和员工队伍的稳定。

5. 坚持骨干持股

树立"想持股就要争当骨干，成为骨干就能变成股东，当了股东更要努力奋斗"的理念，根据公司行业特点、员工数量和人员构成等因素，确定持股员工控制在员工总数的30%以内。按照以岗定股的原则，将持股员工分为企业高级管理人员、中层管理人员、其他业务骨干3个层次，针对不同岗位设立持股资格条件，把3个层次的持股岗位细分为13档，依据档次确定持股系数。

6. 完善动态调整

建立了动态流转机制，持股员工整体持有企业20%的股份保持不变，持股员工的新增、退出、持股份额的变化都在持股员工内部进行流转。离开公司的人员不再持有份额，符合条件的新进人才和骨干员工可以获得份额，员工岗位调整所持份额随之调整，防止股权固化、僵化，影响激励效果。

7. 优选持股平台

由于持股员工数量多，选用资产管理计划作为员工持股平台，员工以间接方式持有公司股权。资产管理机构中信证券是员工持股计划所持公司股权的名义股东，持股员工需要通过中信证券设立的定向资产管理计划行使股东权利。以资产管理计划作为持股平台既满足《公司法》要求，有利于员工股权的集中统一管理，同时还可以避免因内部股权流转而引起的企业频繁进行工商变更登记。

8. 建立长效机制

公司根据相关法律法规、系列政策和《中国铁路工程总公司员工持股管理办法》，制定有关管理办法与制度，建立员工持股领导小组、员工持股管理工作小组及办公室等常设管理机构，确保员工持股持续有效、平稳运行，形成员工持股管理的长效机制。员工持股计划内部治理合法规范，持股员工共同订立《员工持股计划章程》，选举持有人代表建立了持有人会议制度，设立员工持股计划管理委员会，选派董事、监事和股东代表参与公司管理决策，保障持股员工的权益。

（案例改编自：张亚旭. 深化股权激励 推动国有企业高质量发展：以中铁设计集团员工持股改革试点为例［J］. 铁道勘察，2022，48（03）：133-137.）

案例思考：

1. 结合案例材料，分析中铁设计股权激励的特点。
2. 评价中铁设计股权激励的做法，并说说你的建议。

项目训练

【训练内容】企业激励方法运用的调研及分析。

【训练目的】通过对企业实地调研，进一步加深理解激励方法。

【训练步骤】

1. 学生按 4~6 人划分为一个小组，以小组为单位确定一家调研企业。
2. 事先收集和整理该企业激励的信息、新闻报道等资料，根据实训内容梳理出该企业激励方法及激励制度存在的问题。
3. 结合调研资料，进行小组讨论并提出该企业激励方法与激励制度的改进建议，完成实训报告。

实训报告格式如下：

＿＿＿＿＿＿＿实训报告		
实训班级：	项目小组：	项目组成员：
实训时间：	实训地点：	实训成绩：
实训目的：		
实训步骤：		
实训成果：		
实训感言：		
不足及今后改进：		
项目组长签字：	项目指导教师评定签字：	

4. 小组提交实训报告，教师总结点评并进行成绩评定。

自测题

1. 参与激励法的应用技巧有哪些？
2. 股权激励法的应用形式有哪些？
3. 简述精神激励方法。

4. 简述工作丰富法的内容。
5. 岗位轮换法有哪些主要形式？

【延伸阅读】

俞文钊，李成彦. 现代激励理论与应用［M］. 3 版. 大连：东北财经大学出版社，2020.

项目六 项目管理方法

【学习目标及要求】

1. 掌握项目生命期划分的四大阶段及其内容；
2. 运用里程碑计划的具体呈现形式；
3. 掌握三种基本项目管理流程种类及其应用；
4. 了解项目管理控制方法。

引导案例

苏州轨道交通宝带路站"P+R"智慧停车项目实践

近年来，苏州轨道交通持续加大车站TOD开发力度，通过车站、地下大空间的公共通道，实现以轨道交通为主，与周边开发紧密衔接与融合的车站综合开发和利用。宝带路站地下大空间就是这样一个创新TOD开发"样板工程"，既是苏州迄今为止规模最大的地铁商业开发项目，也是苏州首个在建的采用AGV智能停车技术的智慧停车场。

一、项目简介

宝带路站是苏州轨道交通3、4号线"T形"换乘站；4号线沿东吴路布置，为地下二层车站；3号线沿宝带路布置，为地下三层车站。利用地铁配线建设产生的额外空间，实施商业开发和智慧停车场。开发充分考虑了与周边地块的一体化联动，通过车站、地下大空间的公共通道，采用融合建设的做法串联周边8个地块，实现周边商业"无缝对接"，打造"衣食住行游购娱"一体化的商业核心。在地下大空间负二层引入了全国领先的AGV智能停车设施，国内在地铁站地下大空间内纵向设置停车场鲜有先例，这样的创新做法实现了"P+R"功能，满足了市民的停车需求。

二、实施阶段

与以往"先建设，后招租，包容设计"的思路不同，宝带路站地下大空间采用了"空间早布局，业态早明确"的策略，提前招租，并结合运营单位的经营经验和模式特点，提前介入内部建筑及装修方案，力求为乘客带来定制化的商业服务；避免以往"先建设，后招租"模式运营单位进场后二次改造引起的一系列消防问题，将消防隐患消灭在萌芽状态。

宝带路站在地下大空间负二层停车场引入了全国领先的AGV智能停车设施，拥有超过90个停车位，这也是苏州首个在建的采用该技术的智慧停车场。车主将车开入交互区停好后，通过手机即可进行存车操作，由机器人将车辆安全准确地停入车库，提高停车效率的同时省去车主"找车位"的麻烦，实现了人车分离、无人驾驶式的智慧泊车体验。所引入的AGV智能停车技术更充分利用了竖向分层空间，实现了空间利用的最大化，提高了商业整体价值。

三、评估总结

1. 招标和设计的时序问题

智能停车属于比较新、技术含量较高的一项技术，目前相关可借鉴的项目较少，因设备商对车位布局和设计施工要求有差异，为保证设计方案安全、经济、操控的便利性以及今后维保的方便快捷，设备商确定应前置到规划、设计阶段，保证设计和施工都能够满足设备商的安装及运营条件。

2. 后期维护问题

因为技术较新、技术含量较高，后期维护就至关重要，需要有现场管理人员进行相关设施管理维护工作。需要提前进行有效的培训，有稳定的技术人员进行专项管理，以利于后期设备安全稳定地运行。

3. 出入口设置问题

在规划地下智能停车库时，地面上的交通组织方案，包括城市道路开口位置、内部道路与城市道路的衔接、地面出入口规划方案以及出入升降机方案，都需要在前期与规划部门进行沟通协调，将地下车库在运营过程中对城市道路的通行干扰降到最低。

（案例改编自：苏州市轨道交通集团有限公司内部资料）

案例思考：

结合案例材料，谈一谈苏州轨道交通宝带路站"P+R"智慧停车项目管理的控制点，并评价其可行性。

任务一　项目生命期管理方法

一、项目生命期概述

（一）项目生命期的含义

项目生命期是指从产品或项目的最初研发设计直至消亡的整个过程所经历的时间。

在不同的视角下,生命期的表述也有不同的内涵。从生产者角度看,一个产品的生产,从原材料购进后,经过工厂的制造、加工,形成半成品和产成品,到最后包装、验收入库,这个过程由生产者来完成,可称为产品生产期或制造周期。对整个企业来讲,则要经历创意、研究与开发、设计、制造和营销,即从产品产生到交付顾客的整个过程,这个过程由经营企业来完成,可称为企业产品生命期过程。从顾客角度看,自产品购入到使用、磨损直至报废的过程,是产品的使用期,也是生产者售后服务的过程,这一过程加上研发、制造和营销过程,可称为顾客产品生命期。从社会角度看,任何产品都要经过研发、营销、顾客使用和产品废弃等几个阶段,这一完整的过程又可称为"社会产品生命期"。

(二) 典型的产品生命期

典型的产品生命期如图 6-1 所示。

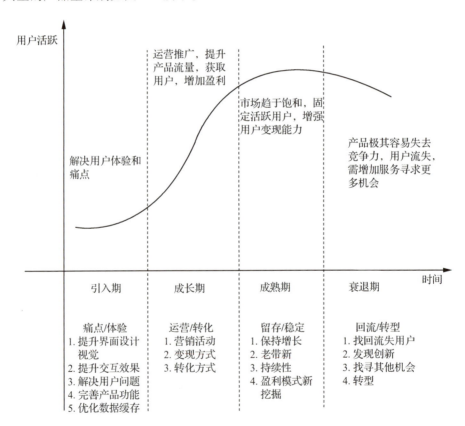

图 6-1 典型的产品生命期

(三) 全生命期的项目管理核心工作要点

项目管理的内容一般多以生命期过程为重点进行展开,人们能够从项目开始直到结束,全面、系统而又完整地把握整个项目的实施。全生命期的项目管理核心工作要点如图 6-2 所示。

项目六 项目管理方法

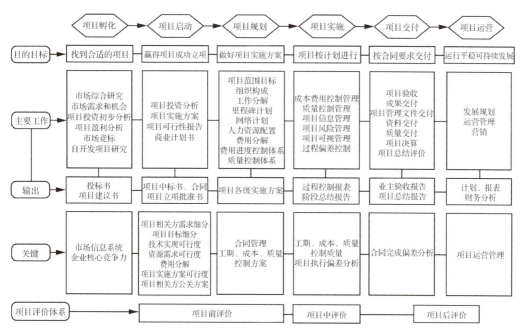

图 6-2 全生命期的项目管理核心工作要点

二、项目生命期各阶段的主要工作

项目的阶段是基于项目的生命期来划分的，一般可以划分为概念阶段、规划阶段、实施阶段、结束阶段。当然，项目结束要形成项目交付物，后续对应还有产品投入运营等工作，这可以定义为广义的项目阶段。项目的不同阶段其管理内容是不相同的，项目管理的内容多是以其生命期过程为重点展开，它使人们能够从开始到结束对整个项目的实施有全面、系统而又完整的了解。以工程项目生命期为例，其各阶段的主要工作如图 6-3 所示。

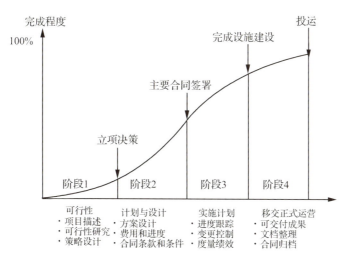

图 6-3 工程项目生命期各阶段主要工作

小知识

地铁列车的设计寿命

经过数百年的发展,列车经历了无数次的迭代,加上技术不断更新,以及使用损耗等因素,目前地铁使用列车的设计寿命不小于30年。

30年只是地铁列车的设计寿命,地铁就像人一样,只要保养得当,高龄仍然可以跑。比如香港地铁运营多年,有些列车已经到了30年的预定寿命,但是经过专家检修,它的各项性能良好,还能继续运行。

任务二　项目里程碑管理方法

一、项目里程碑的含义

里程碑原指标志公路及城市郊区道路里程的碑石,用以计算里程和标志地点位置。项目里程碑是项目实施过程中,对项目实施进度有重要影响的标志性事件。在项目管理中用里程碑表示项目为达到最终目标而必须经过的条件或状态序列,一般指具有重大意义的标志性事件。因此,里程碑事件描述的是项目在每一阶段应达到的状态,而不是如何达到,它表示项目工作中一个里程碑事件、重要工作或重要阶段的完成。在里程碑处,通常要有计划地进行检查,这也是设置控制点的重要依据。

典型的里程碑内容应当包括:
(1) 开始日期和结束日期。
(2) 项目预算使用情况的检查。
(3) 外部或内部审查。
(4) 测试或检查清单。

项目里程碑的开始日期和结束日期就是在项目实施过程中具有重要意义的事件的开始和结束的时点,这个时点是没有持续时间的。项目里程碑必须有交付成果而不能只是一些活动或过程。对于里程碑状态的评审,只能有两个结果:一个是已完成目标,一个是未完成目标,而不能是"正在进行""按计划进行"等表示过程的描述。

二、项目里程碑管理的意义

里程碑可以让宏观管控更有成效,制订里程碑计划有利于对项目进行跟踪和管理。

项目里程碑计划的制订是项目实施过程中进行项目计划的重要技术，里程碑计划也称为项目实施计划，是一个战略性计划或项目的框架性计划，以可交付成果清单为依据，显示了项目为达到最终目标而必须经过的条件或状态序列，描述了项目在每一阶段要达到的状态。项目管理过程中里程碑的设置举例如图 6-4 所示。

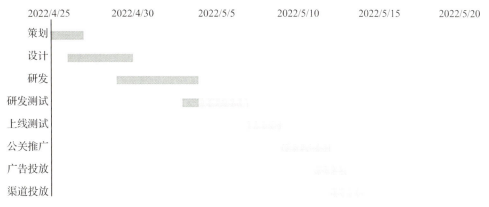

图 6-4　项目管理中的甘特图里程碑设置示例

一般来说，里程碑对于项目有着以下意义：

1. 有助于监控最后期限

在项目的计划阶段设置核心里程碑，这有助于项目经理掌控所有相关核心工作点的最后期限。

2. 识别潜在的瓶颈

许多项目依赖于外部团队或合作伙伴完成的工作。如果这些外部因素没有得到有效的跟踪，就可能出现项目延期。

3. 发现关键日期

使用里程碑可以以高维度的视角来查看项目中各个关键节点的关键日期，项目经理以及团队成员能够随时发现重要的日期和事件。

4. 提高项目的可见性

在项目的前期，项目本身是充满不确定性的。当项目开始推进时，可见性可以让项目所有相关方都能更轻松地参与，每个人都可以看到项目处于哪个阶段，还有什么要做。

5. 分配时间和资源

时间和资源是确保项目能够成功完成的基础条件。使用里程碑管理能够帮助管理者合理有效地分配资源，使项目能够按时并按预算交付。

6. 跟踪合同付款

在项目进行过程中，有许多通过采购而从外部获取的资源，在里程碑完成时，跟踪并及时付款给关键供应商以及验收供应商的可交付成果。

7. 促进干系人的参与

里程碑的临近，会使得干系人更好地参与到项目中，即使用里程碑来计划和确定干系人什么时候应该更关注、接近或参与到项目中来。

8. 问责制

项目团队需要看到他们需要对什么负责。里程碑有助于每个人对自己所承担的角色任务负责。

9. 展示成功的衡量标准

项目的总目标有时是非常庞大的，而在项目进行过程中能够分阶段衡量项目已经取得的进展是至关重要的。此时，通过里程碑来展示项目阶段性的可交付成果就显得尤为必要。

三、项目里程碑计划及其制订

（一）里程碑计划

里程碑计划是项目在"宏观"上的"战略框架"计划，它是以项目中某些重要事件的完成或开始时间点作为基准所形成的计划，是一个战略计划或项目框架，以中间产品或可实现的结果为依据。里程碑是项目中一部分工作包集合的输出结果（或工作成果）的状态，包括工作包的功能、进度、费用、资源估算以及工作包所在组织单元的职责。在这一管理层面，需要有一个稳定的、平衡的计划贯穿于项目过程。这一层面提供了实现项目总体目标的战略框架，并允许各个下层组织中包含一定的变化。体现这一层次的工作结果，便是项目的里程碑计划。

（二）里程碑计划的编制方式

对于项目的不同阶段，可以根据需要制定阶段里程碑。阶段里程碑一般由实施组织内部确定，以便于更好地控制和管理项目的进程。一般合同会规定一些重大事项及其约束，项目执行方一般依据最终截止时间采用"倒排"方式编制里程碑计划。编制重大里程碑计划一般在项目范围规划之前，依据项目任务书或合同书所规定的关键节点或事件描述，并结合项目最终成果要求采用反向倒排或根据所确立的项目阶段来编制，并要得到发起方等项目主要相关方的确认或认可。

在项目执行中，应根据细化的工作分析和总体进度安排，编制用于控制的一般里程碑计划。项目实施过程中，根据项目的复杂程度和管理的特定需要，可以设置多个里程碑。例如，软件开发工程项目中的应用并行工程可以按阶段设置重大里程碑，同时，为了实现精细化控制，可以在此基础上进一步设置若干控制里程碑，如图6-5所示。

项目六 项目管理方法

任务名称	工期	开始时间	完成时间	前置任务	资源名称	限制类型	限制日期
- 里程碑	96 days	2023年5月13日	2023年9月24日			越早越好	NA
需求确定	0 days	2023年5月13日	2023年5月13日	12	项目经理	必须完成于	2023年5月13日
设计确定	0 days	2023年6月17日	2023年6月17日	15	项目经理	必须完成于	2023年6月17日
编码完成	0 days	2023年7月15日	2023年7月15日	18	项目经理	必须完成于	2023年7月15日
测试通过	0 days	2023年8月13日	2023年8月13日	21	项目经理	必须完成于	2023年8月13日
发布	0 days	2023年9月24日	2023年9月24日	24	项目经理	必须完成于	2023年9月24日
- 需求阶段	18.5 da	2023年4月7日	2023年5月1日			越早越好	NA
需求调研	5 days	2023年4月7日	2023年4月14日		产品经理	不得早于…开始	2023年4月7日
调研方案整理	3 days	2023年4月14日	2023年4月17日	8	产品经理	越早越好	NA
调研方案评审	1 day	2023年4月18日	2023年4月21日	9	产品经理,项目经理	越早越好	NA
需求整理	5 days	2023年4月21日	2023年4月29日	10	产品经理	越早越好	NA
需求评审	1 day	2023年4月29日	2023年5月1日	11	产品经理,项目经理	越早越好	NA
- 设计阶段	20 days	2023年5月14日	2023年6月10日			越早越好	NA
设计任务1	10 days	2023年5月14日	2023年5月27日	2	开发经理	越早越好	NA
设计任务2	10 days	2023年5月28日	2023年6月10日	14	开发经理	越早越好	NA
- 编码阶段	20 days	2023年6月18日	2023年7月15日		开发经理	越早越好	NA
编码任务1	10 days	2023年6月18日	2023年7月1日	3	开发工程师	越早越好	NA
编码任务2	10 days	2023年7月2日	2023年7月15日	17	开发工程师	越早越好	NA
- 测试阶段	20 days	2023年7月16日	2023年8月12日		测试人员	越早越好	NA
测试任务1	10 days	2023年7月16日	2023年7月29日	4	测试工程师	越早越好	NA
测试任务2	10 days	2023年7月30日	2023年8月12日	20	测试工程师	越早越好	NA
- 发布阶段	20 days	2023年8月14日	2023年9月10日			越早越好	NA
发布任务1	10 days	2023年8月14日	2023年8月27日	5	项目经理	越早越好	NA
发布任务2	10 days	2023年8月28日	2023年9月10日	23	项目经理	越早越好	NA

图 6-5 项目管理中的里程碑设置示例

项目里程碑的设定与这样几个因素有关：① 顾客/合同的要求；② 项目特点和生命期的要求；③ 激发项目组成员士气的需要；④ 风险管理的需要。

设置里程碑对于项目管理有很多优势，同时必须注意要强调项目主要相关方对里程碑提供相应的承诺，通过各方签字的责任矩阵将其锁定，这样才能做到对里程碑真正的严格控制，并在项目推进过程中避免认为"目标管理是只问结果，不计过程"，从而忽视对项目过程的监控而导致里程碑不能按期达到。

小贴士

里程碑计划的要点和注意事项

里程碑要有明确的可检查的交付物，很多项目经理在制订里程碑计划的时候没有关注明确的里程碑交付物，这样的里程碑设定没有实际意义。

里程碑的交付物一定是可检查、可评审的。设定的里程碑交付物要能定量评审，而不光是定性评估。因为涉及定性的工作以后受到人为因素的影响会很大，项目管理就会失真。

对于项目里程碑的交付物，一定要注意开展相关的评审，保存相关的评审记录和证据，避免以后在结项的时候发生分歧，减少不必要的变更。

任务三　项目管理流程方法

一、项目管理流程概述

流程是为了实现特定目标而进行的所有活动及其排序。流程是一系列有规律的行动，这些行动以确定的方式发生或执行，导致特定结果的出现。流程就是将一定的"输入"转化为需要的"输出"、有序排列的一系列活动。

项目管理流程是从项目工程项目的角度、从满足业主需求的角度出发，进行流程规划与建设，建立面向流程的管理部门，明确流程中的管理责任，分析流程现状，并进行监控和评审，适时进行流程的优化与改进。

一般情况下，企业生产运营的流程具有相对稳定的特点，比如生产环境以及生产经营要素等，除非环境和要素发生了本质变化，否则是不会轻易改变的。而项目管理流程不同，由于项目本身的唯一性以及实施过程中现场情况的不确定性，管理流程经常出现变更。正因为项目的这种特殊性，所以实际工作中项目流程往往是通过作业计划而不是完全按照常规生产运营流程的方式来完成的，而项目中往往还有某些工作是完全无法按照公式化的标准流程执行的。另外，即使是同样的工作内容，也不一定完全适合相同的工作流程。由此可见，项目管理流程有着不同于一般流程管理的特征。

二、项目管理流程种类

与项目管理相关的流程包括以下几类。

（一）业务流程

组织创造价值需要一系列的业务支持，为客户创造价值的相互联系的、有组织的业务活动的系统安排都可称为业务流程，如制造某种物化可见产品（机床、汽车、手机、药品、服装、计算机软件等）所需要的活动及其安排顺序的流程。

（二）技术流程

项目中一系列活动在执行时必须细化，才能去执行和落实。这些细分了的、便于实施和控制的、操作层面的流程就是技术流程，如生产某产品的设计流程、工艺流程、操作流程、检验流程、验收流程等。

（三）管理流程

为了能够"多、快、好、省"地实现业务和技术流程，需要设计有关如何进行策划、组织、计划、协调、指挥、控制等各项管理活动及其遵循的程序，还要发现与之匹配的资源，以便使业务和技术流程执行更有效率，这些保障、管控和辅助的流程都属于管理流程。

三、项目管理流程设计

项目管理者在制订进度计划时应使用网络计划图，这也是目前非常成熟的管理工具，它能克服传统计划条形图的限制，更清晰地反映出各个工序的逻辑关系。

网络计划图的作用有：可以表示一项计划中各道工序的前后顺序和相互关系；通过计算找出计划中的关键工序和关键路径；通过不断地改善网络计划图，选择最优的方案并实施；在计划执行过程中，进行有效控制与监督，确保合理地使用人力、物力、财力，按预定目标完成项目任务。

流程网络设计有三种典型图形：① 椭圆形，只表示开始和结束两个节点；② 矩形，表示活动、工作、任务；③ 菱形，表示判定，例如审批、多种可能等环节都用菱形。另外，流程设计还可以用三种标准线型，即箭线、实线、虚线。

通常矩形和菱形都要求有进口和出口，如果只有进口没有出口，或者只有出口没有进口，则说明流程图有问题。一些工作做完以后，并不一定和其他人、其他工作有关系，这时就要用虚线和表示结束的椭圆形连接。两条线交叉时用过桥的方式表示（拐弯跨越），表示两条线并未相交，不存在节点。项目管理流程设计示例如图6-6所示。

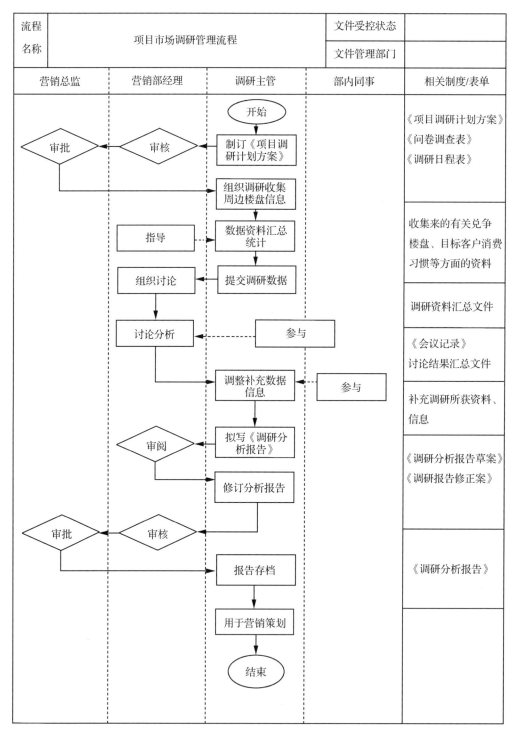

图 6-6 项目市场调研管理流程

四、项目流程管理

流程管理的主要内容包括流程分析、流程定义与重定义、资源分配、进度安排、流程质量与效率测评、流程优化等。流程管理是为了满足客户需求而设计的，因而这种流程要随着内外环境的变化和需要进行适时的优化。

管理流程之间的层次关系反映了由总体到部分、由宏观到微观的逻辑关系。这样一个层次关系也符合人类的思维习惯，有利于企业和项目管理工作的开展。一般来说，我们可以先建立主要工作流程的总体运行过程，然后对其中的每项活动进行细化，建立相对独立的子工作流程以及为其服务的管理流程。

由于企业内部跨部门、跨专业、跨岗位之间的工作协调是项目中经常遇到的棘手问题，因此对于企业中的部门本位主义，采取流程管理的方法是一个相对理想的解决方案。流程管理应建立管理流程之间的合作关系，并正确定位参与者的职责。

对于跨部门之间的协作，可以用"看板"管理的方式来解决工作协作方面的问题。以传统生产线为例，传统的工艺流程是前道工序向后道工序提供物件以满足后道工序继续生产的条件，但是前道工序无法知道后道工序需要物件的时间和数量。"看板"则强调拉动式，以后道工序的需求作为前道工序提供物件的标准。在项目管理中，"看板"方式同样适用于跨部门协作，由需要后续工作的职能部门向前端提供项目资料的部门提出需求，以拉动式管理的方式来进行跨部门、跨组织、跨专业、跨岗位的工作协同问题。

项目采用流程化管理是现代企业管理的发展趋势。项目流程可以通过 IT 技术进行管理，通过人机对话，管理者对于流程的执行实现可视性，可以及时跟踪项目进展实况，并实施协调与控制，并在必要时刻采取纠偏措施，使得项目中所有的管理工作都处于可控的状态。

小 知 识

数字轨道交通系统

数字轨道交通系统是指在城市轨道交通系统从前期的设计规划，到实现完成工程交付，并投入商业运行的这一完整阶段中，引入现代通信传输技术，利用大数据和对信息的储存、管理、计算和大数据分析等辅助技术手段，实现轨道交通的运行与管理的信息化管理系统。

按照国内外目前有关城市轨道交通信息化体系的建设成功经验，一般在城市地铁项目初期委托具备网络系统集成、系统智能化实施以及综合信息化体系规划设计功能的企业，先完成总体方案制订与技术需求评估工作，为项目后期的信息化工程建设与实施提供技术准备，这样可有效减少项目今后在各个系统集成阶段的建设成本。

任务四　项目管理控制方法

项目管理控制是控制主体对受控客体施加的一种能动影响，这种影响能否保障受控客体按预定计划行动并达到最终目标，依赖于项目管理控制方法的有效运用。在实践操作中，项目控制必须深入分析项目实施过程的特征，明确具体的控制方式和手段。常用的项目管理控制方法有以下五种。

一、现场观察控制法

现场观察控制法指管理者观察项目作业过程，从现场获取工作任务完成情况的信息，与期望结果进行对比、判断和分析，并据此采取相应控制措施。根据项目任务对象的不同，现场观察控制法又可分为三种具体方法：一是直接观察法。管理者直接对业务部门、团队和任务小组的工作进展进行观察。二是过程观察法。对项目实施过程进行全程观察，随时对关键路线上的重要节点和事项进行过程观察。三是工作巡视法。对于不易直接观测的工作事项，如项目作业中的创造性过程、隐蔽工程等应采用这种方式。现场观察控制法的优势在于可以获得项目实施的第一手资料，使管理层清楚各项作业所需的资源，确定关键的工作流程，及时发现作业现场存在的不足，判断项目控制系统运行是否正常。这种方法对于具体的子项目或重复性较强的工作极为有效，但不适合不确定性大且过程复杂的项目。

二、管理程序控制法

管理程序控制法指管理者依据项目实施技术工艺的要求和工作程序所提供的规范或标准，借助各种管理规章及措施形成系统的管理程序，并通过流程图及表格等，对项目组织的各个业务部门及团队进行有效控制。这里的管理程序是对业务部门处理管理事务的程序、流程与步骤的定位、规定和描述。管理者应用程序控制法，应将管理程序视为一个系统，建立健全各项工作程序及流程，以保证管理程序的系统性。例如，传统的成本控制仅从发生成本费用的源头入手，强调控制各种具体开支事项，而忽略了管理程序的作用。相比之下，管理程序控制以"白箱"控制理论为基础，通过事先设定的控制原则，强化控制系统的功能，充分发挥项目实施目标导向和计划控制的优势。另外，管理程序控制法注重工作程序和流程设计，涉及各个业务部门，贯穿项目实施全过程，能有效地体现项目组织规范化管理的制度约束。

三、管理系统控制法

管理系统控制法主要是通过分析项目管理系统的运行状态，准确地为管理层的决策和指挥提供信息，从而为项目控制提供支撑。项目组织在构建管理系统的过程中，应高度重视信息管理系统的开发，并使其有效地为控制系统提供服务。在大型项目实施中，一个有效的信息系统不仅可以准确地描述并推进项目实施的完整图谱，而且能为不同层级的管理者制定和落实控制措施提供基础依据。

四、资料分析控制法

在有些情况下，对于大型复杂项目的实施作业过程进行现场考察往往难以实现，此时管理层应分析过程管理中产生的原始资料，了解项目实施的具体进程，有针对性地采取相应的管控措施。资料分析控制法可直接针对项目实施目标管理，也能为合理配置项目资源提供系统的管控手段，是一种实现项目目标的有效控制方式。资料分析控制法的核心是过程管理中统计资料的及时性和有效性。管理者可将过去的经验数据与现实数据进行比对，以利于项目控制决策和预防偏差；也可将计划数据与现实数据进行比对，实施计划控制。例如，在控制项目进度时，可以采用 S 形曲线、香蕉形曲线、前锋线等方法；在综合控制项目成本与进度时，可以采用挣值（Earned Value，简称 EV）方法。

五、专题报告控制法

专题报告多用于项目高层管理者了解和掌控项目实施的整体进展或某个方面专项工作的落实情况。项目组织向组织领导汇报项目实施情况时，可根据某一特定的目的，运用专题报告的形式，对某些具体事务进行深入的调查研究和分析汇报，同时将分析的结果和组织的反馈意见用于具体项目任务的控制。专题报告控制法常常能及时发现问题，可应用于控制关键路线或项目实施的薄弱环节等，其最大特点在于通过诊断，发现专项问题，及时纠正偏差，以使项目实施回到正确轨道。项目组织也可采用此方法控制内部业务部门及团队的专项工作。

以上五种控制方法在操作层面上给出了项目实施管理控制的具体手段。当然，这几种方法并不是相互对立或孤立的，在具体应用时，管理者可使用其中的一种，也可多种并用。

苏州轨道交通站务委外项目管理实践

随着站务委外项目部及委外站务员数量的增多,传统粗放式的管理理念已不能适应城市轨道交通发展的需要,如何实施规范化、专业化和精细化管理成为一个亟待解决的问题。国内,中国铁路总公司开创了项目部标准化管理的先河。苏州轨道交通充分借鉴其先进经验,将标准化管理的理念引入站务委外项目部管理工作,并开展站务委外项目标准化项目部建设工作。

一、苏州轨道交通站务委外项目管理情况

苏州轨道交通现有1号线、3号线、4号线3个站务委外项目部,管辖共计一千余名委外站务员。

目前,苏州轨道交通各站务委外项目部管理存在管理水平不一致、规章制度不健全、内部业务资料管理条理不清晰、培训水平不达标等问题。

二、站务委外项目标准化项目部建设的总体规划

为提高站务委外项目部专业化、精细化和规范化管理水平,苏州轨道交通于2021年首次开展了站务委外项目标准化项目部建设工作,发布了《客运营销中心委外项目(站务委外)标准化项目部建设指南(试行)》及《客运营销中心第一次委外项目(站务委外)标准化项目部建设实施细则》,以将站务委外项目部建设为安全型、服务型及创新型项目部。

安全型项目部的建设目标是:牢固树立安全第一、预防为主、标本兼治、综合治理的安全理念,按照安全管理体系的管理要求,以实现零事故为目标,加强班组基层建设、加强现场员工基础工作、加强基本功训练,反违章指挥、反违章操作、反违反劳动纪律。

服务型项目部的建设目标是:牢固树立为甲方分忧,让甲方满意的服务理念,完全承担委外站务员的岗前培训、岗中培训和岗位强化培训任务,建立完善的培训队伍、培训制度、培训计划、培训教材及比武机制;做好问题的闭环管理工作、指标的提升工作、服务质量管控工作、第三方评价的闭环工作。

创新型项目部的建设目标是:完全承担委外站务员管理工作,制定常态化工作机制,打造具有项目部特色的质量管控品牌或者服务品牌。

三、站务委外项目标准化项目部建设实践

1. 站务委外项目标准化项目部建设过程控制

做好站务委外项目标准化项目部建设过程的控制工作十分重要,直接关系着标准化项目部的建设质量。苏州轨道交通从建设和验收评审两个阶段落实过程控制。

(1) 建设阶段过程控制。建设阶段的第一阶段为创建阶段,时长为3个月;第二阶段为提升阶段,时长为2个月。根据建设总体规划,苏州轨道交通制定了《站务委外项

目标准化项目部创建推进表》。推进表按3个类型的标准化项目部细分为40个小项，涵盖建设标准化项目部的各个方面。

（2）验收评审阶段过程控制。验收评审程序依次分为车间验收、科室验收、中心验收和总结推广4个阶段，每个阶段的验收时间均为半个月。

2. 站务委外项目标准化项目部的建设成果

经过为期5个月的建设，客运营销中心对其建设情况进行验收，验收依据是标准化项目部验收评分表。评分表分为项目部的标准化项目部建设方案、安全型建设情况、服务型建设情况、创新型建设情况和一票否决项。例如，如果项目部验收评分为80分，则通过验收。

经过客运营销中心、企划部、技术部及工务通号中心的联合验收，各项目部整体验收情况如下：1号线站务委外项目部得分为309分（该项目部本次仅建设安全型项目部，安全型项目部及项目部的标准化项目部建设方案满分共计425分）；3号线站务委外项目部得分为81.1分；4号线站务委外项目部得分为88.7分。根据验收评分，3号线及4号线的站务委外项目部均成功创建为标准化项目部。

四、站务委外项目标准化项目部建设实践问题的改进

从整体上而言，苏州轨道交通的首次站务委外项目标准化项目部建设工作取得了成功，3号线和4号线站务委外项目部均成功创建成标准化项目部。但在建设和验收过程中，仍然暴露出一些问题。针对存在的问题，改进方向有以下方面。

第一，建立全方位激励体系，提高标准化建设积极性。一是将标准化建设纳入站务委外项目招标文件要求中；二是建立针对站务委外项目管理人员的标准化激励体系，用量化指标评判管理人员在标准化建设中的表现，并据此发放考核奖金。此两项举措可以从根源上提高管理人员投身站务委外标准化项目部建设的积极性。

第二，建立条线工作责任制，细化条线人员工作职责。一是建立站务委外标准化项目部建设条线工作责任制，从中心到车间到项目部都建立标准化项目部工作小组，相关领导任组长，负责主持推进标准化项目部建设工作，为全面调动建设委外站务标准化项目部的积极性提供机制保障；二是应明确站务委外标准化项目部建设条线人员的工作职责，为顺利推进标准化项目部建设提供制度支撑。

第三，建立全方位的过程控制措施，强化PDCA循环模式应用。一是牵头建立项目运行全周期的细化工作规定；二是建立全方位的评价措施。评价规章制度和规定的落地情况是否良好、实施情况是否符合预期，按照PDCA循环模式，先制定、再执行、再评价、再修订、再执行、再评价，如此循环往复，使其质量呈现螺旋上升状态。

第四，建立即时验收体系，加大平日建设力度。本次创建过程存在验收工作较为繁重、涉及历史资料过多等问题。建议在之后的站务委外标准化项目部建设工作中，将验收工作分散化、月度化，每月均由车间、中心对项目部阶段性建设情况进行验收并评

分，评分结果逐月累计叠加，促使项目部加大平日建设力度，同时也使站务委外项目部对每月的工作情况有直观的认识，以更好地查漏补缺。

（案例改编自：周琳. 苏州轨道交通站务委外标准化项目部建设实践研究［J］. 城市轨道交通研究，2022（5）.）

案例思考：

结合案例材料，运用项目流程管理方法绘制苏州轨道交通站务委外项目管理的流程图。

项目训练

【训练内容】企业项目管理调研及分析。

【训练目的】实地调研企业，进一步加深理解项目管理方法。

【训练步骤】

1. 学生按 4~6 人划分为一个小组，以小组为单位确定一家调研企业。

2. 事先收集和整理该企业项目管理信息、新闻报道等资料，根据实训内容梳理出该企业项目管理中存在的问题。

3. 结合调研资料进行小组讨论，并提出该企业项目管理的改进建议，制作 PPT 及电子文档进行汇报，完成实训报告。

实训报告格式如下：

_____实训报告		
实训班级：	项目小组：	项目组成员：
实训时间：	实训地点：	实训成绩：
实训目的：		
实训步骤：		
实训成果：		
实训感言：		
不足及今后改进：		
项目组长签字：	项目指导教师评定签字：	

4. 小组提交实训报告，教师总结点评并进行成绩评定。

自 测 题

1. 如何理解企业生命期、项目生命期和产品生命期?
2. 简述项目生命周期有哪几种类型以及它们各自的优势。
3. 里程碑计划的编制方式是什么?
4. 简析项目管理流程与流程管理的异同。
5. 项目管理控制的基本方法有哪些?

【延伸阅读】

汪小金. 项目管理方法论［M］. 3 版. 北京：中国电力出版社，2020.

项目七 质量管理方法

【学习目标及要求】

1. 质量管理的非数字数据统计方法和数字数据统计方法的类型；
2. 六西格玛管理的步骤和方法；
3. 在实践中选择和应用质量管理的方法。

宝钢公司的质量管理

宝钢集团有限公司（以下简称"宝钢公司"）曾从日本新日铁引进"一贯质量管理"方法。所谓一贯质量管理，是以努力满足用户需求（包括品种、质量、数量和交货期）为前提，各部门密切配合，从产品质量先期策划入手，以规程和质量控制系统为依据，按产品系列从原料进厂直到产品出厂实行最优化控制，对质量进行持续改进。宝钢早已形成了具有自己特色的质量管理模式。

一、归口管理部门

制造管理部门是宝钢公司"一贯质量管理"的归口管理部门，产品的供货技术标准、工艺规程、产品质量设计、用户技术咨询、质量检验、异常判定、质量异议处理等工作，都由制造管理部门集中管理。在制造管理部门，又按产品系列设置质量管理机构，包括薄板、条钢、宽厚板等质量管理机构。

二、质量保证体系

为确保质量管理的一贯性，宝钢公司做到了三个方面的保证：

1. 生产系统的保证

生产现场进行工序的质量控制，通过严格工艺纪律、建立健全原始记录、掌握质量动态、搞好质量自检、严格执行标准化作业、在关键部位建立统计过程控制（Statistical

Process Control，简称 SPC）点，实现预防为主。工序控制的要求被列入岗位规程。

2. 职能部门的保证

"一贯质量管理"的职能部门主要是制造质量管理部门和生产厂的生产技术系统。质量管理职能分为横向（即工序或生产厂内的）质量管理和纵向（即全工序或一贯工序）质量管理两部分，也可称为部门技术和一贯技术。前者是各生产厂特别是技术系统的质量管理职能，后者是制造质量管理部门的质量管理职能。

3. 规程体系的保证

规程体系包括产品工艺规程、技术规程和岗位规程三级体系。产品工艺规程是为了保证产品实物质量，并充分考虑生产效率、成本、经济效益、环境污染、节材、工艺合理性和持续改进等因素，对主要工序的特性参数和质量判定基准作出明确规定的技术文件。

技术规程是根据产品工艺规程的规定，在保证产品质量和满足技术条件的同时，充分考虑组织生产的安全、经济和效率等因素而制定的对本生产单位内各工序的具体技术要求。

岗位规程是根据技术规程的规定，为全面完成质量、效率、成本、安全、环保等目标，对各工序、岗位在安全、操作、管理项目、信息和异常处理等方面的操作步骤作出的详细具体的规定，是标准化作业的依据。

各级规程一级比一级细，操作性增强，不得相互矛盾，上级规程做出修改时，下级规程必须立即做相应的修改。

三、五项基层管理制度

为保证集中管理的顺利实施，宝钢制定了"以计划值为目标，以标准化作业为准绳，以作业长制为中心，以设备点检定修制为重点，以自主管理为基础"的五项基层管理制度。

在企业内部达成共识的基础上，宝钢确定了一系列的生产、技术、预算等方面的管理基准值，这些基准值的一部分构成宝钢质量管理工作的目标值。

通过建立各种岗位规程和各级程序文件，推行标准化作业，明确各项质量管理业务的工作程序及各部门应承担的职责。

作业长制要求在现场作业管理中以作业长为中心。在质量管理工作中，作业长的职责是制定、修订岗位规程，组织各岗位生产人员严格执行岗位规程及各项制度，按标准作业；进行自主检查，严格工艺纪律，健全原始记录，确保质量数据的准确、及时、完整。

设备点检定修制要求按规定的检查周期和方法进行预防性检查，及时掌握设备状态，制定有效的维修措施，将维修工作做在设备发生故障之前，使设备始终处于最佳状态。

自主管理则强调员工在自觉的基础上自己组织质量管理活动，针对本车间、班组存在的问题，运用质量管理的原理和方法，自己选择课题，研究对策，组织实施，总结经验，并在一定场合发表成果。

四、部门分工合作

"一贯质量管理"需要各部门之间的密切配合。物资采购部门承担宝钢生产、维修用物资的采购管理任务，是物资质量管理的职能部门。销售部门严格按集团产品标准、技术条件或与用户间的技术协议与用户签订销售合同。设备部门负责机电设备的管理和检修管理工作，确保设备的正常运转。废钢管理部门根据有关技术条件规定外购废钢，并对废钢严格分类管理，保质、保量、按时、按比例供应炼钢使用，保证产品质量。

五、信息系统流程

宝钢公司完整的四级计算机系统为"一贯质量管理"提供了有效的管理手段。企业资源计划（Enterprise Resource Planning，简称 ERP）质量管理系统贯穿于从合同接受到成品出厂的整个过程，按一贯质量管理的要求设计，跟踪产品生产全过程，在各个生产阶段对产品进行检验和判定，在产品出厂时为用户提供质量保证书。宝钢公司的信息化，特别是企业系统创新工程，从根本上改变了狭义的质量管理，一个面向客户的产销供应链已经形成。客户可以通过电子商务实现网上订货，方便快捷。客户可以足不出户，在自己的办公室里，就查询到所签订的合同在宝钢的生产进度、物流运输情况、质量信息、结算信息。一旦发生产品质量异议，通过信息化系统，可追踪从异议立项到处理、理赔、整改的全过程。

六、质量监督管理

传统的质量管理以相互制约、监督检查为主，强调一个"管"字，有很大的局限性。宝钢的质量管理针对这一弊端，根据现代化钢铁企业的生产技术特点，按照以人为本的指导思想，改变以"管"为主的做法，通过提高人的素质，依靠自主协调，不断优化产品质量的主客观条件，形成了自主检查和机动观察相结合的管理方式。

自主检查强调由员工对本工序的工艺操作、参数控制进行检查，对自己生产的产品进行质量判定。作为自主检查的补充，宝钢在制造管理部门配置机动观察人员，其任务是根据产品质量动向对专检和自检进行灵活的抽查，将信息反馈给生产系统，以促进质检人员和操作人员努力提高工作质量。

（案例改编自：李启明. 现代企业管理［M］. 5 版. 北京：高等教育出版社，2017.）

案例思考：

1. 宝钢公司"一贯质量管理"方法的指导思想是什么？
2. 结合案例材料，你认为宝钢公司的质量管理还有哪些内容需要完善？

项目七　质量管理方法

任务一　非数字数据统计方法

质量管理的非数字数据统计方法包括检查表法、因果图法、系统图法、关联图法、矩阵图法、过程决策程序图法和亲和图法。

一、检查表法

检查表法又称调查表法或统计分析表法，是用表格形式进行初步的质量数据整理和概要分析的方法。

检查表所用的表格，是一种为了便于收集和整理数据而设计的一种空白表格，因检查的对象目的、工艺特点、产品类别不同，所以工作中采用检查表的格式和内容也不一样。在实际工作中，统计分析表必须针对具体的产品，设计专用的调查表进行调查和分析。缺陷分项检查表就是一种比较常见的检查表，它将缺陷产品按照种类、原因、部位、工序等情况进行分类记录，以便于直观地反映出缺陷的分布情况，如表 7-1 所示。

表 7-1　饮料瓶标签缺陷分项及发生时段检查表

日期	时段	缺陷类型					合计
		遗漏标签	贴偏标签	字迹不清	标签卷曲	其他	
星期二	08：00—09：00		II	IIII			6
	09：00—10：00		III				3
	10：00—11：00	I	III				4
	11：00—12：00		I		I	I（损坏）	3
	13：00—14：00		I				1
	14：00—15：00		II	III	I		6
	15：00—16：00	IIII	II	II			8
合计		5	14	9	2	1	31

二、因果图法

因果图法即因果分析图，又叫特性要因图、石川图或鱼刺图，它是日本质量管理学者石川馨于 1943 年提出的一种简单而有效的方法。因果图以质量特性作为结果，以影响质量的因素作为原因，在它们之间用箭头连接起来表示因果关系。下面通过实例说明因果图的应用。

某食品公司行政部门得到员工反馈："复印不清楚。"为找到问题发生的原因，可按照以下步骤进行：

（1）把复印不清楚作为最终结果，在它的左侧画一个自左向右的粗箭头。在利用因果图分析质量问题时，分析对象应该是一个具体的质量问题，如本例中的复印不清楚。

（2）将复印不清楚的原因分为人员、机器设备、材料、方法、测量和环境六类，用箭头将其与第一步画出的箭头连接起来。本案例中，分别为操作人员、复印机、复印纸和碳粉、复印方法、测量、操作环境六个方面。

（3）对每一类原因做进一步的调查分析，每一类原因若可能受到更细微因素的影响，则需要将其细分，直至能采取具体可行的措施为止。

（4）必要时，可以应用排列图找到问题发生的主要原因，并给出解决方案。

经过以上四个步骤，可绘制出本案例中复印不清楚的因果图。

三、系统图法

系统图法也叫树图法，是指为达到预期目标，通过图形的方式，对可能的手段进行系统分析，以探求实现目标的最佳措施或手段的方法。图7-1是一个常见的系统图示例。

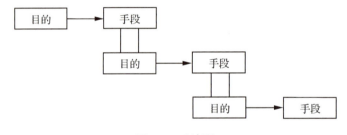

图7-1 系统图

系统图的制作步骤：

（1）确定目的或目标。用简练的语言写出最终要达到的目的或目标以及约束条件和注意事项。

（2）寻找原因和手段。从所要达到的目的或目标开始逐级展开，找出相应的原因或手段，直至可以采取行动为止。

（3）评价原因和手段。对找出的原因和手段加以评价并决定其取舍。

（4）绘制系统图。按照"目的→手段"或"结果→原因"逐级展开的关系绘制成系统图。

（5）制订实施计划。根据系统图中最后一级的原因、手段，逐项制订出实施计划。

在质量管理中，系统图法应用广泛，主要用于：① 新产品研制过程中设计方案的展开；② 质量方针、目标、实施事项的展开和管理；③ 制订解决质量、成本、产量、交货期等各种问题的解决方案。结合因果图，可以更为系统地分析所要解决的问题。

四、关联图法

关联图法也叫关系图法,是把质量问题与其主要因素之间的因果关系用箭头连接起来用图加以标示,以找出关键问题与因素的方法。在关联图中,用方框代表结果或目的,用椭圆代表原因或手段。图 7-2 是关联图示例。

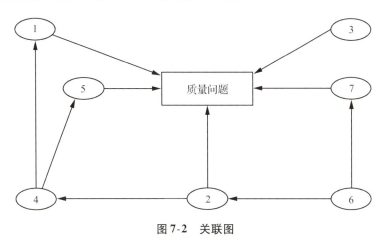

图 7-2　关联图

关联图的制作步骤如下:

(1) 确定所要解决的问题,并依主题确定参与成员。一张关联图只列出一个问题或密切相关的少数几个质量问题,并用方框表示。

(2) 寻找原因。全体成员需预先思考,全面收集资料,尽可能找到造成这一问题的全部原因,用椭圆表示,并用箭头指向质量问题,再分析每一原因发生的因素。

(3) 整理分析结果,明确重点因素,确定要因。一般的关联图中箭头出多进少或只出不进的原因为要因。

(4) 制定解决对策。针对关键问题和要素制定有效措施。

五、矩阵图法

矩阵图法是用矩阵的形式进行多维思考,把与问题有对应关系的各种因素列成一个矩阵图,根据各因素之间的相关程度寻找解决问题的方法。

在目的或结果都有两个以上,且要找出原因或对策时,用矩阵图比其他图方便。矩阵图法可用于:确定新产品开发和老产品改进的重点;分析产品出现质量问题的原因;明确产品的质量保证特性与管理部门的关联,以加强质量保证体系;探求顾客需求与技术需求之间的关系等。图 7-3 是矩阵图示例。

		A			
●：关系紧密 ○：关系一般 ▲：关系微弱		A_1	A_2	…	A_n
B	B_1		●		
	B_2		▲		
	…				
	B_m	○			

图 7-3　矩阵图

下面以图 7-3 为示例，说明矩阵图法的步骤：

（1）列出相互关联的两类因素，如 A 类因素和 B 类因素。将 A 类因素（A_1，A_2，…，A_n）和 B 类因素（B_1，B_2，…，B_n）分别排列成行和列。

（2）在行和列的交点上表示 A 类和 B 类两种因素之间的关系，这种关系可用不同的符号表示，如用"●"表示关系紧密，用"○"表示关系一般，用"▲"表示关系微弱。图 7-4 中因素 A_2 与因素 B_1 之间具有紧密的关系，因素 A_2 与因素 B_2 之间则关系微弱。

（3）根据关系的紧密程度，确定重点因素，针对重点因素给出相应的管理对策。

六、过程决策程序图法

过程决策程序图法也叫 PDPC 法（Process Decision Program Chart），是指为完成某项任务和目标，在制订行动方案时，预测可能出现的各种问题和结果，相应地提出多种应变计划，以达到预期目标的方法。

图 7-4 是降低不合格品率的 PDPC 图。

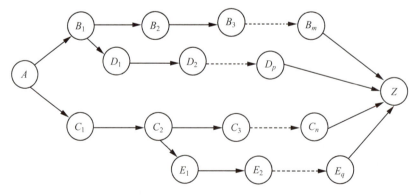

图 7-4　降低不合格品率的 PDPC 图

过程决策程序图的制作步骤如下：

（1）确定主题，找出问题。明确主题后，组织有关人员讨论，确定各种问题所在。

（2）针对问题制定对策。针对讨论中提出可能出现的问题，预先制订好解决方案。

（3）绘制过程决策程序图。对各方案从期限、成本、资源、质量等方面进行综合评价，确定各方案的优先顺序及有关途径，用箭头向理想状态连接。

（4）有序执行，及时调整。明确每一措施的责任部门和时间期限，在实施中及时收集信息，遇有变化随时修正。

PDPC法是一种动态展开的方法，兼有预见性和随机应变性，可用于：① 新产品的设计开发过程；② 制订工程项目中的实施计划；③ 制定预防生产工序中发生质量问题的措施；④ 预测系统重大事故及解决方案。

七、亲和图法

亲和图法也叫KJ法，由川喜田二郎（Kawakita Jiro）于1953年首创。亲和图法是指将收集到的大量有关某一主题的各种事实、意见、构思等信息，按照它们之间的亲和性加以归类、汇总的一种方法。

亲和图主要用于以下几个方面：① 认识新事物，发现新问题；② 归纳想法，整理见解；③ 打破常规，标新立异；④ 贯彻方针，采取措施；⑤ 统一思想，促进协调。

图7-5是亲和图的示例，该图说明了有效开展质量管理小组活动的两个措施。

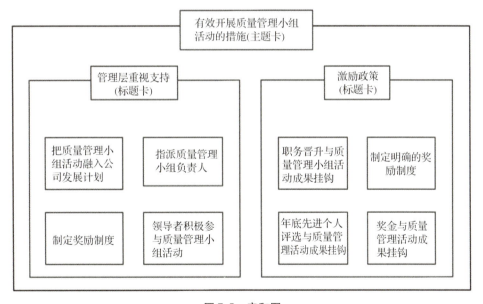

图7-5 亲和图

亲和图的制作步骤如下：

（1）确定主题，成立相应的活动小组。一次只讨论一个或少数几个密切相关的主题，小组成员一般不超过8人。

（2）收集资料。可借助直接观察法、文献调查法、面谈调查法、个人思考法（回忆法、自省法）和团体思考法（脑力激荡法、小组讨论法）等获取相关信息。

（3）整理所收集的资料，制作卡片。将所收集的资料制成卡片，每一张卡片只记录一条意见或观点。

（4）汇合卡片，制作标题卡片。将已记录好的卡片汇集后充分混合，反复研读后根据意见或观点的亲和性归类编号，为同一类卡片制作标题卡。

（5）绘制亲和图。根据标题卡之间的关系制作亲和图。

（6）撰写调查报告。亲和图完成后，所有的相关人员共同讨论，进一步厘清其关系，统一大家的认识，写出分析报告。

水平对比法

水平对比法就是组织将自己的产品和服务的过程或性能与公认的领先对手或最佳实践进行比较，以识别质量改进的机会的方法。它是组织为了改进而向一些认定为最佳作业典范的组织学习，以持续的、系统化的过程，评估自己产品、服务和工作流程的一种方法。根据水平对比法使用的频率不同，可以将其分为三类：单独的、定期的和连续的对比法。

使用水平对比法，有助于认清目标和确定计划编制的优先顺序，以使自己在市场竞争中处于有利地位。

 **数字数据统计方法**

质量管理中的数字数据统计方法很多，主要有分层法、直方图法、散布图法、排列图法、矩阵数据分析法等。

 一、分层法

分层法又叫分类法、分组法，它是综合分析质量原因的一种方法。在实际生产过程中，影响产品质量变化的因素较多，如果不把这些因素区别开来，就难以发现变化的规律。分层法就是把性质相同、在同一生产条件下收集到的数据归纳在一起，以便进行比较分析，找出问题。

1. 分层法的原则

在质量管理中，可根据实际情况，作出以下分层：

（1）按操作人员，可按工人的技术级别、性别、班次等进行分层。

（2）按使用设备，可按不同的机床型号、不同工具、不同使用时间等进行分层。

（3）按使用的原材料，可按不同的供料（货）单位、不同的进料（货）时间、不同的材料（商品）成分进行分层。

（4）按操作方法，可按不同的切削用量、温度、压力等工作条件进行分层。

（5）按环境，可按照明度、清洁度、湿度、温度等进行分层。

（6）按工作时间，可按不同时期、不同班次进行分层。

2. 分层法的应用步骤

分层法可以采用统计表形式，也可以用图形的形式，其应用步骤如下：

（1）确定分析研究的目的和对象。

（2）收集有关质量方面的数据，对需要解决的问题采用分层法分析，收集与此相关的数据，通常采用抽样调查的方法。

（3）根据分析研究的目的不同，选择分层的标准。

（4）按分层标准对数据资料进行分层。分层时注意使一层内的数据在性质上的差异尽可能小，而不同层次的数据间差异尽可能大，以便于分析、找出原因。

（5）画出分层归类表（或图），分析分层结果，找出主要问题产生的原因，并制定改进措施。

二、直方图法

直方图又叫质量分析图，是用于工序质量控制的一种质量数据分析方法。直方图由坐标系中按顺序排列的若干长方形组成。各长方形的底边等距，为观测值区间，长方形的高为观测值落入相应区间的频数。通过直方图可以分析观测值的分布状态，推断总体的分布特性。通过对它的观察和分析，可以判断和预测产品质量和工作质量的好坏，并根据质量特性的分析情况进行适当调整，解决生产中存在的问题。

下面以案例说明直方图的绘制步骤。

例：一种汽车上使用的螺丝，长度范围要求控制在（8±0.5）mm。从生产线上随机抽取100个样本数据，如表7-2所示。

表7-2 螺丝长度数据　　　　　　　　　　　　　　　　　　　　　单位：mm

8.15	8.11	7.78	8.07	7.88	8.10	7.97	7.91	8.11	8.12
8.09	7.98	7.87	8.05	7.91	8.21	7.90	8.08	8.04	7.98
8.05	8.11	8.21	8.04	8.13	8.18	8.03	8.04	7.89	7.92
8.14	8.15	8.18	7.92	7.79	7.91	7.82	8.17	7.93	7.82
7.92	7.89	8.18	8.14	7.98	8.14	8.06	7.95	7.84	7.97
8.13	7.98	8.09	8.02	8.10	8.09	8.09	8.06	8.10	8.05

续表

7.88	7.83	8.08	8.05	7.97	8.15	8.01	8.20	8.09	7.83
8.15	7.77	7.91	8.17	8.16	7.91	7.90	7.93	7.89	7.78
8.06	7.91	8.08	7.85	8.07	8.10	7.93	7.98	7.90	8.16
8.12	8.16	8.06	8.11	7.84	8.05	7.89	7.90	7.80	8.13

（1）收集质量特性观测值（表 7-2）。通常要求观测值的数量 $n \geqslant 50$，这里 $n = 100$，大于 50。

（2）找出观测值中的最大值 $x_{\max}$ 和最小值 $x_{\min}$。该案例观测值中的最大值和最小值分别为 8.21mm 和 7.77mm。

（3）确定观测值的分组数 k。k 的取值一般遵循以下原则：当 $50 \leqslant n \leqslant 100$ 时，$7 \leqslant k \leqslant 10$；当 $100 \leqslant n \leqslant 250$ 时，$10 \leqslant k \leqslant 20$。该案例中 $n = 100$，取 $k = 10$。

（4）计算各组组距 h。按照以下公式计算 h。

$$h = \frac{x_{\max} - x_{\min}}{k}, \text{则 } h = \frac{8.21 - 7.77}{10} = 0.044(\text{mm})$$

（5）数据分组。第一组的下限值取为 $x_{\min}$，上限值取为 $x_{\min} + h$。第二组的下限值取为第一组的上限值，第二组的上限值为其下限值加上 h，余者依次类推。案例中第一组的下限值取为 7.770，上限值取为 7.770 + 0.044 = 7.814mm；第二组的下限值取为 7.814mm，上限值为 7.814 + 0.044 = 7.858mm，依次类推。

（6）制作频数分布表。统计落入各分组内的观测值数量，记录在频数分布表中。统计案例中落入 10 个分组内观测值的数量，制作频数分布表，如表 7-3 所示。

表 7-3　螺丝长度频数分布表

组号	分组	组中值	频数	累积频数
1	[7.770—7.814)	7.792	5	5
2	[7.814—7.858)	7.836	7	12
3	[7.858—7.902)	7.880	11	23
4	[7.902—7.946)	7.924	12	35
5	[7.946—7.990)	7.968	9	44
6	[7.990—8.034)	8.012	3	47
7	[8.034—8.078)	8.056	14	61
8	[8.078—8.122)	8.100	18	79
9	[8.122—8.166)	8.144	13	92
10	[8.166—8.210]	8.188	8	100
合计			100	

（7）绘制直方图。根据表 7-3，绘制螺丝长度频数直方图如图 7-6 所示。

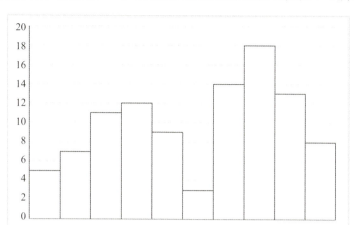

图 7-6　螺丝长度频数直方图

三、散布图法

散布图法又名散点图法或相关图法，它是用来分析研究某质量因素与质量特性之间相互关系及相关程度的方法。它的做法是将两种有关的数据列出，并且用点子填在坐标上，进而观察两种因素（数据）之间的关系。散布图示例见图 7-7。

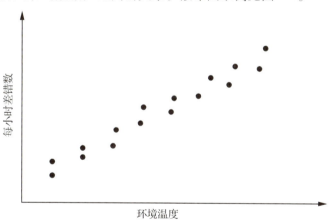

图 7-7　散布图示例

图 7-7 中，两种变量间的相互关联性越高（正相关或负相关），图中的点越趋于集中在一条直线附近；反之，如果两种变量间没有相关性或相关性很小，那么图中的点将完全散布开来。

生产过程中，有时不便于直接控制某一质量特性值。若通过数据统计分析，发现有另一指标与这一质量特性值相关，则可以通过调整这一可控指标来提高产品质量水平。

四、排列图法

排列图又叫巴雷特图或主次因素分析图，是定量找出影响产品质量的主要问题或因素的一种有效而简便的方法。排列图由两个纵坐标、一个横坐标、多个直方形和一条折线构成。左边纵轴表示频数，如贴偏标签的数量为 14 个，字迹不清晰的数量为 9 个；右边纵轴表示累计频率，横轴表示影响产品质量的各项因素，并按其影响大小，从左到右依次排列；直方形高度表示因素影响大小；折线表示各项累计频率的连线。

根据表 7-1 可以绘制如图 7-8 所示的标签缺陷排列图。

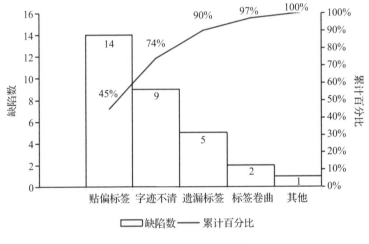

图 7-8　标签缺陷排列图

排列图的制作步骤如下：

（1）收集一定期间的数据，例如不合格或缺陷产品的统计数字。

（2）把以上数据根据原因、部位、工序、人员等情况分清层次，计算各类项目重复出现的次数，即频率。

（3）以一定的比例绘图，左方纵坐标为频数，右方纵坐标为累计频率。

（4）按频数的大小，依次将各项用直方形表示出来，成为几个直方形相连、由左向右下降排列起来的图形，即排列图。

（5）将各直方形端点的累计数（即将各项的频率依次累加起来）用一条折线连起来，形成一条由左向右上升的曲线，即巴雷特曲线。

五、矩阵数据分析法

矩阵数据分析法是在矩阵图法的基础上，把矩阵图中各因素之间的关系定量化，从而对大量数据进行预测、计算和整理分析的方法。其实质是一种主成分分析法。

矩阵数据分析法常用于：① 客户需求调查和预测；② 竞争对手分析；③ 新产品策

划；④ 工序能力分析等。

矩阵数据分析法的应用步骤如下：

（1）收集整理数据，绘制矩阵图。

（2）计算均值、标准差和相关系数。

（3）根据相关系数矩阵，求出特征值和特征向量。

（4）计算贡献率、累计贡献率，确定主成分。

（5）根据所确定的主成分，明确工作重点。

小贴士

矢线图法

在质量管理活动中，时间进度与质量水平是同样重要的管理内容。矢线图又称箭头图，是一种用于有效管理时间和进行日程计划的工具。传统上，使用甘特图进行时间和日程安排，其特点就是形象、直观、简洁，但由于其在表达各工序之间关系方面较为困难，因此不太适合用于对大规模生产、施工的时间计划安排。矢线图很好地克服了甘特图在表达工序之间关系方面的缺点，同时继承了其简洁的优点，因此在现代管理实践中得到广泛的应用。

 六西格玛管理

一、六西格玛管理概述

（一）六西格玛定义

六西格玛（Six Sigma）的概念于1986年由美国摩托罗拉公司的比尔·史密斯（Bill Smith）提出，此概念属于品质管理范畴。西格玛（σ）是希腊字母，在数理统计中表示标准差，是用来表征任意一组数据或过程输出结果的离散程度的指标，是一种评估产品和生产过程特性波动大小的参数。如果每百万次采样数的缺陷率是百万分之三点四，即达到99.99966%的合格率，那么这就叫六西格玛。

表7-4是3σ与6σ质量水平对比的一些实例。

表 7-4　3σ 与 6σ 质量水平对比实例

业务名称	3σ 质量水平	6σ 质量水平
外卖公司投送 30 万次外卖	有 2 万多次送达时间早于 17：45 或迟于 18：15	只有 1 次送达时间早于 17：45 或迟于 18：15
出版一部 30 万字的小说	出现 2 万多个错别字	只出现 1 个错别字
银行进行 30 万次汇款结算	发生 2 万多次错误交易	只发生 1 次错误交易
移动通话 30 万次	出现 2 万多次线路故障	只出现 1 次线路故障
手术医生做 30 万人次手术	出现 2 万人次手术事故	只出现 1 人次手术事故

（二）六西格玛的管理含义

随着管理的发展，六西格玛已经远远超出其统计含义，成为一种顾客驱动下的持续改进的管理模式。组织也不仅仅把六西格玛作为一种目标或指标，六西格玛还有更为深刻的多重管理含义，具体如下：

1. 获取竞争优势的战略

六西格玛的本质是通过管理创新和技术创新构建组织的核心竞争力，组织需从战略层面推进六西格玛管理，制定六西格玛管理战略实施规划，通过实施六西格玛管理，实现技术创新、管理创新、组织文化建设、人力资源开发和培养。

2. 持续改进的活动

六西格玛的本质是要研究影响过程输出的关键因素，实现过程的输出趋于目标值或理想值，追求零缺陷，追求完美。

3. 科学的问题解决方法体系

六西格玛是一套系统的业务改进方法体系，其工具和方法包括现代质量管理技术、应用统计技术、工业工程和现代管理技术、信息技术等。

4. 六西格玛管理文化

组织实施六西格玛管理，需要打造顾客导向、持续改进、勇于变革、用数据说话的独特的六西格玛管理文化。

小贴士

六西格玛的应用

六西格玛管理在通用电气（GE）、联合信号（Allied Signal）、摩托罗拉等世界级企业中得到了成功的应用，取得了令人瞩目的成就。原通用电气首席执行官杰克·韦尔奇（Jack Welch）曾指出：六西格玛是 GE 从来没有经历过的最重要的发展战略。在 20 世纪 90 年代中期，GE 公司将六西格玛从一种全面质量管理方法演变成为一种高效的企业流程设计、改善和优化技术。GE 公司同时提供了一系列同等地适用于设计、生产和服务的新产品开发工具,继而与全球化、产品服务、电子商务等战略齐头并进,成为全球追求管理卓越性的企业最为重要的战略举措。由此,六西格玛管理受到了人们的广泛关注,越来越多的组织开始了六西格玛管理的实践。

二、六西格玛管理结构

(一)六西格玛管理组织体系

六西格玛管理通常是通过团队合作完成的。六西格玛组织(Organization For Six Sigma,OFSS)是推进六西格玛管理的基础,六西格玛管理的全面推行要求整个企业从上至下使用同样的六西格玛语言,采用同样的六西格玛管理工具。因此,建立一支符合要求的六西格玛专业队伍是非常必要的。

六西格玛管理的组织体系一般分为领导层、指导层、操作层三个层次(图 7-9)。领导层是由执行领导、倡导者、分管质量的经理及财务主管等组成的执行委员会,指导层由黑带大师或从外部聘请的咨询师组成,操作层由在第一线进行改进活动的黑带、绿带组成。

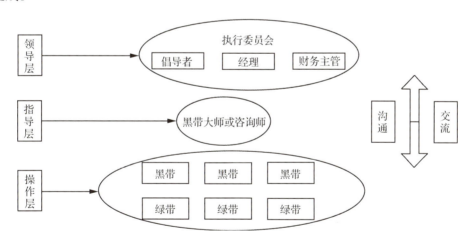

图 7-9 六西格玛管理的组织体系

图 7-9 中各个层次的职责可以简单归纳如下:
领导层:制定规划、提供资源、审核结果。
指导层:组织培训、指导项目、检查进度。
操作层:开展项目改进活动。

(二)六西格玛管理的组织架构及工作职责

根据六西格玛管理的组织体系要求,从人力资源角度和技术角度出发,可以构建六西格玛管理的组织架构,如图 7-10 所示。

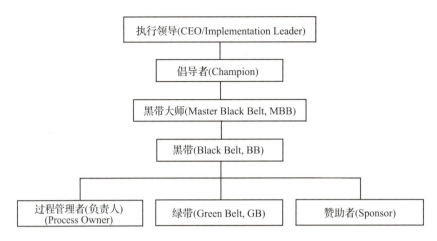

图 7-10 六西格玛管理的组织架构

1. 执行领导

由于六西格玛管理是一种从上而下推行的管理活动，其能否成功始终取决于组织最上层的重视程度，因此高层执行领导是推行六西格玛管理获得成功的核心。执行领导一般由企业高层领导担任，通常由分管质量工作的副总经理或质量总监担任，有些企业由企业的 CEO 担任，大多数为兼职，也有专职的。整个组织内的总体质量工作在执行领导的指导下展开。高层执行领导在六西格玛管理中主要负有的职责为：

（1）建立组织的六西格玛管理愿景。

（2）确定组织的战略目标和组织业绩的度量系统。

（3）组织确定六西格玛项目的重点。

（4）在组织中建立促进应用六西格玛管理方法与工具的环境。

（5）发掘真正的"倡导者"。

2. 倡导者

倡导者是六西格玛管理的关键角色，是企业推行六西格玛管理领导小组的一员，是中层或者中层以上的高级管理人员，由他发起和支持（负责）黑带项目。倡导者在组织中起到承上启下的重要作用，其工作职责是：

（1）保证六西格玛管理项目与企业的整体目标一致，当项目没有方向时，为其指明方向。

（2）确保领导知道六西格玛管理项目的工作进展。

（3）制定项目选择标准，核准改进方案，特许项目展开。

（4）为黑带团队提供或争取必需的资源，如时间、资金、人员培训等，建立奖励制度，推进活动展开。

（5）检查阶段任务完成的情况，排除障碍。

（6）负责六西格玛管理项目实施中的协调与沟通。

（7）评价已完成的六西格玛管理项目。

3. 黑带大师

黑带大师又称为黑带主管，他们是六西格玛管理的专家。他们为倡导者提供六西格玛管理咨询，为黑带提供项目指导与技术支持，其具体职责如下：

（1）培训黑带和绿带，确保他们掌握适用的六西格玛管理方法和工具。

（2）指导若干位黑带，发挥六西格玛管理的专业经验。

（3）扮演变革推进者角色，引进新观念与新方法。

（4）与倡导者共同协调各种活动，确保完成项目。

（5）协助黑带向上级提出报告。

（6）协助倡导者选择和管理六西格玛管理项目。

（7）总结已完成的项目，协助倡导者评价已完成的六西格玛管理项目。

黑带大师要具有5年以上经验，并且是一个有成功纪录的黑带；黑带大师至少应得到2名副总的推荐和认可；黑带大师和高级管理人员一起工作，辨析重要的业务差距，同时领导团队并指导相关人员进行工作。

4. 黑带

六西格玛黑带是六西格玛管理中的关键角色，在任职期间需完成一定数量的六西格玛项目并为组织带来相应的经济效益，他们负有以下职责：

（1）在倡导者及黑带主管的指导下，领导六西格玛项目团队，实施并完成六西格玛项目。

（2）带领团队运用六西格玛管理方法。

（3）选择指导并使用最有效的工具和技术。

（4）开发并管理项目计划，必要时建立评价制度，监督资料收集和分析。

（5）核算项目节约的成本和收益。

（6）让所有与过程相关的人员知道项目的经济效益。

（7）指导和培训绿带。

（8）向倡导者和管理层报告六西格玛项目的进展。

（9）项目完成后提出项目报告。

黑带大多来自中层管理人员、技术人员或未来的高层领导人，他们通常的任期是18个月或两年，完成4~8个项目，负责发现突破性改进和变革的机会，并且追踪这些改进或改革直到出成果。

5. 绿带

六西格玛绿带是组织中经过六西格玛管理方法与工具培训的、结合自己的本职工作完成六西格玛项目的人员。他们通常是黑带领导的项目团队的成员，或结合自己的工作开展涉及范围较小的六西格玛项目。

实用管理方法

三、六西格玛管理方法

（一）六西格玛项目策划

实施六西格玛是一项复杂的系统工程，企业从战略角度出发选择改进机会并确定改进项目，是保证六西格玛项目能够取得突破性改进的基础。

1. 六西格玛项目选取原则

一般来说，六西格玛项目的选择需要遵从以下原则。

（1）有意义、有价值。项目要支持客户满意度的改善和企业战略目标的实现，项目目标要有挑战性及经济价值，同时项目要强调过程的改进。

（2）可管理。项目范围应清晰可控，项目欲解决的问题应清晰且可测量。

2. 六西格玛项目选择流程

六西格玛项目选择流程，即通过分析确定六西格玛项目的过程，一般来说包含如下四个步骤。

（1）确定项目的大方向——项目的 Y；

（2）将 Y 分解为若干 y，如 y_1，y_2，y_3，…，y_n，并确定本项目需要改进的方面；

（3）针对需要改进的 y，明确顾客关注的关键质量特性（CTQ）；

（4）根据 CTQ 确定项目课题——具体项目名称。

3. 六西格玛项目选择方法

根据平衡计分卡和关键绩效指标（KPI）分解，确定改进机会，以及项目主要和次要的业务绩效指标，这是六西格玛项目选择的常用方法。

（1）平衡计分卡与项目选择

平衡计分卡是六西格玛项目选择的常用办法。平衡计分卡由财务、顾客、内部流程、学习和成长四个维度构成，选择四个维度中较弱的维度指标作为项目选择的大方向，这样可保证企业的平衡发展。表 7-5 为某企业的平衡计分卡指标。关于平衡计分卡的知识，在项目八任务四中再做详细介绍。

表 7-5　某企业平衡计分卡指标

财务	客户
• 库存水平 • 管理成本 • 生产成本 • 不良质量成本（COPQ）	• 顾客满意度 • 准时交付率 • 产品质量特性或关键过程输出变量（KPOV）
内部流程	学习和成长
• 缺陷 • 百万机会缺陷数（DPMO）、六西格玛水平 • 流通合格率（RTY） • 过程周期 • 关键过程输入变量（KPIV）	• 员工满意度 • 培训时间 • 离职率 • 管理层与员工的沟通时间 • 企业文化认同度

（2）关键绩效指标与项目选择。

关键绩效指标是衡量组织战略实施效果的关键指标，基于关键绩效指标确定组织改进机会，选择相应的六西格玛项目，可以保证真正对组织有益处的工作得到改善。

（二）六西格玛改进

六西格玛自 20 世纪 80 年代诞生以来，目前已经发展成为一套行之有效的解决问题和提高组织绩效的系统的方法论，其具体实施模式为 DMAIC。DMAIC 代表六西格玛改进活动的五个阶段，具体如下：

（1）界定阶段（Define）。确定顾客的关键需求并识别需要改进的产品或过程，将改进项目界定在合理的范围内。

（2）测量阶段（Measure）。通过对现有过程的测量，确定过程的基线以及期望达到的目标，识别影响过程输出（Y）的输入（X_s），并对测量系统的有效性作出评价。

（3）分析阶段（Analyze）。通过数据分析确定影响输出 Y 的关键 X_s，即确定过程的关键影响因素。

（4）改进阶段（Improve）。寻找优化过程输出 Y 并且消除或减少关键 X_s 影响的方法，使过程缺陷降低。

（5）控制阶段（Control）。使修改后的过程程序化并通过有效的监测方法保持过程改进的效果。

DMAIC 各阶段使用的工具和技术如表 7-6 所示。

表 7-6 DMAIC 各阶段使用的工具和技术

阶段	活动重点	常用工具和技术
D（界定阶段）	明确问题 确定 Y（关键质量特性/关键过程特性）	头脑风暴法、亲和图、树图、流程图、SIPOC 图、因果图、劣质成本分析、项目管理
M（测量阶段）	确定基准 测量 Y，X_s	排列图、因果图、散布图、过程流程图、测量系统分析、失效模式分析、过程能力分析、抽样计划、水平对比法、直方图、趋势图、调查表
A（分析阶段）	确定要因 确定 $Y=f(x)$	头脑风暴法、因果图、箱线图、多变量图、水平对比法、抽样计划、假设检验、回归分析、方差分析、试验设计
I（改进阶段）	消除要因 优化 $Y=f(x)$	试验设计、田口方法、响应曲面法、测量系统分析、过程改进
C（控制阶段）	保持成果 更新 $Y=f(x)$	过程能力指数、控制图、标准操作程序 SOP、过程文件控制、防差错方法

（三）六西格玛设计

DAMIC 流程对于产品质量的优化仍然具有局限性，实践表明，至少 80% 的产品质量是在早期设计阶段决定的,若想真正实现六西格玛的质量水准,就必须考虑六西格玛管理战略实施的另一种途径——六西格玛设计(Design for Six Sigma,简称 DFSS)。六西格玛设计就是按照合理的流程、运用科学的方法准确理解和把握顾客需求,对新产品或新流程进行健壮设计,使产品或流程在低成本下实现六西格玛质量水平。同时使产品或流程本身具有抵抗各种干扰的能力,即使在使用环境恶劣或操作者操作不当的情况下,产品仍能满足顾客的需求。六西格玛设计就是帮助你实现在提高产品质量和可靠性的同时降低成本和缩短研制周期的有效方法,具有很高的实用价值。通过六西格玛设计的产品或流程的质量水平甚至可达到七西格玛水平。

六西格玛设计是六西格玛管理的最高境界。低成本、高可靠性、零缺陷是当今高级六西格玛管理的发展方向。21 世纪是六西格玛设计的世纪。

迄今为止,研究者提出多重六西格玛设计流程,下面重点以 DMADOV 流程为例进行简单介绍。表 7-7 为 DMADOV 各阶段的活动要点及常用的六西格玛设计相关工具和技术。

表 7-7　DMADOV 各阶段活动的要点及工具

阶段	活动重点	常用工具和技术(不含与产品或流程设计相关的专业技术)
D(界定阶段)	界定设计的产品或流程	顾客需求分析、市场调查、问题/目标陈述、亲和图、KANO 分析、质量功能展开、系统 FMEA、设计 FMEA、水平对比、项目管理、可行性分析
M(测量阶段)	识别和确定与产品或流程设计相关的基准和测量项	关系矩阵、树图、排列图、因果图、散布图、流程图、测量系统分析、FMEA、过程能力分析、不良质量成本、水平对比、直方图、趋势图、检查表、抽样计划、价值流图
A(分析阶段)	确定影响产品或关键流程特性的因素和影响关系	头脑风暴法、抽样计划、因果图、假设检验、FMEA、多变异分析、水平对比法、方差分析、流程分析、试验设计、其他工业工程分析技术
D(设计阶段)	设计新的产品或流程	TRIZ、模拟技术、公理化设计、创造性思维工具、反向工程、其他设计技术
O(优化阶段)	优化设计参数	试验设计、田口方法、响应曲面模型、稳健性设计技术、其他优化技术
V(验证阶段)	验证产品或流程设计方案的有效性	模拟技术、假设检验、过程能力分析、试验验证

任务四　QC 小组活动

一、QC 小组活动概述

（一）QC 小组的含义

QC（Quality Control）小组，即质量管理小组，是指在生产或工作岗位上从事各种劳动的员工，围绕企业的方针目标和现场存在的问题，以改进质量、降低消耗、提高经济效益和人的素质为目的组织起来，运用质量管理的理论和方法开展活动的群众组织。

QC 小组活动的背景

QC 小组活动起源于日本。20 世纪 50 年代起，日本开始对现场负责人进行质量管理教育，并出现了名为"现场 QC 讨论会"的组织，1962 年正式改名为"QC 小组"，开始在全国注册登记，当时第一个注册登记的是日本电力和电信公社的松山搬运机 QC 小组。现在，QC 小组在世界上发展十分迅速，已遍及五大洲的 40 多个国家和地区。

（二）组织开展 QC 小组活动的目的和作用

1. 组织开展 QC 小组活动的目的

（1）提高员工素质，激发员工的积极性和创造能力。

（2）改进质量，降低消耗，提高经济效益。

（3）建立令员工心情舒畅的文明的生产、服务、工作现场。

2. 组织开展 QC 小组活动的作用

（1）有利于开发智力资源，发掘员工潜能，提高员工素质。

（2）有利于预防质量问题和改进质量。

（3）有利于实现全员参与管理。

（4）有利于改善员工之间的关系，增强员工的团结协作精神。

（5）有利于改善和加强管理工作，提升组织管理水平。

（6）有利于提高组织的顾客满意程度。

（7）有利于提高员工的科学思维能力、组织协调能力、分析与解决问题能力，从而使员工能够胜任其岗位工作。

二、QC 小组的组建方法

（一）QC 小组的组建原则

QC 小组的组建一般应遵循"自愿参加，上下结合""实事求是，灵活多样"这两个基本原则。

1. 自愿参加，上下结合

自愿参加，是指在组建 QC 小组时，小组成员对 QC 小组活动的宗旨有了比较深刻的理解和共识，并产生了自觉参与质量管理，自愿结合在一起，自主地开展活动的要求。这样组建起来的 QC 小组，不靠行政命令，小组成员就不会有"被迫"的感觉，从而在以后活动中能充分发挥自己的积极性、主动性、创造性，不向企业要特殊条件，而是创造条件自主地开展活动。小组成员会在小组活动中进行自我学习，协力解决共同关心的问题，实现自我控制、自我提高的目标。

但是强调自愿参加，并不意味着 QC 小组只能自发地产生，更不是说企业的管理者就可以放弃指导与领导的职责。上下结合，就是要把来自上面的管理者的组织、引导与启发职工群众的自觉自愿相结合，组建本企业的 QC 小组。没有广大职工群众自觉自愿地参加 QC 小组活动，QC 小组活动就会停滞不前，QC 小组就没有生命力。

2. 实事求是，灵活多样

组建 QC 小组，是为了给广大职工群众参与企业管理提供一种组织形式。职工群众自愿结合成各种类型的 QC 小组，围绕企业的经营战略、方针目标和身边存在的各种问题，形式多样地、自主地开展活动，从而有效地推动企业目标的实现和自身素质的提高。由于各个企业的情况不同，因此在组建 QC 小组时一定要从企业实际出发，以解决企业实际问题为出发点，实事求是地筹划 QC 小组的组建工作。

当广大职工对 QC 小组活动的认识还不清楚、积极性还不高的时候，不要急于追求"普及率"，一哄而起地组建 QC 小组，而是先启发少数人的自觉自愿，组建少量的 QC 小组，指导他们卓有成效地开展活动，并取得成果。这就可以为广大职工群众参与 QC 小组活动起到典型引路的示范作用，让广大职工从身边的实例中增加对 QC 小组活动宗旨的感性认识，逐步诱发其参与 QC 小组活动的愿望，使企业中的 QC 小组像滚雪球一样地扩展开来。

由于各个企业的特点不同，企业在组建 QC 小组时，形式可以灵活多样。要从解决实际问题的需要出发，组成各种形式的 QC 小组，以方便活动，不要搞一个模式、一刀切。

（二）QC 小组的组建程序

1. 自下而上的组建程序

同一班组的几个人（或一个人），根据想要选择的课题内容，推举一位组长（或邀请几位同事），共同商定是否组成一个 QC 小组。取得基本共识后，由经确认的 QC 小组组长向所在车间（或部门）申请注册登记，经主管部门审查，认为具备建组条件后，即可发给小组注册登记表和课题注册登记表。组长按要求填好注册登记表，并交主管部门编录注册登记号。

2. 自上而下的组建程序

首先由企业主管 QC 小组活动的部门，根据企业实际情况，提出全企业开展 QC 小组活动的设想方案。然后与车间（或部门）的领导协商，达成共识后，由车间（或部门）与 QC 小组活动的主管部门共同确定本单位应建几个 QC 小组，并提出组长人选，进而与组长一起物色每个 QC 小组所需的组员及所选的课题内容。最后由企业主管部门会同车间（或部门）领导发给 QC 小组组长注册登记表，组长按要求填完两表（小组注册登记表、课题注册登记表），交企业主管部门编录注册登记号。

3. 上下结合的组建程序

这是介于上面两种组建方式之间的一种。它通常是由上级推荐课题范围，经下级讨论认可，上下协商来组建。这主要涉及组长和组员人选的确定、课题内容的初步选择等问题，其他程序与前两种相同。应该注意的是，由于各个企业的情况、欲组建的 QC 小组以及欲选择的活动课题特点等不同，所以组建 QC 小组的程序也不尽相同。

（三）QC 小组的人数及注册登记

为便于自主地开展现场改善活动，QC 小组人数一般以 3～10 人为宜。具体每个 QC 小组成员应该为多少人，应根据所选课题涉及的范围、难度等因素确定，不必强求一致。在课题变化或小组成员岗位变动后，成员数也可作相应调整。在小组成员人数可多可少的情况下，宜少不宜多，以便于每个小组成员都能在小组活动中充分发挥作用。

为了便于管理，组建 QC 小组应认真做好注册登记工作。注册登记表由企业 QC 小组活动主管部门负责发放、登记编号和统一保管。注册登记是 QC 小组组建的最后一步工作。QC 小组注册登记后，就被纳入企业年度 QC 小组活动管理计划之中，在随后开展的小组活动中，便于得到各级领导和有关部门的支持和服务，并可参加各级优秀 QC 小组的评选。QC 小组的注册登记不是一劳永逸的，而是每年要进行一次重新登记，以便确认该 QC 小组是否还存在，或有什么变动。

三、QC 小组活动的形式和程序

（一）QC 小组活动的形式

传统的 QC 小组的选题一般为问题解决型课题，这种类型的 QC 小组又被称为改进型 QC 小组，其活动形式主要有以下四种。

1. 现场型 QC 小组

这类小组由班组和工序现场的操作工人为主体组成，活动目的是稳定工序质量、改进产品质量、降低消耗及改善生产环境，活动范围主要是在生产现场。这类小组一般选择的活动课题较小，难度不大，是小组成员力所能及的，活动周期也较短，较容易出成果，但其经济效益不一定很大。

2. 服务型 QC 小组

这类小组由从事服务工作的职工群众组成，以推动服务工作标准化、程序化、科学化，提高服务质量和经济效益为目的，活动范围主要是在服务现场。与现场型小组类似，这类小组活动课题一般围绕身边存在的问题进行改善，活动时间不长，见效较快，通常社会效益比较显著。

3. 攻关型 QC 小组

这类小组以提高工作质量，解决管理、工作、生产中的突出问题，提高管理水平和产品质量为目的，活动范围以生产现场为主。这类小组活动需投入较多资源，通常经济效益比较显著。

4. 管理型 QC 小组

这类小组由管理人员组成，以提高业务工作质量、解决管理中存在的问题、提高管理水平为目的。这类小组的课题有只涉及本部门具体业务工作方法改进的，也有涉及整个企业各部门之间的协调的，通常经济效益较为显著。

（二）QC 小组活动的程序

企业应遵循 PDCA 循环，即 Plan（计划）、D（执行）、Check（检查）和 Act（处理），并结合自身企业特点和专业技术情况来开展 QC 小组活动。QC 小组活动程序如图 7-11 所示。

1. 选择课题

QC 小组组建后，就要开展活动。首先是选择课题，即"大家一起来改善什么"。课题的来源一般有三个方面：

一是指令性课题，即由上级主管部门根据企业（或部门）的实际需要，以行政指令的形式向 QC 小组下达的课题。这种课题通常是企业生产经营活动中迫切需要解决的重要技术攻关型课题。

二是指导性课题，即由企业的质量管理部门根据企业实现经营战略、方针、目标的需要，推荐并公布一批可供 QC 小组选择的课题，每个 QC 小组根据自身的条件选择力所能及的课题开展活

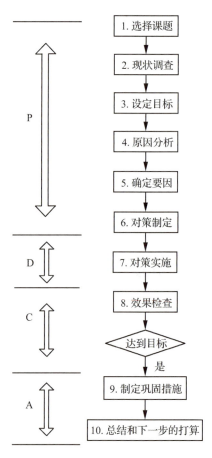

图 7-11　QC 小组活动程序

动。这是一种上下结合的方式。

三是由小组自行选择课题。QC 小组在自选课题的时候可以从三方面考虑：一是针对上级方针、目标在本部门落实的关键点来选题；二是从现场或小组本身存在的问题方面选题；三是从顾客不满意的问题中去选题。选题时要注意课题宜小不宜大、课题名称要一目了然地反映要解决的问题、课题目的和必要性要简明扼要。

2. 现状调查

课题确定之后，就要了解问题严重到什么程度，这就要对现状进行认真的调查。通过对调查所收集到的数据进行整理、分析，把症结找出来，然后就可以核定目标、分析原因等，一步一步进行下去。

现状调查在整个 QC 小组活动程序中起到承上启下的作用。现状调查要做到用数据说话，对数据要整理、分类、逐层分析，明确问题的症结所在。此外，不仅要收集已有记录的数据，更需要亲自到现场去观察、测量、跟踪，直接掌握第一手资料，以弄清问题的实质。

3. 设定目标

设定目标是为了确定 QC 小组活动要把问题解决到什么程度，也是为后期检查活动的效果提供依据。设定目标要注意三个问题：一是目标要与问题对应；二是目标要明确表示，要尽量量化目标值；三是要说明制定目标的依据。

4. 原因分析

问题明确了，目标也已设定，接下来就可以针对问题进行分析究竟是什么原因造成这个问题。在此过程中，要让 QC 小组成员充分开阔思路，从可以设想的所有角度收集可能产生问题的全部原因。

原因分析：一是要针对所存在的问题分析原因，切忌犯逻辑性错误；二是分析原因时要展示问题的全貌，尽量避免遗漏；三是分析原因要彻底，到可直接采取对策的具体因素为止；四是要正确、恰当地应用统计方法。

5. 确定要因

影响问题的原因有很多，其中有的确实是影响问题的主要原因，有的则不是。这一步骤就是要对诸多原因进行鉴别，把确实影响问题的主要原因找出来，将目前状态良好、对存在问题影响不大的原因排除掉，以便为制定对策提供依据。

确定要因可以按下述步骤进行：首先把因果图、系统图或关联图中的末端因素收集起来；其次在末端因素中看看是否有不可抗拒的因素，把属于不可抗拒的因素剔除；最后对末端因素逐条确认，找出影响问题的主要原因。

6. 对策制定

主要原因确定之后，就可以分别针对每条主要原因制定对策。制定对策通常分三步进行：首先针对每条主要原因，让小组成员独立思考、互相启发，从各个角度提出改进的想法；接着研究、确定所采取的对策，要尽量确保对策措施的可实施性，并避免采用临时性的应急对策；最后绘制对策表，把对策内容落实到对策表中去。

7. 对策实施

对策制定完毕，小组成员要严格按照对策表列出的改进措施加以实施。在实施过程中，组长除了完成自己负责的对策外，要多做组织协调工作，并定期检查实施的进程。在实施过程中如遇到困难无法进行下去时，应及时由小组成员讨论，如确实无法克服，可以修改对策，再按新的对策实施。每条对策实施完毕后，要再次收集数据，与对策表所定的目标比较，以检查对策是否已彻底实施并达到了要求。

在实施过程中应做好活动记录，把每条对策的具体实施时间、参加人员、活动地点、具体怎么做、遇到什么困难、如何克服的、花了多少费用等都记录下来，以便为最后整理成果报告提供依据。

8. 效果检查

对策表中所有对策全部实施完成后，即所有的要因都得到了解决或改进，就要按新的情况进行试生产工作，并从试生产工作中收集数据，用以检查所得的效果。在效果检查过程中，既要把对策实施后的数据与对策实施前的现状以及小组制定的目标进行比较，也要计算经济效益。

9. 制定巩固措施

取得效果后，就要把效果维持下去，并防止问题再次出现，为此要制定巩固措施。一是把对策表中通过实施已证明了的有效措施初步纳入有关标准，报有关主管部门批准；二是再到现场确认，是否按新的方法操作，是否执行了新的标准、办法和制度；三是在取得效果后的巩固期内要做好记录，进行统计，用数据说明成果的巩固状况。巩固期的长短应根据实际需要确定，只要有足够的时间说明在实际运行中效果是稳定的就可以。

10. 总结和下一步的打算

课题完成后，小组成员要围绕以下内容认真进行总结：此次活动除了解决本课题以外还解决了哪些相关问题，还需要抓住哪些没有解决的问题；此次活动中的短板、问题和不足都有哪些；此次活动所取得的无形效果有哪些。在做到以上几点的基础上提出下一次活动要解决的课题，以便把 QC 小组活动持续地开展下去。

四、QC 小组活动成果的评价

QC 小组活动结束后，无论是否取得预期效果，都应该认真总结，以利于下次活动的开展。对于达到预期目标、取得预期效果的活动，应总结其成果并整理形成报告，用以交流、发表和接受表彰。

（一）QC 小组活动成果

QC 小组活动成果包括有形成果和无形成果。

有形成果是指能够直接计算其经济效益的成果，可以用物质或价值形式表现出来，如提高了产品质量、劳动效率，降低了成本，缩短了工期、交货期等。

无形成果是指无法直接计算其经济效益的成果，很难用物质或价值形式表现出来，如小组人员素质的提高，团结协作能力的提高，人际关系的改善，小组活动方法的改进，生产、工作环境的改善等。无形成果往往伴随有形成果而产生，也就是说，在产生有形成果的同时，也产生无形成果。不过，有的成果主要是有形成果，而有的成果可能完全是无形成果。在进行成果总结时，两种成果都应总结并形成报告。

（二）成果报告整理

QC小组活动的成果报告是小组活动的真实写照，其表达方式应尽量以图表、数据进行表述，使报告清晰、醒目。不要用专业性太强的名词和术语，不得不用时，也要用通俗易懂的语言加以解释。

（三）成果报告评价

1. 评价成果报告的目的

（1）肯定成绩，指出不足，以提高QC小组活动水平。

（2）表彰先进，落实奖励，使QC小组活动扎实开展下去。

2. 评价成果报告的原则

（1）评价者要从大处着眼，不要纠缠细节，要指出主要问题，如QC小组活动过程是否符合科学的活动程序，活动（报告）是否以事实为依据、用数据说话，统计方法的运用是否恰当、正确。

（2）评价意见、结论等要客观、有依据。

（3）评价者要避免自以为是，在专业技术上"钻牛角尖"。

（4）不能单纯地以经济效益为依据评选优秀QC小组和优秀QC小组活动成果。

苏州轨道交通服务质量评价与提升

开展城市轨道交通服务质量评价的目的是建立常态化的服务质量监督机制，了解和把握轨道交通的服务现状，及时发现运营服务的薄弱环节，采取有针对性的改进措施，不断促进轨道交通服务能力提升，满足居民出行需求，改善居民生活环境，促进民生改善。城市轨道交通服务质量评价内容包括乘客满意度评价、服务保障能力评价及运营服务关键指标评价3个部分，基础分值为1 000分。

一、苏州轨道交通服务质量评价结果分析

乘客对轨道交通的服务质量评价，是乘客对轨道交通的感知效果与预期价值相比较时的一种愉悦或失望的状态。服务越热情周到，乘客满意度越高，反之，则会降低乘客满意度。

2019年苏州轨道交通线网服务质量第三方评价结果如表7-8所示。

表7-8 2019年苏州轨道交通线网服务质量第三方评价结果

项目	1号线得分/分	2号线得分/分	4号线得分/分	线网得分/分
乘客满意度（300分）	271.54	268.01	267.12	268.95
服务保障能力（300分）	289.20	294.29	293.50	292.23
运营服务关键指标（400分）	382.00	368.00	364.00	371.58
合计	942.74	930.30	924.62	932.76

由表7-8可知，对于"乘客满意度"和"运营服务关键指标"，1号线的得分都较高，4号线的得分相对较低；对于"服务保障能力"，2号线的得分相对较高，1号线的得分相对比较低。在三大板块中，"服务保障能力"得分较高，而"乘客满意度"得分相对较低。在3条线路中，1号线的总体评价结果较高，4号线相对较低。

1. 乘客满意度评价结果分析

对第三方评价结果进行统计分析发现，乘客满意度方面存在的主要问题为：站外停放的非机动车摆放妨碍出行，张贴小广告，站厅非付费区通道仅能容1人通行，员工聊天，客室内有索要微信扫码、派发小广告行为。需针对上述方面进行重点改进，从而进一步提升乘客满意度。

乘客对苏州轨道交通设施运行方面评价较高：进出站、候车、乘车等全过程感觉安全可靠；乘车秩序良好，无乞讨卖艺、散发小广告等行为；服务人员有礼、有微笑，答询耐心、及时、准确；投诉处理结果的满意程度较高。

2. 服务保障能力评价结果分析

对第三方评价结果进行统计分析发现，服务保障能力方面存在的主要问题为：站内、客室内垃圾多，卫生间环境差。需针对这些方面进行重点整改，进一步加强服务保障，提升乘客候乘体验。

3. 运营服务关键指标评价结果分析

对第三方评价结果进行统计分析发现，在运营服务关键指标方面，客运设施可靠性得分较高，而乘客投诉回应得分相对较低。

经调查，在2019年，苏州轨道交通共收到275个安检服务方面的投诉，主要体现在安检政策和人员服务两方面。

苏州轨道交通应对安检投诉引起重视，进一步对安检服务加以分析，分阶段提升安检工作服务质量，重点对作业纪律类投诉、内部投诉、人员服务类投诉进行控制，并制定有效的措施，督促安检公司做好安检服务工作，切实降低安检投诉量。

二、城市轨道交通客运服务质量提升措施

根据 2019 年苏州轨道交通服务质量评价情况，影响城市轨道交通服务质量评价的主要因素为安全感、便捷性、功能性和舒适度。

1. 加强内部管理

（1）提高安全性。安全是影响服务质量评价的重要因素，在城市轨道交通发展过程中，必须充分重视安全问题，为乘客营造安全的出行环境。为保证乘客安全出行，避免乘客在乘车过程中出现踩踏事故，客运部门需要不断优化乘客乘车环节。

（2）定期对相关设施进行维修。城市轨道交通车站设备数量多，设备型号、功能、运行环境等各不相同，车站设备维修的难度较大，这就需要客运部门对设备维修人员进行定期培训，不断增强其专业维修能力。

（3）完善城市轨道交通服务投诉程序。在处理投诉后，运营单位应采取措施了解和分析投诉原因。首先对当事责任人进行批评教育，并根据运营单位的规章制度进行相应处罚；同时对服务体系进行查漏补缺，如存在漏洞，应及时填补完善，改进投诉处理程序。其次统计投诉数量，找出投诉最多的部门、个人，尤其在乘客的可行性意见中能发现部门或个人存在的缺陷。受理投诉的员工要将投诉的统计、分析和处理结果及乘客对投诉处理的意见反馈到有关部门，以便改进工作。根据投诉记录和其他信息，建立和补充乘客投诉档案，将经典投诉汇编成案例集，丰富培训材料。针对服务中出现的薄弱环节，加强员工培训，提高其服务意识和质量。

（4）创造舒适的乘车环境。改善车站候车条件，在车站站台适当增加候车座席，为老人、儿童等乘客提供方便，帮助他们缓解疲劳，提高服务质量。同时应降低车站和列车客室内的噪声，提高乘坐舒适度。

2. 加强外部合作

加强外部合作采取的措施有：加大宣传力度，鼓励乘客文明乘车；加强与车站周边政府部门的联系，共同推进文明城市、文明乘车目标建设，不断提高乘客文明乘车意识；客运部门定期开展服务质量的调查与分析，根据调查情况，不断完善服务，将服务质量作为开展工作的目标，激励员工不断提高服务质量，推进工作高质量开展。

（案例改编自：唐晓贞. 苏州轨道交通服务质量评价结果分析与服务质量提升措施［J］. 城市轨道交通研究，2022，25（05）：50–53.）

案例思考题：

结合案例材料，你认为苏州轨道交通在服务质量方面还可以作出哪些改进？

项目训练

【训练内容】制订提升企业质量管理计划。

【训练目的】实地调研企业,进一步加深理解质量管理方法的内容。

【训练步骤】

1. 学生按 5 人划分为一个小组,以小组为单位选择一家本地著名企业为调研对象。

2. 事先收集和整理该企业质量管理内容、新闻报道等资料,根据实训内容分析该企业质量管理中存在的问题。

3. 结合调研资料,进行小组讨论并制订该企业质量管理提升计划,完成实训报告。

实训报告格式如下:

＿＿＿＿＿＿实训报告		
实训班级:	项目小组:	项目组成员:
实训时间:	实训地点:	实训成绩:
实训目的:		
实训步骤:		
实训成果:		
实训感言:		
不足及今后改进:		
项目组长签字:	项目指导教师评定签字:	

4. 小组提交案例分析报告,教师总结点评并进行成绩评定。

自 测 题

1. 简述过程决策程序图法(PDPC)的含义和步骤。
2. 简述六西格玛管理的组织架构。
3. 六西格玛管理团队由哪些成员组成?
4. 简述 QC 小组的组建程序。
5. QC 小组的活动形式有哪些?

【延伸阅读】

詹姆斯·R. 埃文斯. 质量管理(原书第 7 版)[M]. 苏秦,等译. 北京:机械工业出版社,2020.

项目八 控制方法

【学习目标及要求】

1. 掌握预算控制、非预算控制、成本控制、综合控制的方法与技术；
2. 在管理工作中，运用预算控制、非预算控制、成本控制、综合控制的方法。

苏州市轨道交通集团有限公司的资产管控

苏州市轨道交通集团有限公司为加强公司的资产管理，落实管理责任，确保国有资产安全、完整及保值增值，结合轨道交通行业特点及运营板块日益庞大的资产特点，以战略性资产管理计划为导向，以资产全寿命周期管理为核心，以资产管理成熟度评估为抓手，以信息化系统为支撑，精准识别关键资产，全面管控资产风险，通过体系化、科学化、精细化、信息化的过程，自上而下建立起纵向融合、横向畅通的资产管理体系，形成资产管理持续改进的长效机制，并通过了 ISO 55001 资产管理体系认证，成为行业内继京港地铁、广州地铁、深圳地铁之后，实现资产管理体系贯标企业之一。

一、提升资产管理能力

轨道交通是资产密集型产业，拥有数量庞大的固定基础设施，为持续提升企业精细化管理程度，提高企业运作效率，实现资产运营效益的最大化，苏州市轨道交通集团有限公司做了以下两方面的工作：一是定期对集团及下属分公司进行全面资产盘点，定期处置或盘活低效资产，提升资产利用效率；二是搭建"基本管理制度＋专业管理流程"的资产管理制度体系，形成以项目为单位，以管理团队为考核对象，以营业收入、利润、成本与出租率等为考核指标的资产运营评估体系，提高资产利用率。苏州市轨道交通集团有限公司资产管理流程如图 8-1 所示。

实用管理方法

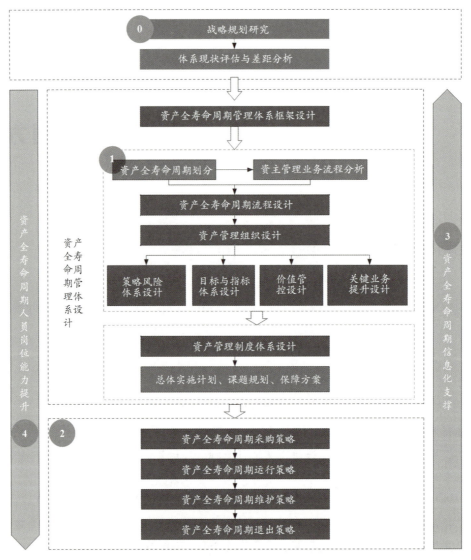

图 8-1　苏州市轨道交通集团有限公司资产管理流程图

二、提高成本管理能力

轨道交通企业收支缺口大，随着线网规模的扩大以及设备进入中大修周期，运营成本仍将增长，降本增效势在必行。公司健全成本责任制，建立成本节约激励机制，不断强化施工人员控制成本的意识观念，将项目成本节约与项目成员的薪酬体系挂钩，激发项目团队节约成本的动力；推动成本精细化管控，建立成本动态分析机制，加强施工过程成本数据的收集，与预算成本进行及时对比分析，及时发现施工过程的不足之处，制订合理有效的成本改进方案；寻求技术革新，通过采用新材料、新技术、新工艺等技术革新方式提升工程管理效率，控制工程建设成本。苏州市轨道交通集团有限公司成本管理流程如图 8-2 所示。

项目八 控制方法

图 8-2　苏州市轨道交通集团有限公司成本管理流程图

（案例改编自：苏州市轨道交通集团有限公司内部资料）

案例思考：

结合案例材料，谈一谈苏州市轨道交通集团有限公司的资产管控方法。

 预算控制

一、预算控制概述

（一）预算控制的概念

预算是指用数字编制未来某一时期的计划，也就是以财务数字（如收支预算）或非财务数字（如直接工时、生产数量）来表明预期的结果。企业在未来的几乎所有活动都可以利用预算进行控制，特别是用财务数字形式表示的预算，它预估了企业在未来时期的经营收入或现金流量，同时为各部门或各项活动规定了在资金、劳动、材料、能源等方面的支出不能超过的额度，因此对企业的经营活动具有较好的控制作用。

预算控制是根据预算规定的收入与支出标准，来检查和监督各部门活动，以保证组织经营目标的实现，并使费用支出受到严格有效约束的过程。预算控制通过编制预算并以此为基础，执行和控制企业经营活动并在活动过程中比较预算和实际的差距及原因，然后对差异进行处理，是管理控制中运用最广泛的一种控制方法。

（二）预算控制的形式

为了有效地从预期收入和费用两个方面对企业经营进行全面控制，不仅需要对各个部门、各项活动制订分预算，而且要对企业整体编制全面预算。分预算是按照部门和项目来编制的，它们详细说明了相应部门的收入目标或费用支出的水平，规定了它们在生产活动、销售活动、采购活动、研究开发活动或财务活动中筹措和利用劳动力、资金等生产要素的标准；全面预算则是在对所有部门或项目分预算进行综合平衡的基础上编制而成的，它概括了企业相互联系的各个方面在未来时期的总体目标。只有编制了全面预算，才能进一步明确组织各部门的任务、目标、制约条件以及各部门在活动中的相互关系，从而为正确评价和控制各部门的工作提供客观的依据。

全面预算必须用统一的货币单位来衡量，分预算则不一定用货币单位计量。比如，原材料预算用千克或吨等单位来表述，劳动预算用用工数量或人工小时来表述。这是因为对一些具体的项目来说，用时间、长度或重量等单位来表达能提供更多、更准确的信息。用货币金额来表达原材料预算，我们只知道原材料消耗的总费用标准，而不知道原材料的确切种类和数量，也难以判断价格变动会产生何种影响。当然，不论以何种方式表述的各部门或项目的分预算，在将它们综合平衡以编制企业的全面预算之前，都必须转换成用统一的货币单位来表达的方式。

（三）预算控制的方法

预算主要有静态预算与弹性预算、增量预算与零基预算，其内容如表 8-1 所示。

表 8-1　预算控制的方法

方法	内容描述
静态预算与弹性预算	静态预算（Static Budget），是指在编制预算时，只根据预算期内特定的业务水平（如生产量、销售量）来编制预算的一种方法。
	弹性预算（Flexible Budget），是指在成本按性质分类的基础上，以业务量、成本和利润之间的相互关系为依据，按照预算期内可能实现的各种业务水平编制的有伸缩性的预算。其基本思想是按固定成本（在一定范围内不随产量变化而变化的费用）和变动成本（在一定范围内随产量变化而变化的费用）编制固定预算和变动预算，以确保预算的灵活性。编制弹性预算所依据的业务量可以是产量、销售量、直接人工工时、机器工时、材料消耗量和直接人工工资等。
增量预算与零基预算	增量预算（Incremental Budget），又称基线预算，是指以上一年度的实际发生数为基础，结合预算期的具体情况，通过调整有关原有费用项目而编制预算的一种方法。这是一种传统的预算方法。增量预算基本上都是从前一期的预算推演出来的，很少考虑某项费用是否必须发生，或其预算额有没有必要这么大。
	零基预算（Zero-base Budget），是指在每个预算年度开始时，将所有进行中的管理活动都看作从零开始，根据组织目标重新审查现有的每项活动，并在费用效益分析的基础上，重新排出各项管理活动的优先次序。

（四）预算控制的作用

预算控制清楚地表明了计划与控制的紧密联系，其作用主要体现在以下方面。

1. 为控制组织日常活动提供标准

预算的编制与执行始终与控制过程联系在一起，预算为组织的各项活动确立了数量形式的财务预算标准来对照企业活动的实际效果，大大方便了控制过程中的绩效衡量工作。

2. 为考核、评价实际工作绩效提供依据

预算使管理控制目标更加明确，使人们清楚地了解所拥有的资源和开支范围，使工作更加有效。在评定各部门工作业绩时，要根据预算的完成情况，分析偏离预算的程度和原因，划清责任，实现奖罚分明。

3. 能协调部门间关系以达到部门间平衡

通过预算控制可以把企业内部各部门、各层次的日常工作全部纳入预算并使各项预算之间相互协调，形成一个为共同完成组织总体目标的有机整体。

二、预算控制的内容

由于不同企业的生产活动特点不同，所以预算表中的项目会有不同程度的差异。但一般来说，预算内容要涉及以下几个方面。

（一）收入预算

收入预算和支出预算都是从财务角度计划和预测未来活动的成果以及为取得这些成果所需付出的费用。

由于企业收入主要来源于产品销售，因此，收入预算的主要内容是销售预算。销售预算是在销售预测的基础上编制的，即通过分析企业过去的销售情况、目前和未来的市场需求特点及其发展趋势，比较竞争对手和本企业的经营实力，确定企业在未来时期内为了实现目标利润必须达到的销售水平。

由于企业通常不只生产一种产品，这些产品也不仅在某一个区域市场上销售，因此，为了能为控制未来的活动提供详细的依据，便于检查计划的执行情况，往往需要按产品、区域市场或消费者群（市场层次）为各经营单位编制分项销售预算。同时，由于一年中的不同季度和月度，销售量往往不稳定，所以通常还需预计不同季度和月度的销售收入，这种预计对编制现金预算很重要。

（二）支出预算

企业销售的产品是在内部生产过程中加工制造出来的，在这个过程中，企业需要借助一定的劳动力，利用和消耗一定的物质资源。因此，与销售预算相对应，企业必须编制能够保证销售过程得以进行的生产活动的预算。生产活动的预算，不仅要确定为取得一定销售收入所需要的产品数量，更重要的是要预计为得到这些产品、实现销售收入需要付出的费用，即编制各种支出预算。

1. 直接材料预算

直接材料预算是根据实现销售收入所需的产品种类和数量，详细分析了为了生产这些产品企业必须利用的原材料的种类和数量，它通常以实物单位表示。考虑到库存因素

后,直接材料预算可以成为采购部门编制采购预算、组织采购活动的基础。

2. 直接人工预算

直接人工预算需要预计企业为了生产一定量的产品,需要哪些种类的工人,每种类型的工人在什么时候需要多少数量,以及利用这些人员劳动的直接成本是多少。

3. 附加费用预算

直接材料和直接人工只是企业经营全部费用的一部分。企业的行政管理、营销宣传、人员推销、销售服务、设备维修、固定资产折旧、资金筹措以及税金等,也要耗费企业的资金。对这些费用也需要进行预算,这就是附加费用预算。

(三) 现金预算

现金预算是对企业未来生产与销售活动中现金的流入与流出进行预测,通常由财务部门编制。现金预算只能包括那些实际包含在现金流程中的项目,赊销所得的应收款在用户实际支付以前不能列作现金收入,赊购所得的原材料在未向供应商付款以前也不能列入现金支出。因此,现金预算并不需要反映企业的资产负债情况,而是要反映企业在未来活动中的实际现金流量和流程。企业的销售收入、利润即使相当可观,但大部分尚未收回,或收回后被大量的库存材料或在制品所占用,它也不可能给企业带来现金上的方便。通过现金预算,可以帮助企业发现资金的闲置或不足,从而指导企业及时利用暂时过剩的现金,或及早筹齐维持营运所短缺的资金。

(四) 资金支出预算

上述各种预算通常只涉及某个经营阶段,是短期预算;资金支出预算则可能涉及好几个阶段,是长期预算。如果企业的收支预算被很好地执行,企业有效地组织了资源的利用,利用这些资源得到的产品销售以后的收入就会超出资源消耗的支出,从而给企业带来盈余,企业可以利用盈利来进行生产能力的恢复和扩大。由于这些支出具有投资的性质,因此,对其计划安排通常被称为投资预算或资金支出预算。资金支出预算的项目包括:用于更新改造或扩充包括厂房、设备在内的生产设施的支出;用于增加品种、完善产品性能或改进工艺的研究与开发支出;用于提高职工和管理队伍素质的人事培训与发展支出;用于广告宣传、寻找顾客的市场发展支出;等等。

(五) 资产负债预算

资产负债预算是对企业会计年度末期的财务状况进行预测,它通过将各部门和各项目的分预算汇总在一起,表明如果企业的各种业务活动达到预先规定的标准,在会计期末企业资产与负债会呈现何种状况。作为各分预算的汇总,管理人员在编制资产负债预算时虽然不需作出新的计划或决策,但通过对预算表的分析,可以发现某些分预算的问题,从而有助于及时采取调整措施。例如,通过分析流动资产与流动负债的比率,可能发现企业未来的财务安全性不高,偿债能力不强,可能要求企业在资金的筹措方式、来源及其使用计划上作相应的调整;通过将本期预算与上期实际发生的资产负债情况进行对比，还可发现企业财务状况可能会发生哪些不利变化，从而指导事前控制。

三、预算的局限性

预算手段在组织管理中得到了广泛运用，但在预算的编制和执行中，也有一些局限性。

（1）预算只能帮助企业控制那些可以计量的，特别是可以用货币单位计量的业务活动，而不能促使企业对那些不能计量的企业文化、企业形象、企业活力的改善予以足够的重视。

（2）编制预算时通常参照上期的预算项目和标准，从而会忽视本期活动的实际需要，可能会导致这样的错误：上期有的而本期不需的项目仍然沿用，本期必需上期没有的项目会因缺乏先例而不能增设。

（3）企业活动的外部环境是在不断变化的，这些变化会改变企业获取资源的支出或销售产品实现的收入，从而使预算变得不合时宜。因此，缺乏弹性、非常具体，特别是涉及较长时期的预算可能会过度束缚决策者的行动，使企业经营缺乏灵活性和适应性。

（4）预算，特别是项目预算或部门预算，不仅对有关负责人提出希望他们取得的结果，也为他们得到这些成果而有效开支的费用规定了限度。这种规定可能使主管们在活动中精打细算，小心翼翼地遵守不得超过支出预算的准则，而忽视了部门活动的本来目的。

小知识

预算监控体系

预算监控体系包括预算执行审批、预算调整审批、关键环节监控以及内部审计监控。其中，预算执行审批是指预算执行过程中的分级审批制度；预算调整审批是指由于内外部经济环境或者企业战略发生变化，原有预算发生重大偏差时，审批原有预算调增或者调减的行为；关键环节监控是指企业根据具体情况对企业预算执行中的关键环节的财务风险、重大偏差等进行监控；内部审计监控是指实行预算跟踪审计，确保数据真实准确的同时，对预算偏差提出改善方案。

任务二　非预算控制

非预算控制主要有比率分析、审计控制、损益控制等方法。

一、比率分析

比率分析是指将组织资产负债表和利润表上的相关项目进行对比，形成一个比率，从中找到某些偏差或发展趋向，来分析和评价组织的经营成果和财务状况。组织活动分析中常用的比率分为财务比率和经营比率两类。财务比率综合地反映了企业的资金筹集和资金应用情况，对其进行分析可以帮助我们了解企业的偿债能力和盈利能力等财务状况。

（一）财务比率

财务比率主要有流动比率、速动比率、负债比率和盈利比率，其内容如表 8-2 所示。

表 8-2　财务比率

种类	内容描述
流动比率	流动比率是企业的流动资产与流动负债之比，反映企业偿还需要付现的流动债务的能力。一般来说，企业资产的流动性越强，偿债能力就越强；反之，偿债能力就越弱，会影响企业的信誉和短期偿债能力。因此，企业资产应具有足够的流动性。资产若以现金形式表现，其流动性最强，但要防止为追求过高的流动性而导致财务资源的闲置，使企业失去本应得到的收益。
速动比率	速动比率是流动资产和存货之差与流动负债之比。该比率和流动比率一样，是衡量企业资产流动性的一个指标。当企业有大量存货且这些存货周转率较低时，速动比率比流动比率更能准确地反映客观情况。
负债比率	负债比率是企业总负债与总资产之比，反映企业所有者提供的资金与外部债权人提供的资金的比率关系。只要企业全部资金的利润率高于借入资金的利息，且外部资金不从根本上威胁企业所有权的行使，企业就可以充分地向债权人借入资金以获取额外利润。
盈利比率	盈利比率是企业利润与销售额或全部资金等相关因素之比，反映企业在一定时期内从事某种经营活动的盈利程度及其变化情况。常用的比率有销售利润率和资金利润率。销售利润率是销售净利润与销售总额之比，反映企业从一定时期的产品销售中是否获得了足够的利润。资金利润率是企业在某个经营时期的净利润与该期占用的全部资金之比，它是衡量企业资金利用效率的一个重要指标，反映企业是否从全部投入资金的利用中实现了足够的净利润。同样一笔资金，投入企业营运后的净利润收入，至少不应低于应用于其他投资形式（比如购买短期或长期债券）的收入。

（二）经营比率

经营比率也称活力比率，是与资源利用有关的几种比率。它反映了企业经营效率的高低和各种资源是否得到了充分利用，主要有库存周转率、固定资产周转率以及销售收入与销售费用的比率，其内容如表 8-3 所示。

表 8-3　经营比率

种类	内容描述
库存周转率	库存周转率是销售总额与库存平均价值之比，反映与销售收入相比库存数量的合理性大小，表明投入库存的流动资金的使用情况。
固定资产周转率	固定资产周转率是销售总额与固定资产之比，反映单位固定资产能够提供的销售收入，表明企业资产的利用程度。
售收入与销售费用的比率	销售收入与销售费用的比率是单位销售费用能够实现的销售收入，在一定程度上反映了企业营销活动的效率。

二、审计控制

审计是对反映企业资金运动过程及其结果的会计记录和财务报表进行审核、鉴定，以判断其真实性和可靠性，从而为控制和决策提供依据。根据审查主体和内容的不同，可将审计分为三种主要类型：由外部审计机构的审计人员进行的外部审计；由内部专职人员对企业财务控制系统进行全面评估的内部审计；由外部或内部的审计人员对管理政策及其绩效进行评估的管理审计。

（一）外部审计

外部审计是由外部机构（如会计师事务所）选派的审计人员对企业财务报表及其反映的财务状况进行独立的评估。为了检查财务报表及其反映的资产和负债的账面情况与企业真实情况是否相符，外部审计人员需要抽查企业的基本财务记录，以验证其真实性和准确性，并分析这些记录是否符合公认的会计准则和记账程序。

外部审计实际上是对企业内部虚假、欺骗行为的一个重要而系统的检查，起着鼓励诚实的作用：由于知道外部审计不可避免地要进行，企业就会努力避免做那些在审计时可能会被发现的不光彩的事。

外部审计的优点是审计人员与管理当局不存在行政上的依附关系，不需看企业经理的眼色行事，只需对国家、社会和法律负责，因而可以保证审计的独立性和公正性。但是，由于外来的审计人员不了解内部的组织结构、生产流程和经营特点，在对具体业务进行审计时可能会遇到困难。此外，处于被审计地位的内部组织成员可能产生抵触情绪，不愿积极配合，这也可能增加审计工作的难度。

（二）内部审计

内部审计是由企业内部的机构或由财务部门的专职人员来独立地进行的，内部审计兼有许多外部审计的目的。它不仅要像外部审计那样核实财务报表的真实性和准确性，还要分析企业的财务结构是否合理；不仅要评估财务资源的利用效率，而且要检查和分析企业控制系统的有效性；不仅要检查目前的经营状况，而且要提供改进这种状况的建议。

内部审计是企业经营控制的一个重要手段，其作用主要表现在以下三个方面。

（1）内部审计提供了检查现有控制程序和方法能否有效地保证达成既定目标和执行既定政策的手段。

（2）根据对现有控制系统有效性的检查，内部审计人员可以提供有关改进公司政策、工作程序和方法的对策建议，以促使公司政策符合实际，工作程序更加合理，作业方法被正确掌握，从而更有效地实现组织目标。

（3）内部审计有助于推行分权化管理。内部审计不仅评估企业的财务记录是否健全、正确，而且为检查和改进现有控制系统的效能提供一种重要的手段，因此有利于促进分权化管理的发展。

虽然内部审计为经营控制提供了大量的有用信息，但在使用中也存在不少局限性，主要表现在：① 内部审计可能需要很多费用，特别是如果进行深入、详细的审计的话。② 内部审计不仅要搜集事实，而且需要解释事实，并指出事实与计划的偏差所在。要很好地完成这些工作而又不引起被审计部门的不满，需要对审计人员进行充分的技能训练。③ 即使审计人员具有必要的技能，仍然会有许多员工认为审计是一种"密探"或"查整性"的工作，从而在心理上产生抵触情绪。如果审计过程中不能进行有效的信息和思想沟通，就可能会对组织活动带来负激励效应。

（三）管理审计

外部审计主要核对企业财务记录的可靠性和真实性；内部审计在此基础上对企业政策、工作程序与计划的遵循程度进行测定，并提出必要的改进企业控制系统的对策建议；管理审计的对象和范围则更广，它是一种对企业所有管理工作及其绩效进行全面系统的评价和鉴定的方法。管理审计虽然也可由组织内部的有关部门进行，但为了保证某些敏感领域得到客观的评价，企业通常聘请外部专家来进行。

管理审计的方法是利用公开记录的信息，从反映企业管理绩效及其影响因素的若干方面将企业与同行业其他企业或其他行业的著名企业进行比较，以判断企业经营与管理的健康程度。

三、损益控制

损益控制是根据企业或企业中的独立核算部门的损益表，对其管理活动及其成效进行综合控制的方法。损益表能够反映该企业在一定期间内收入与支出的具体情况，从而有助于从收支方面说明影响企业绩效的直接原因，并有利于从收入和支出的方面进一步查明影响利润的原因。

一般说来，损益控制法主要适用于那些实行分权制组织结构或事业部制组织结构的企业。它将受控制的单位看作利润中心，也就是直接对利润负责的单位。实行损益控制意味着充分地授权。作为利润中心的单位或部门，可以按照他们认为的有利于实现利润的方式相对独立地开展经营。他们往往有权决定销售价格，有权订货、采购、制造、雇佣和解聘员工，有权决定工资及奖金的分配制度，等等。由此可见，一个组织所属部门、单位的职能越是完整，就越有利于实行严格的损益控制法。损益控制法的积极运用，应当使受控制单位或部门的职能尽可能完整，从而能够最大限度地承担起对利润负责的责任。

企业的损益表中列出一段时间内企业各类活动的收支状况及其利润。利润是反映企业绩效的综合性指标，损益表记录了影响利润变动的一些信息。如果当期利润指标与预算利润水平发生偏差，则应分析使利润发生偏差的各个项目，以寻求原因，制定相应的纠偏措施。例如，某制造型企业的损益表如表 8-4 所示。

表 8-4　某制造型企业的损益表（2022 年度）

项目	与去年相比		与计划相比	
	增减量/万元	增减率/%	增减量/万元	增减率/%
产品销售收入	−200	−7.14	−400	−13.33
减：产品销售成本				
期初库存产品	+100	20	100	20
加：本年产品生产成本	−100	−8.33	−200	−15.38
可供销售产品	0	0	−100	−5.56
减：期末库存产品	+100	33.33	100	33.33
毛利	−100	−7.14	−200	−13.33
减：营业费用				
销售费用	+10	1.67	10	1.67
管理费用	+10	3.33	10	3.33
税前收益	−120	−24	−220	−36.67

由表 8-4 可以看出，利润下降的原因是销售收入的下降以及库存的上升。因此主要问题在于销售不佳，纠正措施应针对销售部门展开。纠正措施通常有：通过提高营销费用，如加强促销来提高销售能力；提高营销人员的激励力度，即提高管理费用来提高销售能力；认真研究产品制造成本表，通过加强制造成本管理来增加产品销售。但具体采取何种措施来解决销售疲软问题，应视企业经营的具体状况来确定。由此可见，损益控制法有利于从总体上把握问题的关键，以便有针对性地采取纠偏措施。

损益控制法也有不足之处，主要是：

（1）它是一种事后控制。事后控制无法改善前期工作，但能为后期工作提供借鉴。

（2）由于许多事项不一定能反映在当期的损益表上，如某项活动的失误（如投资了不良项目）、外部环境的变化等，因而仅从损益表上不能准确地判断利润发生偏差的主要原因。

在利用损益控制法时还需辅以其他方法，以分析利润发生偏差的真正原因，从而寻求正确的纠偏措施。

内部控制

一般认为，内部控制是组织为实现经营管理目标、组织内部经营活动而建立的各职能部门之间对业务活动进行组织、制约、考核和调节的方法、程序和措施。

从审计的角度，内部控制是被审计单位为了合理保证财务报告的可靠性、经营的效率和效果以及对法律法规的遵守，由治理层、管理层和其他人员设计和执行的政策和程序。

任务三　成本控制

 一、成本控制的基础

成本控制是企业根据一定时期预先建立的成本管理目标，由成本控制主体在其职权范围内，在生产耗费发生以前和成本控制过程中，对各种影响成本的因素和条件采取一系列的预防和调节措施，以保证成本管理目标实现的管理行为。

成本分析在于计量各项成本，并将之分配到每个实体或成本对象，这是成本控制的基础工作。成本对象是指需对其进行成本计量和分配的项目，如产品、顾客、部门、工程和作业等。把成本准确地分配至各成本对象非常关键，因为歪曲的成本会导致错误的决策和评价。

（一）直接成本分配方法

直接成本是指能够容易和准确地归属到成本对象的成本，可采用追溯法来分配。成本分配的追溯法有两种：直接追溯法和动因追溯法。直接追溯法是指将与某一成本对象存在特定或实物联系的成本直接确认分配至该成本对象的过程，这一过程通常可以通过实地观察来实现。但在实际工作中，采用实地观察方式得出某一成本对象所消耗资源的准确数量常常既不现实也不可能,所以需要动因追溯。动因追溯法尽管不如直接追溯法准确,但如果因果关系建立恰当,成本归属仍有可能达到较高的准确性。动因追溯法使用两种动因类型来追溯成本:资源动因和作业动因。资源动因计量各作业对资源的需要,用以将资源成本分配到各个作业上;作业动因计量各成本对象对作业的需求,并被用来分配作业成本。

(二) 间接成本分配方法

间接成本是指不能容易地或准确地归属于成本对象的成本。间接成本不能追溯到成本对象,即在成本与成本对象间没有因果联系或追溯不具有经济可行性。把间接成本分配到各成本对象的过程被称为分摊。由于不存在因果关系,分摊间接成本就建立在简便原则或假定联系的基础上。任意地分摊间接成本会降低成本分配的准确性。在实际工作中,最好的成本计算策略可能是只分配直接(即可追溯的)成本。如果满足某些要求,需要分摊间接成本,至少应当分开报告直接成本和间接成本的分配结果。

二、成本控制的步骤

(一) 建立成本控制标准

成本控制的目的是不断地降低成本,获取更大的利润,所以,制定成本目标时首先要考虑企业的目标盈利总额,其次要考虑有竞争力的销售价格。由于成本形成于生产的全过程,费用发生在每一项活动上,所以,要把企业总的目标成本层层分解,各种消耗要按产品零部件或按活动制定标准,各种费用要按部门层层分解到最基本的活动单位。成本控制目标不能太粗太少,否则不利于分清责任和考核控制,同时需要采购部门、财务部门、直接执行部门共同讨论,因此,制定成本控制标准工作量大且任务复杂。现实中,标准成本法是很好的管理控制工具。

(二) 核算成本控制绩效及调查成本发生偏差的原因

为了及时控制成本支出,在成本形成过程中,要依据控制标准对发生的成本费用进行检验监督,与标准成本作比较分析,及时发现偏差量,以判断成本控制的绩效。成本核算频度应按企业的经营性质具体确定。预算差异是实际成本与计划成本之间的差额。在标准成本制度下,预算差异分解为价格差异和用量差异。

只要投入的实际价格或用量大于标准价格或用量,就会出现不利差异;如果发生相反的情况,则为有利差异。有利差异和不利差异并不等价于良好的差异和不良的差异。差异到底是良好的还是不良的,取决于差异发生的原因,这需要管理人员认真分析。

(三) 采取纠偏措施

由于调查差异产生的原因并采取改进措施需要发生相关成本,所以,从总体上说,只有在预期收益大于预期成本时才进行调查。评估差异调查的收益与成本并非一件简单的事，现实中，管理人员既要判断偏差的性质（质的分析），又要判断偏差的范围（量的分析）。

根据对偏差原因的分析，制定相应的纠偏措施，并落实到具体部门和执行人员。

三、成本控制的方法

（一）目标成本法

目标成本法是一种以市场为主、以顾客需求为导向，在产品规划、设计阶段就着手努力，运用价值工程进行功能成本分析，达到不断降低成本、增强竞争能力的一种成本管理方法。

目标成本是在产品生产准备前下达给技术、生产等职能部门的产品成本控制目标，即产品在市场上可能接受的销售价格减去合理利润和税金后所能允许发生成本的最大限额。目标成本计算的思路是建立一种通过具有竞争性的市场价格的估算而得出的目标成本，以便使人们从期望的竞争状态回到能保证目标利润实现的经营成本和生产效率上来，它通常以顾客愿意支付的价格为基础确定产品或劳务的成本。

（二）作业成本法

作业成本法又叫作业成本计算法或作业量基准成本计算方法，是以作业为核心，确认和计量耗用企业资源的所有作业，将耗用的资源成本准确地计入作业，然后选择成本动因，将所有作业成本分配给成本计算对象（产品或服务）的一种成本计算方法。作业成本法把直接成本和间接成本（包括期间费用）作为产品（服务）消耗作业的成本同等地对待，拓宽了成本的计算范围，使计算出来的产品（服务）成本更准确真实。作业是成本计算的核心和基本对象，产品成本或服务成本是全部作业的成本总和。

作业成本计算的思路以作业消耗资源和产品消耗作业为基本前提，以作业作为核算对象，依据资源驱动因素将资源成本分配到作业中心，再将作业中心以作业驱动因素为基础追踪到产品成本，从而计算出各种产品的总成本和单位成本。

（三）责任成本法

责任成本是指特定的责任中心（如某一部门、单位或个人）在其所承担的责任范围内所发生的各种耗费。责任成本法就是按照企业生产经营组织系统，建立责任成本中心，按成本责任的归属进行成本信息的归集、控制和考核，从而将经济责任落实到各部门、各单位和具体执行人的一种成本管理方法。责任成本控制主要包括：① 建立责任中心；② 建立内部结算制度；③ 编制责任预算；④ 进行责任控制；⑤ 建立健全责任成本核算制度；⑥ 进行责任考核。

（四）标准成本法

标准成本法是指围绕标准成本的相关指标而设计的，将成本的前馈控制、反馈控制及核算功能有机结合而形成的一种成本控制方法。

标准成本法具有以下特点：以产品成本为对象，融成本计划、成本核算、成本控制为一体，突出成本控制在系统中的核心地位；成本差异揭示及时，按管理区域分类计算、分析和控制各种差异，责任分明；不强调计算产品的实际成本，反映成本差异旨在改进管理，降低消耗。

四、成本控制的作用

成本控制的作用主要有以下两个方面。

（1）做好企业成本控制工作，不断降低企业的经营成本，是提高企业竞争力从而提高企业经济效益的最直接有效的手段。

（2）控制成本，减少企业价值活动过程中的一切浪费，是精益生产的精髓。

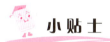

企业营运资金控制目标

营运资金是指在企业生产经营活动中用在流动资产上的资金。为加强企业对营运资金的内部控制，提高资金使用效益，保证资金安全，防范资金链条断裂，企业必须加强对货币资金的管理和控制，建立健全货币资金内部控制制度，确保经营管理活动合法而有效。

营运资金控制目标包括：

（1）保持生产经营各环节资金供求的动态平衡。企业应将资金合理安排到采购、生产、销售等各环节，做到实物流和资金流相互协调、资金收支在数量上和时间上相互协调。

（2）促进资金合理循环和周转，提高资金使用效率。资金只有在不断流动的过程中才能增值。加强资金营运的内部控制，就是要努力促使资金正常周转，为短期资金寻找适当的投资机会，避免出现资金闲置和沉淀等低效现象。

（3）确保资金安全。企业的资金营运活动大多与流动资金尤其是货币资金相关，这些资金由于流动性很强，出现差错、舞弊的可能性更大，所以保护资金安全的要求更迫切。

任务四　综合控制

随着企业经营复杂性的提高和信息技术的发展与应用，现代企业需要进行控制的组织层面越来越高，所要控制的活动范围越来越广，这就需要企业采取综合的方法对企业运营的整个过程进行控制，其中代表性的控制方法有标杆管理、平衡计分卡和信息技术方法。

一、标杆管理

标杆管理是以在某一项指标或某一方面实践上竞争力最强的企业或行业中的领头企业或其内部某部门作为基准，将本企业的产品、服务管理措施或相关实践的实际状况与这些基准进行定量化的评价、比较，在此基础上制定和实施改进的策略和方法，并不断反复进行的一种管理方法。标杆管理设定的目标应该既具有一定的挑战性，又具有相当程度的可行性。由于标杆管理与控制的内容和性质非常相似，因此将标杆管理看成一种控制方法。

标杆管理通常的步骤如下：
（1）确定标杆管理的项目、对象，制订工作计划。
（2）进行调查研究，搜集资料，找出差距，确定纠偏方法。
（3）初步提出改进方案，然后修正和完善该方案。
（4）实施该方案，并进行监督。
（5）总结经验，并开始新一轮的标杆管理。

标杆管理帮助许多公司取得了成功。最早推行标杆管理方法的美国施乐公司（Xerox）就是一个典型的例子。在20世纪70年代中后期，一直处于复印机行业领先地位的施乐公司面临日本多家公司的挑战。这些日本公司的产品价格低廉（其销售价格大约相当于施乐公司同类产品的成本），新产品更新周期短（比施乐公司少50%）。痛定思痛，施乐公司放下曾经是世界老大的架子，向日本企业学习，找出差距，在企业内部推行标杆管理，最终击败对手，重塑辉煌。

当然，标杆管理也有不足之处。一是标杆管理可能会引起本企业与目标企业全面趋同，没有了本企业的任何特色，即失去了推行差异化战略的机遇。二是容易使企业落入"落后→推行标杆管理→再落后→再推行标杆管理"的恶性循环。事实上，在落后的情况下，跨越式的战略比追赶式战略可能更有效。

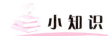

集团管控

集团管控即企业集团的管理控制。它是指在企业集团总体发展战略的指导下，在一定的产权、法人治理及其组织结构的框架之内，综合运用战略、财务、人事、绩效、分配等手段，整合集团的资源，对集团成员的行动进行协调，从而实现集团战略目标的活动过程。理解集团管控，需要正确认识企业集团概念。企业集团是指一些企业为了适应市场经营环境和企业内部组织的变化，组建以母子公司为主体，以资产、产品技术等为纽带，母公司通过投资及生产经营协作等多种方式，同众多具有相对独立性的企事业法人组合而成的经济联合体。建立企业集团的作用，不仅在于可以管控更大的资产和更宽泛的业务，更在于通过集团化的管控模式和组织结构，去实现集团核心竞争力的强化和扩张，实现多项业务之间的战略协同。

二、平衡计分卡

传统的控制方法偏重财务性衡量指标，忽视了能为企业创造未来长远的经济价值与利益的其他一些重要的非财务性衡量指标。1992年，罗伯特·卡普兰和大卫·诺顿首创了平衡计分卡（Balanced Score Card，BSC）理论。BSC是由"财务""客户""内部流程""学习和成长"四个方面构成的衡量企业、部门和人员的卡片，取名为平衡计分卡，原因在于它的目的是平衡与兼顾战略和战术、长期目标和短期目标、财务衡量方法和非财务衡量方法、滞后指标和先行指标。平衡计分卡的控制指标如表8-5所示。

表8-5 平衡计分卡的控制指标

指标类型	内容描述
财务	财务衡量指标在平衡计分卡中不仅是一个单独的衡量指标，而且是其他几个衡量指标的出发点和落脚点。一套平衡计分卡应该反映企业战略的全貌，从长远的财务目标开始，然后将它们与一系列行动相联系。如果质量、客户满意度、生产率等方面的改善和提高无法转化为销售额的增加、营业费用的减少、资产报酬率的增加等财务成果，那么做得再好也无济于事。财务方面的衡量指标要结合企业的发展阶段，如在成长阶段，由于前期投入较大，企业的现金流量可能是负数，投资回报率亦很低，此时财务衡量应着重于销售额总体增长百分比、特定顾客群体和特定地区的销售额增长率等指标。
客户	在客户方面，核心的衡量指标主要包括市场份额、老客户回头率、新客户获得率、客户满意度和从客户处所获得的利润率。这些指标存在内在的因果关系：客户满意度决定了新客户获得率和老客户回头率，后两者又将决定市场份额的大小；新客户获得率、老客户回头率和市场份额等指标共同决定了销售利润率；而客户满意度又源于企业对客户需求的反应时间，以及产品的功能、质量、价格。

续表

指标类型	内容描述
内部流程	在内部流程方面,应本着满足客户需要来制定衡量指标的宗旨。现在的内部流程往往是以销定产式,常常要创造全新的流程,它遵循"调研→寻找市场→产品设计开发→生产制造→销售与售后服务"的轨迹进行。生产制造过程的业绩衡量可以沿用财务指标,如标准成本和实际成本的差异、成品率、次品率、返工率等。产品设计开发可以采用新产品销售额在总销售额中所占的比重、专利产品销售额在总销售额中所占的比重、比竞争对手率先推出新产品的比重、开发新产品所用的时间、开发费用占营业利润的比重、第一次设计出的产品中可全面满足客户要求的产品所占的比重、在投产前对设计进行修改的次数等指标。售后服务质量的衡量,则可以采用公司对产品故障反应的速度、用于售后服务的人力和物力成本、售后服务一次成功的比重等指标。
学习和成长	在学习和成长方面,最关键的因素是人才、信息系统和组织程序。要促进企业的学习和成长,必须畅通企业内部的沟通渠道,加强对员工的基于生涯发展的教育和培训,激发员工的积极性,提高员工的满意度。这方面的衡量指标主要包括培训支出、培训周期、员工满意度、员工挽留率、信息覆盖比率、每个员工提出建议的数量、被采纳建议的比重、采纳建议后的成效、工作团队成员的满意度等。

平衡计分卡是把企业的战略和一整套财务和非财务评估手段联系在一起的一种手段。平衡计分卡的优点是:可以阐明企业战略并在企业内部达成共识;可以在整个组织中传播战略;可以把部门和个人的目标与这一战略相联系;可以把战略目标与战术安排衔接起来;可以对战略进行定期和有序的总结;可以利用反馈的信息改进战略。因此,从某种意义上来说,平衡计分卡不仅是一种控制手段和业绩评价手段,而且是一种战略管理方法。卡普兰和诺顿比较全面和详细地阐述了如何将战略目标和企业营运结合起来的闭环管理系统,整个系统分5个阶段:

(1)在企业的使命、愿景、价值基础上,分析企业的外部环境和自身的优劣势,然后制定本企业的战略。

(2)管理人员用平衡计分卡和战略图等方法将战略转化为具体的目标和绩效评估体系。

(3)管理人员制订营运计划来完成上述目标。

(4)管理人员实施和监督该营运计划。

(5)管理人员评价战略、分析成本、检验效果,然后调整战略,并准备开始新一轮的循环。

小知识

平衡计分卡创始人——卡普兰和诺顿

罗伯特·卡普兰(Robert Kaplan),平衡计分卡创始人,美国平衡计分卡协会主席。他为北美和欧洲的许多一流公司的业绩和成本管理系统设计担任顾问,经常在北美、欧洲和以色列举行研讨会,并在全球各地演讲。大卫·诺顿(David P. Norton),平衡计分卡协会的创始人、主席兼CEO。二人的合著有:《平衡计分卡:良好绩效的评价体系》《平衡计分卡的实际应用》《战略地图:化无形资产为有形成果》《平衡计分卡战略实践》《战略中心型组织》《组织协同》等。

1992年,在第1/2月号的《哈佛商业评论》上,罗伯特·卡普兰与大卫·诺顿发表了关于平衡计分卡的第一篇文章《平衡计分卡——业绩衡量与驱动的新方法》。这是一套企业业绩评价体系,它打破了传统的只注重财务指标的业绩管理方法,认为传统的财务会计模式只能衡量过去发生的事情。2004年,美国《哈佛商业评论》将平衡计分卡理论评为75年来最具影响力的管理学说。面对着平衡计分卡面世后的好评如潮,卡普兰和诺顿仍然在密切注视着平衡计分卡的执行,并不断完善着他们的理论。

三、管理控制的现代信息技术方法

现代信息技术的飞速发展,极大地促进了组织管理的信息化和管理控制的现代化。实践中用于管理控制的信息技术方法多种多样,应用领域遍布管理控制的各个层面,此处简要介绍几种常见的类型。

(一)电子数据处理系统

电子数据处理系统(EDPS)也称交易处理系统(TPS),主要用于运营层的管理控制,用来处理日常的、循环的业务事件,处理的通常是一些具体的电子数据。例如,记录收入和支出账目以及工资发放总额等。

电子数据处理系统的特点是:能迅速而有效地处理大量数据,进行严格的数据整理与编辑,保证输入、处理和输出的完整性和准确性,逻辑关系简单,并能支持多用户使用;充分利用了计算机对数据进行快速运算和大量存储的能力,可以减少业务人员的重复性劳动;组织中各部门都可以运用该系统构建自己的独立系统或子系统,如订货系统、库存系统、销售系统、薪酬系统等。

(二)管理信息系统

管理信息系统(MIS)是一个旨在支持管理人员履行其职能,以及时、有效的方式来收集、分析和传递组织内外部信息的系统。它是由大容量数据库支持,并以数据处理为基础的计算机应用系统。管理信息系统基于系统观点,把分散的信息组成一个比较完整的信息系统,极大地提高了信息处理效率,可以为组织中各层次、各部门服务。

管理信息系统通常由四个部分组成:第一,EDPS部分,主要实现数据收集、输入以及数据库的管理、运算、查询、报表输出等;第二,分析部分,主要实现数据的深加工,如运用各种管理模型和定量化分析手段对组织的经营情况进行分析;第三,决策部分,以解决结构化的管理决策问题为主,为高层管理者提供一个最佳决策方案;

第四，数据库部分，主要用于数据文件的存储、组织、备份等，是管理信息系统的核心部分。

管理信息系统是典型的人机结合的辅助管理系统，管理和决策的主体是人，系统是辅助性的工具。数据信息是系统运作的驱动力，只有保证完整的数据资料采集，系统才能有效地运作。

（三）决策支持系统

决策支持系统（DSS）是以管理科学（如运筹学、控制论等）和行为科学等为基础，以计算机技术、仿真技术和信息技术为手段，针对半结构化的决策问题，支持决策活动的、具有智能作用的人机系统。该系统能为决策者提供决策所需的数据、信息和背景材料，帮助其明确决策目标、识别问题、建立模型、提供各种备选方案，并对各种方案进行评价，通过人机交互功能进行分析、比较和判断，为正确决策提供必要的支持。例如，决策者利用该系统可以在几天之内，而不是几个月之后，就可以了解贴现率上升是如何影响公司销售的。

从概念结构看，决策支持系统由会话系统、控制系统、运行及操作系统、数据库系统、模型库系统、规则库系统和用户组成。其运行过程为：首先，用户通过会话系统输入要解决的决策问题，会话系统把输入的问题传递给问题处理系统。其次，问题处理系统开始收集数据信息，并根据知识库中已有的知识来判断和识别问题；识别后，会话系统会与用户进行交互对话，直到问题得到明确。最后，系统会搜寻问题解决的模型，通过计算推理得出方案可行性的分析结果，并将决策信息提供给用户。

决策支持系统的特点是：系统的用户就是决策者，可以用固定的模型和方法来解决半结构化的决策问题。该系统强调支持的概念，目的是帮助决策者作出更加科学的决策。但需要人机的交互作用，一个问题的决策需要经过反复的、大量的人机对话，因此，决策者的因素如个人偏好、经验、价值观、判断能力等，会对决策的最终结果产生重要影响。

近年来，信息控制系统又有新的发展，比如为高层管理者服务的经理信息系统（EIS）、经理支持系统（ESS）、战略信息系统（SIS），以及将组织与供应商、客户和其他合作伙伴进行关联的集成系统。这些技术在提升组织的运作效率和竞争力等方面，发挥了很重要的作用。

小知识

地铁控制中心（OCC）

地铁控制中心的英文简称是OCC（Operating Control Center），它被称作是地铁里最神秘的"地下组织"，不仅要负责地铁运营的列车运行指挥、设备运行监控，还要对地铁运营信息进行收发、对事故故障进行应急处理，而一旦发生突发事件，控制中心还负责与外界协调联络，对地铁运营进行支援。

港铁公司的可持续发展

近年来，我国城市轨道交通运营线网规模快速增长，由此带来的高额维护成本的现象逐渐凸显，这也令轨道交通的可持续发展问题逐渐提上了日程。2018年，国务院办公厅发布《关于进一步加强城市轨道交通规划建设管理的意见》（国办发〔2018〕52号），着重提出了城市轨道交通"持续健康发展"的指导思想，更是体现了国家层面对轨道交通可持续发展问题的重视。

"港铁"是指服务于中国香港特别行政区的轨道交通系统（含缆车和接驳巴士），由九广铁路与香港地铁合并而成，是国际地铁联盟（CoMET）的成员之一。港铁被公认为全球首屈一指的铁路系统，以安全、可靠、卓越的顾客服务及高效率见称。

通过对港铁2010—2019年10年年报的分析发现，随着港铁业务的发展，其可持续发展模式已逐渐发生改变，而这种改变有助于大家更好地认识轨道交通的可持续发展问题。

一、港铁各项业务的发展变化

一直以来，"轨道+物业"的经营模式被认为是港铁盈利的关键因素，成为其他地铁公司学习效仿的对象。然而，土地开发这种一次性的收益与一个地铁运营公司的持续性盈利实际上存在着矛盾，尤其随着近些年港铁新建线路的减少，这种模式带来的效益也大幅降低。

在港铁的业务分类上，香港客运业务、车站商务、物业租赁及管理业务、中国内地及国际附属公司业务属于经常性业务，而物业发展业务及其他业务则属于非经常性业务，即港铁并未将物业开发作为自身可持续发展的保障。

通过统计2010—2019年港铁各项业务收入数据（港铁物业开发利润、折旧摊销等不计入收入项统计）可发现，目前港铁的各项业务中，客运及车站商务两项业务收入基本贡献了港铁总收入的50%，占绝对主体地位，另外中国内地及国际附属公司收入占比较高，达到30%以上。这一方面说明，港铁当前的主要收入都是围绕轨道交通运营这个主业而来的，而不再是人们印象中"土地开发反哺轨道交通"的模式；另一方面也说明，港铁在香港本地业务增量趋缓的背景下，正利用自身优秀的建设运营能力积极拓展外部市场，国际化趋势明显。

二、港铁运营业务分析

港铁所经营的各项业务均具备独立盈利的能力，即其经常性业务就可以保障公司的可持续发展。

通过港铁的物业租赁管理业务与车站零售设施业务的对比可发现，在轨道交通建设过程中，土地的确是最具价值的资源。然而，到了运营阶段，土地资源形成的物业价值却远远逊色于当初只是作为车站地下空间的零售设施的价值。

通过分析港铁近10年的业务结构发现，物业开发作为非经常性业务收入占比逐年降低，而客运、车站商务及国际化等经常性业务则一直占据主体，尤其是前两者贡献了绝大多数利润。这说明，随着香港轨道交通由建设步入运营时代，"轨道+物业"的发展模式已不再是其可持续发展的主要因素，取而代之的是运营业务及国际化拓展，尤其是客运及车站商务业务，已成为港铁可持续发展的最重要保障。深入分析以上两项业务发现，其盈利的最根本原因是港铁强大的客流效率及市场化的票价调节机制。此外，对自身开发的部分优质物业的自持运营也贡献了可靠的现金流，但其收益水平及成长性远低于具有"客流变现"性质的客运及车站商务业务。这说明，虽然建设阶段土地资源的开发是保障其可持续发展的重要因素，但从更长远的运营周期来看，客流才是轨道交通可持续发展的核心竞争力。

（案例改编自：张晋，袁嘉悦. 港铁可持续发展之启示［J］. 都市快轨交通，2021，34（05）：11－17.）

案例思考：

结合案例材料，分析港铁公司可持续发展的经验与启示。

项目训练

【训练内容】企业管理控制方法及改进建议

【训练目的】实地调研企业，学会运用企业管理控制方法。

【训练步骤】

1. 学生按4~6人划分为一个小组，以小组为单位选择一家本地著名企业为调研对象。

2. 事先收集和整理该企业管理控制信息、新闻报道等资料，根据实训内容梳理出该企业管理控制中存在的问题。

3. 结合调研资料，进行小组讨论并提出该企业管理控制水平的改进建议，完成实训报告。

实训报告格式如下：

_____实训报告		
实训班级：	项目小组：	项目组成员：
实训时间：	实训地点：	实训成绩：
实训目的：		
实训步骤：		
实训成果：		
实训感言：		
不足及今后改进：		
项目组长签字：	项目指导教师评定签字：	

4. 小组提交实训报告，教师总结点评并进行成绩评定。

自 测 题

1. 简述预算控制的内容。
2. 什么叫盈利比率？常用的财务比率有哪些？
3. 什么叫审计？它包括哪些类型？
4. 成本控制的基础是什么？其步骤有哪些？
5. 简述标杆管理的步骤。

【延伸阅读】

布青雄. 过程控制方法及案例解读［M］. 北京：化学工业出版社，2020.

项目九　安全管理方法

【学习目标及要求】

1. 掌握编制安全管理计划的方法；
2. 掌握安全决策的常用方法；
3. 建立安全管理组织。

京博集团的安全管理

山东京博控股集团有限公司（以下简称"京博集团"）是中国500强企业，是一家面向终端和为社会提供能源、新材料、物流等产品、技术、服务和系统解决方案的现代化集团。京博集团的前身为山东省博兴县润滑油脂厂，2000年改制为民营企业。2001年中国加入WTO后，国家对燃料油使用放开，京博集团抓住机会，以加工燃料油为主扩大规模，从单一石化产业延伸至现代制造业、现代服务业、现代农业、新兴产业四大领域。

一、一切给安全让路：京博集团的安全管理观

作为一家大型的民营化工企业，一旦发生重大安全问题，必然会造成人民生命财产的重大损失，危及当地居民的居住环境，严重损害企业社会形象。因此，对京博集团来说，安全问题永远是悬在头上的利剑，不能有片刻的松懈。

京博集团在安全管理观方面强化了以下几个方面：

1. 安全重在一线落实

对生产系统异常需要高度警惕，生产过程中的异常就是安全隐患，必须把安全隐患当事故来治理；不仅要把安全体系、安全标准建立起来，更要把标准、规范逐条落实到生产过程中；加强安全演练，演练要分级；管理人员要深入一线了解安全状况；公司的

安全就是每一个人的安全，具体操作岗位的员工掌握着公司安全的命脉。

2. 提升从业人员的基本技能

随着集团生产装备自动化、智能化水平的提高，从业人员的技能要跟上自动化的操作水平，要能够及时察觉设备运行参数的异常。

3. 加强危化品装卸环节的把控力度，降低危化品车辆运输次数

只要牵扯到危化品运输环节的作业，京博集团就要加大控制力度，把外部的危险因素控制住，危化品的装卸都应该由本公司收发车间的人员来监督操作。在危化品运输方面，京博集团每年的原油、成品油进出至少有一千多万吨，如何减少运输次数呢？京博集团借鉴上海赛科石化的思路，将车辆运输改成船港运输，虽然投入增加了，但减少了危化品运输的安全隐患。

4. 安全问题涉及方方面面，需要全员参与

京博集团不单单从事石化产品的生产加工，还有农业、食品、教育、物业等产业，这些都牵扯到方方面面的安全问题。例如，公司为市场提供蔬菜、肉食品，在整个加工过程中，也需要注意食品安全；幼儿园中的饮食问题，只要涉及安全问题，都应该分解成具体方法和规范；物业公司的安全主要涉及业主的天然气使用问题，要给业主进行防范安全事故的培训。

二、京博集团安全管理的主要做法

为了落实相关的安全管理理念，京博集团构建了安全管理体系，实施了以下主要举措。

1. 明确安全责任分配

在安全责任分配方面，京博集团通过对总体目标进行层层分解来落实安全责任制。京博集团有一个很重要的仪式，就是每年初安全和环保责任书的签署。虽然已经有详尽明确的安全制度规定，但签署仪式会使得安全环保问题的相关负责人倍感责任的重大，从而时刻提醒责任人提高安全意识。签署过程会逐级进行，即控股集团与产业公司总经理签署，产业公司总经理把任务分解给副总，根据职能，各个副总再与各个车间签，各个车间都有责任状，车间再将安全责任分给班组，班组分给员工。

2. 完善安全考核机制

在安全考核机制方面，京博集团主要有日常考核、制度考核、违章考核、消防考核、事故考核、培训考核、危险化学品管理考核、检查考核、交通管理考核和其他管理考核十个方面。除了事故考核之外，其他九个方面的考核都是对违反相关方面的规定而制定的对应处罚措施，这些条款中有许多是"严禁"类规定。

考核制度中的事故考核，是专门针对造成责任事故的各类行为进行处罚，事故被分为不同类别和不同等级。

3. 建立安全培训体系

京博集团建立了较为完善的员工培训体系,并成立了京博集团商校来承担公司的大部分培训任务。京博集团商校的员工培训分为入职前的培训和入职后的培训。前者可以看作是求职者和京博集团之间的一个相互了解和熟悉的过程,决定了双方在公司文化认知方面能否达成共识和对个人能力方面的初步认可,后者是京博集团的终身学习机制。

入职后的培训根据普通员工层次不同而有所区别。普通新员工入职初期,京博集团会为新员工分配师傅,从技能、车间和班组等方面,帮助新员工尽快融入公司环境。初期过后,员工还需要在工作的同时继续完成四级培训。第一级是控股级层面的商校培训;二级培训是由产业公司提供的培训;三级是车间或部门提供的培训;第四级就是班组培训。每个新员工来到公司都要经过这四级培训。除此之外,对于基层员工来说,集团还会投入大量的资金定期举行技能比武、安全知识竞赛以及知识科普活动,以提升员工的技能水平。

这几年,在安全管理方面京博集团一直和杜邦开展密切的合作交流活动,对方的许多先进理念对京博集团有很大的启发。但也可能培训的覆盖面还不够广,或者受训者没有真正领会杜邦的理念,或是京博集团的制度环境没有对安全文化的养成起到促进作用,从目前的状况来看,京博集团在安全管理方面还有很长的路要走。

(案例改编自:高学贤,等. 安全到底要怎么管:京博集团的安全管理实践 [R]. 中国管理案例共享中心案例库.)

案例思考:

1. 结合案例材料,谈谈京博集团的"安全需要全员参与"是如何体现的。
2. 结合案例材料,你认为京博集团在安全管理责任落实方面还存在哪些问题?如何有效解决这些问题?

任务一 安全管理计划

一、安全管理概述

(一)安全管理的概念和方针

安全管理是指国家或企事业单位安全部门运用行政、法律、经济、教育和科学技术手段等,协调社会经济发展与安全生产的关系,处理国民经济各部门、各社会集团和个人有关安全问题的相互关系,使社会经济发展在满足人们物质和文化生活需要的同时,满足社会和个人安全方面的要求,保证社会经济活动和生产、科研活动顺利进行、有效发展。

生产经营单位的安全管理以安全生产为主，安全生产工作应当以人为本，坚持安全发展，坚持"安全第一、预防为主、综合治理"的安全生产方针，强化和落实生产经营单位的主体责任，建立生产经营单位负责、职工参与、政府监管、行业自律和社会监督的有效机制。

（二）安全管理的原则

安全管理是企业生产管理的重要组成部分，是一门综合性的系统科学。安全管理的对象是生产中一切人、物、环境的状态管理与控制，它是一种动态管理。安全管理，主要是组织实施企业安全管理规划、指导、检查和决策，同时，又是保证生产处于最佳安全状态的根本环节。施工现场安全管理的内容，大体可归纳为安全组织管理、场地与设施管理、行为控制和安全技术管理四个方面，分别对生产中的人、物、环境的行为与状态，进行具体的管理与控制。为有效地将生产因素的状态控制好，在实施安全管理过程中，必须坚持六项基本管理原则。

1. 管生产同时管安全

安全寓于生产之中，并对生产起促进与保证作用。因此，安全与生产虽有时会出现矛盾，但两者的目标、目的表现出高度的一致性和完全的统一性。安全管理是生产管理的重要组成部分，两者存在着密切的联系，存在着进行共同管理的基础。

2. 坚持安全管理的目的性

安全管理是对生产中的人、物、环境因素状态的管理，从而有效地控制人的不安全行为和物的不安全状态，消除或避免事故，达到保护劳动者安全与健康的目的。

3. 贯彻预防为主的方针

安全生产的方针是"安全第一、预防为主、综合治理"。安全第一是从保护生产力的角度和高度，表明在生产范围内安全与生产的关系，肯定安全在生产活动中的位置和重要性。预防为主是指在生产活动过程中，经常检查、及时发现不安全因素，采取措施，明确责任，尽快地、坚决地予以消除。综合治理就是综合利用各种社会力量，运用各种手段实现对安全生产问题的标本兼治。将综合治理纳入安全生产方针，是贯彻落实科学发展观的具体体现，目的是建立安全生产长效机制。

4. 坚持"四全"动态管理

安全管理涉及从开工到竣工交付的全部生产过程，涉及全部的生产时间，涉及一切变化着的生产因素。因此，生产活动中必须坚持全员、全过程、全方位、全天候的动态安全管理。只抓住一时一事、一点一滴，简单草率、一阵风式的安全管理，是走过场、形式主义，不是我国提倡的安全管理作风。

5. 安全管理重在控制

安全管理的目的是预防事故的发生，防止或消除事故伤害，保护劳动者的安全与健康。因此，对生产中人的不安全行为和物的不安全状态的控制，必须看作是动态的安全管理的重点。事故的发生，是由于人的不安全行为运动轨迹与物的不安全状态运动轨迹的交叉。从事故发生的原理看，也说明了应该把对生产因素状态的控制当作安全管理重点，而不能把约束当作安全管理的重点，这是因为约束缺乏带有强制性的手段。

6. 在管理中发展、提高

既然安全管理是在变化着的生产活动中的管理，是一种动态管理，那么其管理就意味着要不断发展变化，以适应变化的生产活动，消除新的危险因素。然而更为需要的是，要不间断地摸索新的生产活动规律，总结管理、控制的办法与经验，指导新的变化后的管理，从而使安全管理不断上升到新的高度。

二、安全管理计划的分类和指标体系

安全管理计划是指为保障组织或企业的安全，在实现组织或企业的战略目标和经营业务过程中，根据风险评估和管理规则，制定的一系列安全管理措施和组织管理活动的计划。任何安全管理计划都是为了促使实现某一个安全决策目标而制定和执行的。安全管理计划的一个重要功能就是把注意力时刻集中于安全决策目标，如果没有计划，实现安全目标的行动就会成为一堆杂乱无章的活动，安全决策目标就很难实现。

（一）安全管理计划的分类

安全管理计划的分类主要有以下几种：

（1）按计划形式和调节控制程度划分，可以分为指令性计划和指导性计划。指令性计划具有强制性、权威性和行政性的特点。指导性计划具有约束性、灵活性和间接调节性的特点。

（2）按时间顺序划分，可以分为长期、中期、短期安全管理计划。长期安全管理计划需要确定计划的大体时间（通常是1年及1年以上），以及制订计划所需要的资料、手段、方法等，并且考虑科技的发展及其在生产上的运用程度等。中期安全管理计划可以把长期的安全生产战略任务分阶段具体化，也可为年度安全管理计划的编制提供基本框架。短期安全管理计划根据中期计划具体限定本年度的安全生产任务和有关措施，包括执行单位、人力、物力、财力的分配，为检查计划的执行情况提供依据。

（3）按计划层次划分，可以分为高层、中层、基层安全管理计划。高层安全管理计划是由高层领导机构制定并下达到整个组织执行和负责检查的计划，是对本组织事关重大的、全局性的、时间较长的安全工作任务进行筹划和决策。中层安全管理计划是由中层管理机构制定、下达或颁布到有关基层执行并负责检查的计划，规定基层组织和组织内部各部门在一定时期内需要完成什么以及如何完成。基层安全管理计划是由基层执行机构制定、颁布和负责检查的计划。基层计划一般是执行性的计划，主要有安全作业计划、安全作业程序和规定等。

（二）安全管理计划指标和指标体系

安全管理计划指标是指计划任务的具体化，是计划任务的数字表现。一定的计划指标，通常是由指标名称和指标数值两部分组成的，如煤炭企业年平均重伤人数、百万吨重伤率等。

安全管理计划指标体系的设计应遵循系统性、科学性、统一性、政策性以及相对稳定性的基本要求，通常可以分为以下五个类别。

（1）数量指标和质量指标。数量指标以数量和单位来表现。质量指标以深度、程度来表现计划任务，用以反映计划对象的素质、效率、效益，一般用相对数或平均数表示，如企业的劳动生产率、设备利用率、隐患整改率等。

（2）实物指标和价值指标。实物指标通常用数量来表示。价值指标指以货币作为计量单位来表现安全投入及伤亡事故损失关系的指标。

（3）考核指标和核算指标。考核指标是考核安全管理计划任务执行情况的指标，如隐患整改率、千人死亡率、千人重伤率等。核算指标是编制安全管理计划工程中供分析研究用的指标，如安全生产设备的利用情况、安全生产产生的收益额等。

（4）指令性指标和指导性指标。指令性指标是用指令下达的执行单位必须完成的指标，如隐患整改率等。指导性指标只起指导作用，不具有强制性。

（5）单项指标和综合指标。单项指标是安全工作中单项任务完成的指标，如某项工程的安全控制情况等。综合指标是某些个体指标的概括反映，其表现形式主要有绝对指标、相对指标和平均指标三种。其中相对指标和平均指标又可分为许多种类型和计算方法，如平均指标可分为简单算术平均数、加权算术平均数、调和平均数、几何平均数、中位数和众数等。

三、安全管理计划编制的程序和方法

（一）安全管理计划编制的程序

1. 调查研究

编制安全管理计划，必须弄清计划对象的客观情况，这样才能做到目标明确，有的放矢。为此，在计划编制之前，首先必须按照计划编制的目的和要求，对计划对象中的各个有关方面进行现状的和历史的调查，充分掌握资料。在调查中，一方面要注意全面、系统地掌握第一手资料，防止支离破碎、断章取义；另一方面也要注意有针对性地把主要安全问题追深追透，反对浅尝辄止，浮于表面。从获得资料的方式来看，调查有亲自调查、委托调查、重点调查、典型调查、抽样调查和专项调查等多种形式。调查搞好了，还要对调查材料进行及时、深入、细致的分析，去伪存真、去粗取精，发现矛盾、找出原因。

2. 安全预测

预测是编制安全管理计划的依据和前提。因此，在调查研究的基础上，必须邀请有关安全专家参加，进行科学预测，得出科学、可信的数据和资料。安全预测的内容十分丰富，主要有工艺状况预测、设备可靠性预测、隐患发展趋势预测、事故发生的可能性预测等。从预测的期限来看，则又有长期、中期和短期预测等。

3. 拟订计划方案

经过充分的调查研究和科学的安全预测后，计划制订者掌握了编制安全管理计划的足够的数据和资料，根据这些数据和资料，审慎地提出计划的安全发展战略目标、安全工作主要任务、有关安全生产指标和实施步骤的设想，并附上必要的说明。通常情况下，一般要拟订几种不同的方案以供决策者选择之用。

4. 论证和择定计划方案

这一阶段是安全管理计划编制的最后一个阶段，主要工作可归纳为以下三个方面。首先，通过各种形式和渠道，召集有准备的各方面安全专家的评议会进行科学论证；同时，也可召集职工座谈会，广泛听取意见。其次，修改、补充计划草案，拟出修订稿，然后通过各种形式和渠道征集意见和建议。这一程序必要时可反复多次。最后，比较选择各个可行方案的合理性与效益性，从中选择一个满意的安全管理计划，交由企业权力机关批准实行。

（二）安全管理计划编制的方法

1. 定额法

定额是通过经济、安全统计资料和安全技术手段测定而提出的完成一定安全生产任务的资源消耗标准，或一定的资源消耗所要完成安全生产任务的标准。它是安全管理计划的基础，对计划核算有决定性影响。定额法就是根据有关部门规定的标准，或者目前在正常情况下已经达到的标准，来计算和确定安全管理计划指标的方法。

2. 综合平衡法

综合平衡是从整个企业安全生产管理计划全局出发，对计划的各个构成部分、各个主要因素、整个安全管理计划指标体系进行的全面平衡。综合平衡法把任何一项安全工作计划都看作是一个系统，不是追求局部的、单指标的最优化，而是寻求系统整体的最优化。因此，它是进行计划平衡的基本方法。综合平衡法的具体形式很多，主要有编制各种平衡表，建立便于计算的计划图解模型或数学模型等。

3. 因素分析法

因素分析法是指通过分析影响某个安全指标的具体因素以及每个因素变化对该指标的影响程度来确定安全管理计划指标的方法。例如，在生产资料供应充足的条件下，企业生产水平取决于投入生产领域的活劳动量和单位活劳动的生产率以及企业安全生产的水平。因此，确定企业产量计划，可以通过分别求出计划期由于劳动力增加可能增加的产量以及由于劳动生产率提高可能增加的产量和安全生产的平稳运行可能增加的产量，然后把三者相加。

4. 系数法

系数是两个变量之间比较稳定的数量依存关系的数量表现，主要有比例系数和弹性系数两种形式。比例系数是两个变量的绝对量之比。如企业安装一台消声器的工作量占基建投资总额的比例假设为 65%，那么，0.65 就是二者的比例系数。弹性系数是两个变量的变化率之比。如企业产量增长速度和企业总的经济增长速度之比假设为 0.2:1，那么，0.2 就是产量增长的弹性系数。系数法就是运用这些系数从某些计划指标推算其他相关计划指标的方法。系数法一般用于计划编制的匡算阶段和远景规划。其优点是可以在时间短、任务急、资料全的情况下迅速编制粗线条的计划，还可以对计划进行粗略的论证和检验。但使用时必须注意系数在计划期的有效性，并对其进行尽可能科学的修正。

5. 动态法

动态法就是按照某项安全指标在过去几年的发展动态，来推算该指标在计划期的发展水平的方法。如根据历年情况，假设某企业集团人身伤害事故每年大约减少 5%。假定计划期安全生产条件没有大的变化，那么就可以按减少 5% 来考虑。这种方法常见于确定安全管理计划目标的最初阶段。

6. 比较法

比较法就是对同一计划指标在不同时间或不同空间所呈现的结果进行比较，以便研究确定该项计划指标水平的方法。这种方法常被用于进行安全管理计划分析和论证。使用它，可以较好地吸收其他企业的成功经验。当然，在运用这种方法时，一定要注意同一指标的诸多因素的可比性问题，简单的类比是不科学的。

小 贴 士

城市轨道交通系统安全评估

城市轨道交通系统安全评估工作，是把整个城市内部交通轨道工程的项目作为一个综合体，对其中各个不同环节的项目工程进行全面的安全监管和评估，有效保证城市轨道交通安全计划工作的全面落实和发展，将系统的整个发展过程和应用概念，合理地融入城市轨道安全评估系统内部。其中重点涵盖了城市轨道交通的土建工程建设，轨道交通线路车站位置设定，供电系统、通信系统及信号站子系统等各个环节的安全评估工作。整个评估工作涵盖的工作面相对较广，包含了工程设计建设、施工测试、验收及轨道运行维护等各个工作阶段。

任务二　安全决策

一、安全决策概述

（一）安全决策的含义

安全决策是指人们针对特定的安全问题，运用科学的理论和方法，拟订各种安全行动方案，并从中做出满意的选择，以较好地达到安全目标的活动过程。安全决策，从名词的角度出发，是指做出的安全决定，即安全决策的结果；从动词的角度出发，就是决定安全对策，做出安全的决定和选择。它有如下含义：① 它是一种活动过程；② 为了达到一个既定的目标；③ 需要付诸实施；④ 核心是选出最优方案；⑤ 保证科学性和民主性；⑥ 需要考虑实施过程中的情况变化。

（二）安全决策的分类

1. 按安全决策问题的性质划分

按照安全决策问题的性质划分，安全决策可分为战略性安全决策和策略性安全决策。战略性安全决策是指影响安全生产总体发展的全局性决策。战略性安全决策往往与企业长期规划有关，它较多地关注外部环境。策略性安全决策又称一般性安全决策，是指解决局部性或个别安全问题的决策，它是实现安全战略目标所采取的手段，比战略性安全决策更具体，考虑的时间比较短，主要考虑如何具体安排并组织人力、物力、财力来实现安全战略决策。

2. 按安全决策问题是否重复出现划分

按照安全决策问题是否重复出现划分，安全决策可分为程序化安全决策和非程序化安全决策。程序化安全决策是指对安全管理活动中反复出现的经常需要解决的安全问题进行的决策。非程序化安全决策是指对安全管理活动中出现的非例行活动的、新的安全问题进行的决策。

3. 按安全决策问题的性质和条件的不同划分

按照安全决策问题的性质和安全决策条件的不同划分，安全决策可分为确定型安全决策、风险型安全决策和非确定型安全决策。

确定型安全决策是指在对执行结果已经确定的方案中进行选择的决策。确定型安全决策一般具备以下 4 个条件：① 存在着安全决策者希望达到的一个明确的安全目标；② 只存在一种确定的自然状态；③ 存在着可供安全决策者选择的两个或两个以上的行动方案；④ 不同的行动方案在确定状态下的损益值可以计算出来。由于一个方案只有一种确定的结果，因此，这种安全决策比较好做，只要比较各个方案结果的优劣，就可以选择出一个最优的方案。

风险型安全决策也称为统计安全决策或随机型安全决策，是指以未来的自然状态发生的概率为依据，对无法确定执行结果的方案进行选择的决策。这种决策无论选择哪个方案，都要承担一定的风险。风险型安全决策具备以下 5 个条件：① 存在着安全决策者企图得到的一个明确的安全目标；② 存在着可供安全决策者选择的两个以上的行动方案；③ 存在着不以安全决策者的主观意志为转移的两种以上的自然状态；④ 不同的行动方案在不同自然状态下的相应益损值可以计算出来；⑤ 未来将出现哪种自然状态，安全决策者不能确定，但是各种自然状态出现的可能性，安全决策者可以预先估计或计算出来。

非确定型安全决策是指安全决策者无法确定未来各种自然状态发生的概率的决策。与风险型安全决策相比较，如果缺少第 5 个条件，则属于非确定型安全决策。非确定型安全决策主要靠安全决策者的知识、经验和判断能力。

4. 按安全决策要求获得答案的数目多少或相互关系的情况划分

按照安全决策要求获得答案的数目多少或相互关系的情况划分，安全决策可分为静态安全决策和动态安全决策。静态安全决策也叫单项安全决策，它所处理的安全问题是某个时点的状态或某个时期总的结果，它所要求的行动方案只有一个。动态安全决策则不同，它要做出一系列相互关联的安全决策。动态安全决策有两个特点：第一，它做出的安全决策不是一个而是一串。第二，这一串安全决策彼此之间有紧密的联系，前一项安全决策的结果直接影响到后一项安全决策。

二、安全决策应具备的条件

安全决策应具备以下三个方面的条件。

（一）科学的安全预测

安全预测是指在正确的理论指导下，在分析各种历史资料和现实情况的基础上，采用科学的方法，对客观事物的发展趋势、未来状况的预见、分析和推断。

为提高安全预测的科学性和有效性，必须掌握和遵循几个基本原则。其一，客观性原则。要求从客观事实出发，尊重历史资料，认真分析研究现状，揭示事物的本质联系和必然趋势，如实反映可能出现的安全问题和后果。其二，系统性原则。安全预测的对象都是一个特定的系统，因此，安全预测要从系统整体着眼，全面考虑系统内的各种关系和系统外的环境因素，克服片面性。其三，连续性原则。任何事物的发展都是一个连续不断的过程，因而描述这一过程的安全预测必须按其客观发展的连续性，由其发展历史和现状推算出其未来的发展趋势。其四，定性研究和定量分析相结合的原则。安全预测中的定性研究是对未来事件发展性质的推断。定量分析是对未来事件发展程度和数量关系的预见。只有综合运用定性研究与定量分析方法，才能从数量和性质两个方面揭示事物发展过程的本质特征和规律性，得出符合客观规律的安全预测结果。

（二）健全的安全决策组织体系

现代企业安全决策由于多系统、多层次和多因素及其动态变化等，往往不是由一个人而是由一批人才能完成的，所以，健全的安全决策组织体系是保证安全决策顺利进行的前提条件之一。一个健全有效的安全决策组织体系首先应拥有获取安全信息的部门或人员。安全决策的科学性在很大程度上取决于是否全面、及时、准确地掌握了安全信息。其次，应依靠智囊人员建立专家系统，设计安全决策方案并进行安全分析评估，为科学的安全决策提供多种可行的备选方案。最后，由安全决策者进行综合评价、抉择，这就需要有安全决策机构。安全决策机构的主要责任就是尽可能为执行部门提供整体最优的方案，以取得最佳的安全管理效果。

（三）素质优良的工作人员

1. 安全决策者的素质要求

安全决策者是安全决策组织的核心，他们的素质与安全决策组织的功能密切相关，决定着安全决策的质量。为此，安全决策者必须具备应有的知识、能力、经验和体质。

对安全决策者的基本素质要求如下。

（1）代表广大职工的利益、意志和要求，有全心全意为职工和企业服务的精神。

（2）具有比较深厚的政治理论修养，广博的现代社会科学、自然科学和工程技术知识，并对所决策的安全问题有较深的专业知识和丰富的实践经验。

（3）有面向未来的安全管理观念，有敏锐的安全预测能力和安全判断能力。

（4）相信职工，作风民主，富有创新精神。

（5）善于控制自己的感情，能时刻保持清醒的头脑，对待不同类型的安全决策能以不同的思维方式来审查。

除了安全决策者的个人素质外，还要注意决策班子的集体素质和整体效能，决策班子的成员应有合理的结构，和睦相处，配合默契。

2. 智囊参谋人员的素质要求

智囊参谋人员的素质直接影响咨询参谋的结果，而咨询参谋的结果又在很大程度上影响安全决策的效果。因此，安全生产管理决策不能忽视智囊参谋人员的素质。安全生产管理的智囊参谋人员应当具备的基本素质如下。

（1）对安全工作有较强的责任心。

（2）有广博的安全知识和丰富的安全生产实践经验。

（3）坚持辩证唯物主义，有独立思考的精神，尊重客观事实，不搞先入为主。

（4）尊重领导，但不盲从。

（5）面向未来，有长远观念，能深谋远虑。

3. 安全信息工作人员的素质要求

现代企业安全生产管理决策的每个步骤不但离不开安全信息，而且要求有完整、准确、及时、适用的安全信息。完整、准确、及时、适用的安全信息主要靠信息工作人员提供，信息工作人员的素质如何直接影响安全信息质量的高低。因此，必须重视安全信息工作人员的素质问题，切不要以为他们不直接参与方案的制订和方案的选择而认为他们的素质无关紧要。

对安全信息工作人员的素质要求如下。

（1）具有对工作高度负责的精神。

（2）热爱对安全信息工作，实事求是，尊重客观事实。

（3）有较强的专业知识。

（4）对事物变化反应灵敏，善于观察、分析事物的发展变化。

（5）作风严谨，工作认真细致。

三、安全决策的原则和步骤

（一）安全决策的原则

1. 系统性

安全决策对象通常是一个多因素组成的有机系统。总系统可以分成若干个子系统，每个系统又可分成若干个小子系统。每个系统都有它特定的目的和功能，各系统之间都有相关性。因此，系统性是企业安全生产管理决策的重要特点之一，系统思考是进行安全决策必须遵循的一条基本原则。它强调安全决策必须考虑整个系统和与其相关的系统以及构成各个系统的相关环节，以免做出顾此失彼、因小失大的错误决策。

2. 科学性

安全决策的科学性原则是指安全决策必须尊重客观规律，尊重科学，从实际出发，实事求是。安全决策是安全管理的首要职能，关系安全行动的成败，安全决策者应尽可能地避免、减少决策中的失误。要做到这一点，只有按科学的原则办事，将安全决策建立在科学的基础上。

3. 责任性

责任性原则就是谁做安全决策谁负责的原则，它包含两重含义：一是谁做安全决策，谁负责决策的贯彻执行。其理由是，安全决策者最了解方案的优缺点和实施的措施、路线，能够较好地控制决策实施过程。再者，谁决策谁实施是执行谁决策谁对决策后果负责原则的要求，如果安全决策者不负责贯彻实施决策，一旦安全决策目标没有实现，或决策与实际不符，决策者就可能把责任推给贯彻执行者。二是谁决策，谁对决策后果负责。决策具有风险，决策失误，企业会受到或大或小的损失。要减少决策的失误，避免一些安全管理者"情况不明，决心大；知识不足，点子多"的不负责任的主观决策，安全决策者必须对安全决策的后果负责。这是防止滥用职权、盲目决策，尽最大可能保证安全决策科学、正确、可行的基本前提，也是一个制度保障。

4. 经济性

经济性原则通俗地讲就是节约原则。节约原则在这里包括两方面的含义：一方面，应使安全决策过程本身所花的费用最少。安全决策同其他安全管理活动一样，需要费用和成本，安全决策者必须考虑决策过程中的费用和成本。人们之所以不可能按绝对最优的标准进行安全决策，其原因就在于要列出所有的备选方案的成本（包括时间成本）太高，寻找全部的潜在方案常常会得不偿失。安全决策过程本身的费用和成本与采用的决策程序、决策方式、决策标准等方面直接相关。在保证安全决策科学性、合理性的前提下，应选择费用最省、成本最低的决策程序、决策方式和决策标准。另一方面，安全决策的内容应坚持经济效益标准，即安全决策有投入，也应有产出。

5. 民主性

安全决策中的民主性原则是指在决策过程中要充分发扬民主，认真倾听不同意见，在民主讨论的基础上实行集体决策。民主性原则包括两方面内容：一方面是在安全决策过程中坚持群众路线，在职工群众中发扬民主，充分听取广大职工群众的意见，使安全决策成为接纳职工参与和反映职工利益的民主决策；另一方面是在安全决策过程中坚持集体决策，实行严格的民主集中制。主要安全决策者要善于、勇于大胆提倡和鼓励不同意见之间互补他短、各扬己长，不搞个人专断或擅自决定。重大安全决策问题要在充分发扬民主的基础上实行表决。集体做出了决定，个人有不同意见，允许保留，但必须服从和执行集体的决定。

（二）安全决策的步骤

安全决策应遵循以下步骤。

1. 发现问题

发现问题是安全决策的起点。问题通常指应该或可能达到的状况同现实状况之间存在的差距，包括已存在的现实安全问题，也包括估计可能产生的未来的安全问题。安全决策水平的高低与发现现实安全问题和未来安全问题的程度紧密相关。

2. 确定目标

目标决定着方案的拟订，影响到方案的选择和安全决策后的方案实施。目标必须具体明确，既不能含糊不清，也不能抽象空洞。确定目标，一是根据需要和可能，量力而行；二是既要留有余地，又应使责任者有紧迫感。

3. 拟订方案

拟订方案就是研究实现目标的途径和方法。安全决策的一个重要特点就是要在多种方案中选择较好的方案。在拟订方案时贯彻整体详尽性和互相排斥性这两条基本要求。整体详尽性，就是要求尽可能地把各种可能的方案全部列出。互相排斥性是指不同方案之间必须有较大的区别，执行甲方案就不能执行乙方案。备选方案必须建立在科学的基础上，能够进行定量分析的，一定要将指标量化，以减少主观性。

4. 方案评估

方案评估就是从理论上和可行性方面进行综合分析，对备选方案加以评比估价，从而得出各备选方案的优劣利弊结论。在评估方案时要对方案的限制因素、协调性、潜在问题等进行系统的分析。经过分析对比，权衡利弊，对方案进行改进。同时，还要进行效益和效应分析，包括经济效益分析、社会效益分析和社会心理效应分析。经济效益分析是从经济效益的角度，对备选方案中人、财、物等资源的限制因素、客观经济环境和成果等进行具体分析、计算，得出定量的分析结果。社会效益分析主要指分析方案实施后对社会公共利益、社会的安定、生态平衡和群众身体健康等的影响。不同阶层的人在心理上对安全决策的反应是有区别的。因此，方案评估时也要考虑方案实施会产生什么样的社会心理效应，在具体措施上要有解决心理问题的方法。评估心理效应可进行一些社会心理的问卷调查，并吸收一些心理学专家对方案进行社会心理的分析论证。

5. 方案选优

方案选优是在对各个方案进行分析评估的基础上，从众多方案中选取一个较优的方案，这主要是安全决策者的职责。在进行方案选优的过程中，安全决策者应注意以下几点：一是要有正确的选优标准。要求安全决策的主要指标达到优良，不可过分追求完美。二是要有科学的思维方法和战略系统的观念。要坚持一分为二的原则，善于把握全局与局部、主要矛盾和次要矛盾、矛盾的主要方面和次要方面，抓住重点兼顾一般，仔细衡量各种方案的优劣利弊。三是安全决策者要正确处理与专家的关系。专家仅仅是在安全决策者委托和指派下参与安全决策，绝不能代替安全决策者的决策。四是应综合各方面安全专家的意见，独立做出总揽全局的决策。

四、安全决策常用的方法

科学的安全决策要运用科学的安全决策方法。安全管理专家和从事安全管理活动的实际工作者总结概括了许多切实可行的安全决策方法。本书简要介绍几种常用的安全决策方法。

1. 集体磋商法

集体磋商法是一种让持有不同思想观点的人或组织进行正面交锋，展开辩论，比较出方案的优劣，最后找到一种合理方案的安全决策方法。这种方法适用于有着共同利益追求和同样具有责任心的集体。集体磋商可以以"头脑风暴"的形式出现，也可以以其他形式出现。一般而言，集体磋商的成员是组织内担负安全决策使命的安全决策者。

2. 加权评分法

加权评分法是一种对备选方案进行分项比较的方法。具体方法为：先把各备选方案分成若干对应项，然后逐项进行比较并打分，最后通过加权评分找出备选方案中的最优方案。这种方法能发挥对方案作出最后抉择的安全决策者的主动性，而且可以在获得较优方案的同时节约大量时间和人力、物力。

3. 电子会议法

电子会议法是利用现代的电子计算机手段改善集体安全决策的一种方法。基本做法是：所有参加会议的人面前只有一台计算机，首先由会议的主持者通过计算机将问题显示给参加会议的人；然后会议的参与者将自己的意见输入到计算机，通过计算机网络将个人的评论和票数统计都投影在会议室的计算机屏幕上；最后综合与会者的意见进行决策。

城市轨道交通盾构工程安全风险管理智能决策支持系统

城市轨道交通盾构工程安全风险管理智能决策支持系统通过收集盾构行业内的安全风险源、工程关键工序、安全事故案例、风险应急预案/专项方案等安全风险相关管理知识，进行安全风险管理经验总结，形成盾构安全风险管理知识库，并利用知识图谱技术，将不同类型的风险源、应急预案/专项方案、安全事故案例形成一套底层安全风险管理关联知识图谱。它通过连接底层安全风险管理关联知识图谱与盾构工程一线施工的进程信息，在施工各关键环节给予前置风险预测，对掘进过程风险给予实时监控，并针对预警结果提出应对措施。

任务三　安全组织管理

安全组织管理是安全管理的职能之一。完善的安全组织应由一定的承担安全管理职能的人群组成，不仅要有明确的保障生产安全、人与财物不受损失的目的性，还应有相应的系统性结构，用以控制和规范安全组织内成员的行为。

一、安全组织的构成与设计

要完成具有一定功能目标的活动，就必须有相应的组织作为保障。建立合理的安全组织机构是有效进行安全生产指挥、检查、监督的组织保证。安全组织机构是否健全，组织中各级人员的职责与权限界定是否明确，安全管理的体制是否协调高效，都直接关系到安全工作能否全面开展和职业安全健康管理体系能否有效运行。

(一) 安全组织的基本要求

事故预防是有计划、有组织的行为。为了实现安全生产，必须制订安全工作计划，确定安全工作目标，并组织企业员工为实现确定的安全工作目标而努力。因此，企业必须建立安全管理体系，而安全管理体系的一个基本要素就是安全组织架构。由于安全工作涉及面广，因此合理的安全组织架构应形成网络结构，其纵向要形成一个自上而下指挥的、统一的安全生产指挥系统，横向要使企业的安全工作按专业部门分系统归口管理，层层展开。

建立安全组织架构的基本要求有：

第一，合理的组织结构。为了形成"横向到边、纵向到底"的安全工作体系，要合理地设置横向安全管理部门，科学地划分纵向安全管理层次。

第二，明确责任和权利。组织机构内各部门、各层次乃至各工作岗位都要明确安全工作责任，并对其授予相应的权利。这样有利于组织内部各部门、各层次为实现安全生产目标而协同工作。

第三，人员选择与配备。要根据组织机构内不同部门、不同层次、不同岗位的责任情况，选择和配备人员。特别是专业安全技术人员和专业安全管理人员应该具备相应的安全专业知识和能力。

第四，制定和落实规章制度。制定文件化的安全目标；各级管理人员和基层成员了解安全目标内容；建立安全目标管理制度，对目标的制定、修改、落实和考核做出规定，以保证工作安全有效地开展。

第五，信息沟通及与外界协调。组织内部要建立有效的信息沟通模式，使信息沟通渠道畅通，保证安全信息及时、准确地传达。安全组织机构与外界的协调非常重要，因为安全工作不仅受到外界环境的影响，而且要接受政府的指导和监督等。

(二) 安全组织的构成

不同行业、不同规模的企业，安全工作组织形式也不完全相同。应根据具体的安全工作组织要求，结合本企业的规模和性质，建立安全组织。企业安全管理工作组织的一种构成模式如图9-1所示，它主要由安全工作指挥系统、安全检查系统和安全监督系统三大系统构成。

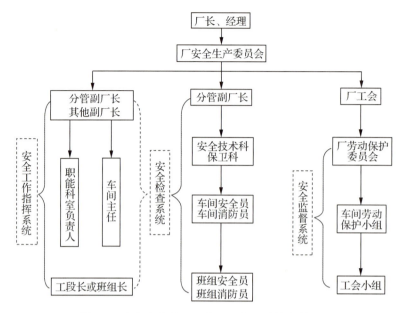

图 9-1 企业安全管理工作组织的一种构成模式

（资料来源：邵辉，毕海普. 安全管理学［M］. 2版. 北京：中国石化出版社，2021.）

1. 安全工作指挥系统

该系统由厂长或经理委托一名副厂长或副经理（通常为分管生产的负责人）负责，对职能科室负责人、车间主任、工段长或班组长实行纵向领导，确保企业职工安全健康计划、目标的有效落实与实施。

2. 安全检查系统

该系统的主体由分管副厂长、安全技术科、保卫科、车间安全员、车间消防员、班组安全员、班组消防员组成。另外，安全工作的指挥系统也兼有安全检查的职责。实际工作中，一些职能部门兼具双重或多重职责。

3. 安全监督系统

安全监督系统主要是由工会、党、政、团组成的安全防线。例如，有些单位的工会发动组织职工开展安全生产劳动竞赛，抓好班组劳动保护，监督检查员工职责的落实。党组织部门负责把安全生产列为对所属党组织政绩考核和对党员教育、评议及目标管理考核的指标之一。各级行政正职必须是本单位安全生产的第一责任者，在安全管理上实行分级负责，层层签订安全生产承包责任状。团委负责动员广大团员青年积极参与安全生产管理及安全生产活动。

（三）安全组织的设计

1. 安全组织设计的原则

安全组织设计的任务是设计清晰的安全组织管理结构，规划和设计组织各部门的职能和职权，确定组织中安全管理职能、职权的活动范围并编制职务说明书。

安全组织设计的原则包括：

（1）统一指挥原则。各级机构以及个人必须服从上级的命令和指挥，保证命令和指挥的统一。

（2）控制幅度原则。主管人员有效地监督、指挥其直接下属的人数是有限的，每个领导人要有适当的管理宽度。

（3）权责对等原则。明确规定每一管理层次和各部门的职责范围，同时赋予其履行职责所必需的管理权限。

（4）柔性经济原则。努力以较少的人员、较少的管理层次、较少的时间取得管理的最佳效果。

2. 安全组织结构的类型

安全组织结构的类型不同，所产生的安全管理效果也不同。一般来说，安全组织结构分为以下几种类型。

（1）直线制结构。各级管理者都按垂直系统对下级进行管理，指挥和管理职能由各级主管领导直接行使，不设专门的职能管理部门。由于这种组织结构形式缺少较细的专业分工，管理者决策失误就会造成较大损失，所以一般适合于产品单一、工艺技术比较简单、业务规模较小的企业。

（2）职能制结构。各级主管人员都配有通晓各种业务的专门人员和职能机构作为辅助者直接向下发号施令。这种结构形式有利于整个企业实行专业化管理，发挥企业各方面专家的作用，减轻各级主管领导的工作负担。但由于实行多头领导，往往政出多门，易出现指挥和命令不统一的现象，造成管理混乱，因此在实际中应用较少。

（3）直线职能型结构。这种结构以直线制为基础，既设置了直线主管领导，又在各级主管人员之下设置了相应的职能部门，分别从事职责范围内的专业管理。这种结构形式既保证了命令的统一，又发挥了职能专家的作用，有利于优化行政管理者的决策，因此在企业组织中得到广泛采用。其主要缺点是，各职能部门在面临共同问题时，往往易从本位出发，从而导致意见和建议的不一致甚至冲突，加大了上级管理者对各职能部门之间的协调负担；此外，职能部门的作用受到了较大限制，一些下级业务部门经常忽视职能部门的指导性意见和建议。

（4）矩阵式结构。矩阵式结构是由按职能划分的纵向指挥系统与按项目组成的横向系统结合而成的一种组织结构。它便于讨论和应对一些意外问题，在中等规模和生产若干种产品的组织中效果最为显著。当环境具有很高的不确定性，而目标反映了双重要求时，矩阵式结构是最好的选择，其优势在于能够使组织满足环境的双重要求，资源可以在不同产品之间灵活分配，适应不断变化的外界要求。其缺点在于，一些员工受双重职权领导容易感到阻力和困惑。

（5）网格型结构。网格型结构是一种依靠其他组织以合同为基础进行制造、分销、营销或其他关键业务的经营活动的结构。其优点是没有正式的资本所有关系或行政隶属关系，通过相对松散的企业纽带，以一种互利互惠、相互协作、相互信任和支持的机制进行密切合作。在网格型组织结构中，组织的大部分职能从组织外购买，这给管理当局提供了高度的灵活性，并使组织集中精力做它们最擅长的事。其缺点是有时可能为了各自利益而产生矛盾。

二、安全专业人员的配备和职责

（一）安全专业人员的配备

根据行业的不同，可在企业职能部门中设专门的安全管理部门，如安全科等；或设兼有安全管理与其他某方面管理职能的部门，如安全环保部、质量安全部等；在车间、班组设专职或兼职安全员。对安全管理人员的素质有具体要求，包括：素质好，坚持原则，热爱职业安全健康管理工作，身体健康；掌握职业安全健康技术专业知识和劳动保护业务知识；懂得企业的生产流程、工艺技术，了解企业生产中的危险因素和危险源，熟悉现有的防护措施；具有一定的文化水平，有较强的组织管理能力与协调能力。

（二）安全专业人员的职责

安全组织及专业人员主要负责企业安全管理的日常工作，但是不能代替企业法定代表人或负责人承担安全生产法律责任。安全专业人员的主要职责有以下几方面：

第一，定期向企业法定代表人或负责人提交安全生产书面意见，针对本企业安全状况编制企业的职业安全健康方针、目标、计划，以及有关安全技术措施及经费的开支计划。

第二，参加制定防止伤亡事故、火灾等事故和职业危害的措施，组织重大危险源管理、应急管理、工伤保险管理等以及本企业危险岗位、危险设备的安全操作规程，提出防范措施、隐患整改方案，并负责监督实施，以及各种预案的编制等。

第三，组织定期或不定期的安全检查，及时处理发现的事故隐患。组织调查和定期检测尘毒作业点，制定防止职业中毒和职业病发生的措施，搞好职业劳动健康及建档工作，督促检查企业职业安全健康法规和各项安全规章制度的执行情况。

第四，一旦发生事故，积极组织现场抢救，参与伤亡事故的调查、处理和统计工作，会同有关部门提出防范措施。

第五，组织、指导员工的安全生产宣传、教育和培训工作，开展安全竞赛、评比活动等。

杜邦公司安全管理的直线责任制

杜邦公司是全球工业安全的标杆企业。杜邦公司在安全管理组织结构上贯彻"谁主管生产、谁负责安全"的原则,安全是各级生产管理层的责任。安全生产是管理层的承诺,是最高管理者的责任。有专职安全管理人员是非常重要的,但是如果有人说安全由安全部门来负责,在杜邦公司将被视为不安全因素。因为安全包括公司各个层面、每个角落、每位员工点点滴滴的事,只有公司高层管理层对所管辖的范围安全负责,下属对各自范围安全负责,车间主任对车间的安全负责,生产组长对管辖的范围安全负责,小组长对员工的安全负责,涉及的每个层面、每个角落安全都有人负责,这个公司的安全才能真正有人负责。安全部门不管有多强,人员都是有限的,不可能深入到每个角落、每个地方24小时监督,所以安全必须是从高层到各级管理层到每位员工自身的责任,安全部门从技术上提供强有力的支持,各级管理层对各自的安全直接负责。

苏州轨道交通构建运营安全双重预防机制

城市轨道交通双重预防机制是指运营安全风险分级管控和隐患排查治理双重预防性工作机制。目的是准确把握运营安全生产的规律、特点和趋势,排查、评估运营安全薄弱环节和突出问题,通过制度、技术和管理等措施,有效控制安全风险,闭环管理、排查治理隐患,遏制城市轨道交通运营生产安全事故和危险性事件的发生。

一、苏州轨道交通双重预防机制建设工作实施流程

苏州轨道交通将双重预防机制建设和运行作为运营单位全面落实企业安全生产主体责任的有效途径,领导干部带头重视,各层级全面参与。通过制定符合实际、简单实用、逻辑清晰的风险辨识和隐患排查制度,落实岗位风险告知和隐患排查手册等措施,确保员工能理解、会上手、有任务。宣传发动工作可结合安全文化建设工作开展。苏州轨道交通将双重预防机制建设宣传贯彻工作融入安全文化建设过程,积极推进安全文化阵地向一线班组和工作现场延伸渗透,加强全员对双重预防机制建设运行的认识,做到领导重视、全员宣传贯彻培训和全员参与。苏州轨道交通双重预防机制建设工作实施流程如图9-2所示。

实用管理方法

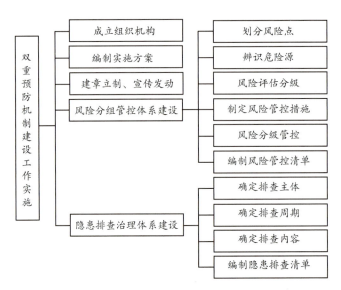

图 9-2 苏州轨道交通双重预防机制建设工作实施流程

二、苏州轨道交通双重预防机制建设工作要点

苏州轨道交通运营安全风险分级管控工作主要由风险辨识（确定风险点、辨识危险源）、风险管控、风险公告和预警、风险培训、风险检查、持续改进等程序组成，如图9-3所示。

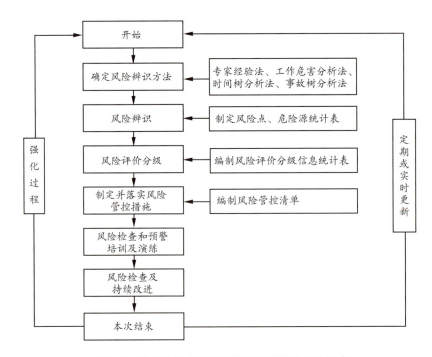

图 9-3 苏州轨道交通双重预防机制建设工作要点

隐患排查治理以风险分级管控体系中确定的所有管控措施和法律法规对安全管理的要求作为排查内容。将运营安全隐患分为行车组织、客运组织、设备设施运行维护和制度体系等共 11 大类。

苏州轨道交通岗位隐患排查手册实行一岗一册，内容包括风险点、风险描述、隐患内容、排查标准和排查方式等内容。其中排查内容来源于对风险管控措施可能产生的缺陷的逐项分析。隐患排查标准、隐患排查方式均与日常生产作业相结合，将排查发现的隐患纳入隐患排查治理台账统一记录。苏州轨道强化隐患排查治理过程管控，对于运营一般隐患实行分级治理，分 A、B 两级。每月对风险隐患进行统计分析，研判风险演变趋势和隐患升级苗头等问题，并建立隐患治理档案，实行"一患一档"。

苏州轨道交通立足于运营安全管理实际需要和管理难点，对标交通运输局规范性文件要求，本着吸收融合的原则，积极探索实践，形成了一套符合自身特点的双重预防机制构建模式，有助于全面排查运营作业活动和设备设施中的风险和隐患，提升风险管控措施制定的准确性，提升管理的针对性和有效性，进一步强化压实全员岗位责任、安全防控责任以及应急处置责任，达到轨道交通运营安全整体预控能力提升的目的。

（案例改编自：苏州市轨道交通集团有限公司内部资料）

案例思考：

结合案例材料，谈一谈苏州轨道交通构建运营安全双重预防机制的优缺点。

项目训练

【训练内容】制订提升企业安全管理方案。

【训练目的】实地调研企业，进一步加深理解安全管理方法的应用。

【训练步骤】

1. 学生按 5 人划分为一个小组，以小组为单位选择一家本地企业为调研对象。

2. 事先收集和整理该企业安全管理内容、新闻报道等资料，根据实训内容分析该企业安全管理中存在的问题。

3. 结合调研资料，进行小组讨论并制订该企业安全管理提升方案，完成实训报告。

实训报告格式如下：

＿＿＿＿＿＿＿实训报告		
实训班级：	项目小组：	项目组成员：
实训时间：	实训地点：	实训成绩：
实训目的：		
实训步骤：		

实用管理方法

实训成果：	
实训感言：	
不足及今后改进：	
项目组长签字：	项目指导教师评定签字：

4. 小组提交案例分析报告，教师总结点评并进行成绩评定。

自 测 题

1. 如何基于安全管理原则来制订安全管理计划？
2. 安全管理计划编制的方法有哪些？
3. 简述安全决策的步骤。
4. 简述安全组织的构成。
5. 对企业安全专业人员的配备有哪些要求？

【延伸阅读】

马中飞，程卫民. 现代安全管理［M］. 北京：化学工业出版社，2022.

项目十 风险管理方法

【学习目标及要求】

1. 了解掌握风险管理的含义及其过程;
2. 掌握风险识别方法、风险评估方法、风险控制方法的应用。

顺丰控股跨境并购财务风险防范

一、顺丰控股并购嘉里物流案例介绍

(一) 公司简介

顺丰速运(集团)有限公司(以下简称顺丰)于1993年3月26日在广东顺德成立,是一家主要经营国际、国内快递业务的快递企业。顺丰速运是目前中国速递行业中投递速度最快的快递公司之一。2022年顺丰营业收入2 675亿元,员工30余万人,是快递行业当之无愧的领头羊。

顺丰控股于2010年2月5日在深圳证券交易所中小板A股上市,股票名称为顺丰控股。

嘉里物流于2013年12月6日在香港上市,创建于2001年,总占地6 400万平方英尺,全职员工约34 000人,其联网的办事处遍布全世界59个国家及地区,核心业务主要涵盖国际货代、跨境电子贸易等多元化服务产业,并具有横跨六大洲覆盖世界各地的综合物流配送服务网络和枢纽业务,是目前在香港联合交易所挂牌的最大规模海外综合运输企业之一。

(二) 并购过程

顺丰控股于2021年2月9日在巨潮资讯网发布了要约收购嘉里物流股权的相关通知。顺丰控股全资子公司计划以现金支付175.55亿港元部分要约收购嘉里物流股本的

51.80%，并于 2021 年 9 月 28 日完成资产交割。此价格是嘉里物流最近连续 30 个交易日在联交所所报平均收市价溢价的 56.22%，溢价程度很高。

二、顺丰控股跨境并购财务风险防范

（一）并购前充分调查并制定并购方案

在收购工作开始前，顺丰控股应以公司长期发展为主要目的，并针对企业内部环境和国内外市场环境等各种因素制定合理的并购预案。第一，为了保证信息的切实可信度，企业可以寻求资产评估机构、审计机构等中介机构进行核查；第二，对嘉里物流的主营业务范围、核心技术以及发展趋势等进行调查研究与分析；第三，完成估值后还需制定具体合理的并购方案，内容应当涉及对嘉里物流的价值评估、融资和支付方式等，还应包括后期的资源整合措施等。与此同时，应充分考虑各环节形成财务风险的因素和防范措施，使财务风险降至最低。

（二）并购中创新融资方式、拓宽融资渠道

跨境并购需要大量的资金，外部融资虽能在短时间内筹集资金，但是后期若出现资本结构恶化以及负债过高等情况，如果安排不当可能会陷入财务危机的旋涡；内部融资主要靠留存收益等筹集资金，会大量占用企业的流动资金，同时会降低企业对市场环境变化的快速反应能力，造成财务风险增加的后果。

因此，为了避免不必要的资金损失，融资方式的创新就变得尤其重要。创新融资方式包括：第一，在风险可以合理控制的情况下，充分利用信贷融资以及非信贷融资；第二，时刻关注国家政策，合理利用银行和政府、保险、基金之间的合作，合理分配间接融资和直接融资之间的比例关系；第三，充分利用国际资本市场和证券市场完成跨境并购，既可以增强对外资的利用，又可以帮助企业筹集资金。顺丰在并购嘉里物流的时候，由于嘉里物流实力雄厚，顺丰控股选择外部融资方式，通过非公开发行 A 股的方式进行并购，虽然缓解了其公司内部财务压力，但是给公司带来了一定的偿债风险。所以跨境并购时可将内部融资和外部融资相结合，有效发挥两种融资方式的优势，因此根据自身实际情况选择合理的融资渠道，充分利用金融工具，可以有效地规避财务风险。

（三）并购中选择合理的支付方式

在跨境并购中每种支付方式各有利弊，企业应该根据自身情况以及抗风险能力选择合理的支付方式。现金支付快捷方便，但影响公司现金流动性；股票支付可能会稀释企业原来的控制权结构，程序相对其他支付方式比较复杂，增加企业的并购成本；杠杆收购可以用相对较少的资金进行并购，但是会增加企业的财务杠杆，使偿债能力降低。

在跨境并购中需要根据企业资金的流动性以及抗风险能力等因素选择合理的支付方式，因此并购公司要在并购实施之前对目标公司进行全方面分析。一是并购公司应该根据自身的发展战略、运营情况等做出综合评估；二是并购公司需要充分考虑自身的资产流动性、资金还款能力以及各个公司对资本结构变动情况的反映；三是并购公司还要根据目标公司财务结构、公司战略和管理人员的投资偏好以及最近的股票价格变化状况等因素进行评估。案例中顺丰控股选择的是全额现金支付方式，全额现金支付很容易导致现金流的短缺。股权支付可以有效地避免此风险，所以公司在整个收购流程中可同时选择现金支付与股权支付，这样既能够在一定程度上抑制财务风险，也能够控制股东对公司控制权的稀释程度。

总之，从风险成因和结果来看，跨境并购不同于境内并购，由于并购双方地域差异所衍生出的政治、经济、文化、财务制度、并购管理办法、汇率等差异会带来一系列财务风险，并购前会产生估值溢价风险、并购中会产生融资偿债和支付风险等。从风险防范措施来看，并购前要充分调查并制定并购方案，及时做好经验总结及通盘考虑，识别并选择合适的风险防范措施；并购中创新融资方式、拓宽融资渠道、选择合理的支付方式，监控好可能出现的财务风险，做好事中控制，使财务风险出现的概率减至最小化。

（资料来源：柳德才，梁晓冉，陈宇奥. 上市公司跨境并购财务风险与防范研究——以顺丰控股并购嘉里物流为例［J］. 财会通讯，2022（14）：132－136. 有改动）

案例思考：
1. 结合案例材料，你认为顺丰控股并购嘉里物流的财务风险有哪些？
2. 结合案例材料，顺丰控股防范跨境并购财务风险还有哪些管理措施？

任务一　风险管理认知

一、风险管理的含义及特征

风险管理是指组织通过对风险的识别、衡量和处理，力求以最小的经济代价为组织目标的实现提供安全保障的管理活动。因此，风险管理是一个过程，是降低和控制风险的一系列活动，它涉及管理目标的确定、风险的识别和评估、风险管理方法的选择、风险管理的实施及风险管理效果的评价与改进等内容，是组织中各个层级人员的职责，而非仅仅针对管理人员。

发展至今，企业风险管理已经表现出了以下几方面的特征：

第一，战略为先。风险管理应支持企业的战略和价值创造，在战略层面整合和管理企业业务层面风险是全面管理风险的意义所在，战略风险管理统领企业其他风险管理，风险管理要融入企业日常经营管理中。

第二，全员参与。企业风险管理是一个由治理层、管理层和所有员工共同参与，将风险控制在风险容量以内，提高企业价值的过程。只有将风险意识转化为全体员工的共同认知和自觉行动，才可确保风险管理目标的实现。

第三，强调专业化。由风险管理的专业人才实施专业化管理。

第四，二重性。风险管理既要管理纯粹风险，也要管理机会风险。

第五，系统管理。风险管理必须有一套系统的、规范的方法，建立健全风险管理体系，从而为实现风险管理的总体目标提供合理保证。

二、风险管理目标

风险管理是一项目标导向性的组织工作。没有目标，风险管理工作的方向就难以确定，风险管理工作就无法开展，而风险管理的结果也难以评价。尽管风险管理目标可能涉及多个层面，但其根本目标是明确的，就是力求以最小的成本支出来保障组织目标的实现。其中，成本是指组织基于成本效益比较的原则，在进行风险管理过程中投入的各种经济资源，如人力、物力、财力等，以及其机会成本。具体而言，风险管理目标可以分为以下两个方面。

（一）损失前的风险管理目标

在风险事故尚未发生时，风险管理的目的是尽可能地消除、降低或转移风险事故的发生，确保组织的正常运营。具体而言，损失前的风险管理目标有：

第一，经济目标。组织应该以经济合理的方式预防潜在的损失，防止出现为规避风险而不计代价的费用支出，或吝啬必要的预防费用而漠视风险存在等现象，要对组织的安全计划、风险管理工具、防损技术和各种保险等进行相应的经济分析，以确保管理成本的经济合理。

第二，合法性目标。组织的运营与发展必须以合乎法律规范为基础，为确保经营活动的合法性，组织必须认真审视与自身的经营活动相关的法律法规，并严格遵守。

第三，社会责任目标。组织还必须关注利益相关者的利益，认真履行相应的社会责任，这既有益于社会，也有利于组织自身。

（二）损失后的风险管理目标

风险事故一旦发生，组织就应努力降低风险事故的影响，采取必要措施，尽快恢复到正常运营状态。具体而言，损失后的风险管理目标有：

第一，生存目标。组织应充分考虑损失事件对运营和生存的影响程度，尽快采取相应措施，确保在合理的时间内能够部分或全部恢复组织的经营运作。

第二，持续经营目标。这是指组织不能因为损失事件的发生而使经营运作活动中断，以免丧失原有的市场份额。特别是公用事业单位，要确保在损害发生之后尽量不间断所提供的服务，以最大限度地降低给人们生产生活带来的影响。

第三，收益稳定目标。组织应尽量稳定运营，消除风险事故的不利影响，以实现收益的连续和稳定，保证组织恢复到损害前的状态并能稳定成长。

第四，社会责任目标。风险事故除了给组织带来损害外，还会波及利益相关者。组织应尽量减少损失事件对利益相关者的不利影响，承担相应的社会责任，树立良好的社会形象。

内部控制与风险管理的关系

内部控制与风险管理主要存在以下几个方面的差别：

第一，从管理的目标看，内部控制主要强调对三种目标的实现提供支撑：经营目标、报告目标、合规目标；而风险管理在此基础上进一步扩充了战略目标。

第二，从管理的要素看，内部控制主要包含五项关键要素：控制环境、风险评估、控制活动、信息和沟通、监督；而风险管理包含八项要素：内部环境、目标设定、事项识别、风险评估、风险应对、控制活动、信息与沟通、监督。

第三，从管理的理念看，内部控制框架中没有提到的一个概念是风险的组合观，而风险管理框架强调必须从"组合"的角度考虑复合风险。

从本质上看，内部控制是应对结构化问题的一类管理活动，它借助于内部控制框架或指引建立的一系列规章、制度、流程实施管理；而风险管理面对的问题同时涵盖了结构化问题和非结构化问题（如战略风险），这就要求企业同时采用程序化决策和非程序化决策的方法加以应对。在实践层面，考虑到内部控制职能设立得更早也更完善，可以考虑将内部控制部门聚焦于结构化问题的应对，而新成立的风险管理部门聚焦于非结构化问题的应对。

 风险识别过程和方法

组织运营过程中所面临的风险是错综复杂的，正确地识别风险是风险管理过程中最基础的环节。如果不能准确地识别风险，就无法客观、准确地评估风险，也就无法预防或控制风险。

风险识别是指管理者运用相关的知识和方法，全面、系统和连续地发现和描述组织所面临的各种风险、风险原因以及潜在的后果。风险识别是一个连续的过程。组织内外的环境总是在不断变化之中，风险的质和量也在变化，还可能出现前所未有的风险。因此，组织必须持续地识别各种风险，而不能时断时续。

实用管理方法

一、风险识别过程

风险识别是风险管理过程中的一个环节,其本身也有一系列工作需要顺次开展,其管理过程包括确定风险识别的内容和范围、选择合适的风险识别工具、进行全方位的风险识别等。

(一) 确定风险识别的内容和范围

风险识别是风险管理的关键环节,由于组织对于风险的认知和承受能力不同、投入风险管理的资源各异,所以对风险识别的侧重点也会不同。一般而言,风险识别的主要内容包括组织内外存在的风险因素、可能出现的风险事故、风险事故的可能影响范围、风险发生的直接或间接后果,以及风险发生后的可能连锁反应或叠加效应等。

风险识别工作一般由组织中风险管理部门的人员主导,风险识别的范围涉及组织的各层次、各部门和各项业务工作,甚至还会涉及影响组织目标实现的外部因素。正是由于风险识别的范围宽泛、内容庞杂,所以除了专业的风险管理人员外,还应实行风险管理人员主导下的全员参与,以全面、细致而有效地识别出各种潜在风险。

(二) 选择合适的风险识别工具

风险识别的主要任务是定性地判断特定的风险是否存在,如果存在,其属性、可能的后果、影响范围等如何,所以常用一些定性的风险分析方法。而不同的识别方法之间,其分析角度、分析路线和分析的侧重点等方面并不相同,因此,在风险识别过程中,应根据识别对象的风险特点、风险环境、现有的风险管理资源等因素的不同,以及组织目标与组织资源能力的差异,选择合适的识别方法,以使识别工作更具精准性。

(三) 进行全方位的风险识别

开展风险识别工作,就是识别出可能影响组织目标实现的内外部风险因素及其驱动因素,可重点关注以下几个方面。

1. 风险因素

发现引发风险事故的风险因素,才能有的放矢地改变风险因素的存在条件,并防止风险因素的增加或聚集。一般而言,引发风险事故的风险因素有物质风险因素(如可能引致房屋火灾的建筑类型、建筑材料等)、道德风险因素(如为获取保险赔偿而故意造成损失或夸大损失额)、心理风险因素(如对投保的财物疏于关照)和法律风险因素(如法律条文的变化引致的损失频率和损失程度增加)。

一般而言,按照风险事故发生后果的严重程度,风险因素可以划分为四类:第一类是事故后果可以忽略,可以不采取控制措施的风险因素;第二类是事故后果比较轻,暂时还不能造成人员伤害和财产损失,应该考虑采取控制措施的风险因素;第三类是事故后果严重,会造成人员伤亡和系统损坏,需要立即采取措施加以控制的风险因素;第四类是可以造成灾难性后果的风险事故，必须立即采取措施予以排除的风险因素。

2. 风险事故

风险事故是造成损失的原因，如发生火灾或盗窃会造成财产损失。通常，不同的风险因素可能产生相同的风险事故，从而造成企业或个人财物上的损失。例如，火灾事故可能产生于物质环境（如闪电），也可能产生于社会环境（如纵火、骚乱），但是无论由什么风险因素引发的火灾，都会产生危害、造成损失。因此，风险识别的重要步骤是能够预见到风险事故，将可能产生事故的风险因素消灭在萌芽状态。

二、风险识别的方法

风险识别的方法有很多，既有主观风险识别方法，又有客观风险识别方法，应用领域和侧重点各不相同。组织可以根据关注问题的不同，选用不同的识别方法和工具，以更好地识别出风险。常用的风险识别方法有以下几种。

（一）现场调查法

现场调查法是了解组织运营实际状况、获取第一手资料的有效方法。一般由风险经理到现场实地观察各部门的运作，检查组织的各种设施及进行的各项操作，深入了解组织活动和行为方式，以便于从中发现潜在风险。

在进行现场调查前，风险经理要做好充足的准备工作，以便于在调查时能够有的放矢。首先，做好调查的时间安排。选择合适的调查时间，并确定调查所需要的时间。其次，明确要调查的项目。风险经理需要对调查工作做一个详细计划，明晰需要调查的项目、重点内容和采用的风险识别方法。为防止有遗漏或忽视的内容，可以参考先前的记录事先绘制好调查项目表或调查记录表，以便于调查过程中进行记录、填写。最后，明确各部门的风险负责人，以便于调查工作的顺利展开。

在现场调查的过程中，风险经理要注意和一线工作人员进行交流和沟通，发挥灵活性和创造性，对潜在风险要保持敏锐意识，从而最大限度地发挥现场调查的作用。

现场调查以后，风险经理要及时行动，将调查结果进行汇总整理，对潜在风险进行识别分析，并采取相应的措施。

现场调查法的优点是：风险经理可以借此获得第一手资料，也有利于风险经理与各部门管理人员及基层人员建立和维持良好的关系。缺点是：现场调查法需要花费大量的时间，成本较高；定期的现场调查可能使其他人忽视风险识别或者疲于应付调查工作。

（二）审核表调查法

审核表调查法是现场调查法的一种替代，是由相关责任人或风险经理填写一种事先设计好的调查表，进而根据表格内容来识别、分析。调查表一般由风险经理会同专家根据组织实际而设计和制作，也可以直接采用由专业人员设计好的标准表格和问卷。这些调查表通常会系统地列出一个组织可能面临的风险，使用者对照调查表中的问题逐一回答，就可以构建出组织的风险框架。

根据调查的内容不同，调查表可以较为单一简洁，也可以较为系统全面。通常，一份标准调查表会有几页甚至是上百页，大部分标准调查表根据不同方法分成几个部分，并按照损失价值的大小来划分。

审核表调查法的优点是：具有广泛的适用性，并能根据需要随时调整、修订表格中的调查内容；能获取大量的信息且成本较低。缺点是：表格的制作有较高的专业要求并要具备丰富的实践经验；由于填写人员的素质等原因，填写不准确、不客观等；一些通用的调查表难以揭示出某个组织的特殊性。

（三）组织结构图示法

组织结构图示法是指通过绘制并分析组织结构图，来识别风险可能发生的领域与范围的一种风险识别方法。通过该方法，可对如下方面的内容有更深入的了解：第一，企业活动的性质和规模。例如，一个企业集团由哪些子（分）公司组成，是否有国外子公司，它们各经营什么性质的业务等。第二，企业内部各部门之间的内在联系、权利配置情况和相互依赖程度，分析是否有业务与权利交叉。第三，企业内部可以区分的独立核算单位，这是对风险做出财务处理决策时所必须考虑的。第四，企业存在的、可能使风险状况恶化的弱点，以及潜在风险的可能发生范围。

组织结构图示法适用于各类企业的风险识别，是一种以案头工作方式为基础的风险识别方法。组织结构图可以显示组织中的部门设置情况、工作关系、权利配置以及人员间的关系，可以用来发现一些存在于组织部门中的风险因素，进而考察风险可能发生的领域和范围。

（四）流程图法

流程图法是将组织活动按照内在的逻辑联系绘成流程图，针对流程中的各个环节，特别是关键环节和薄弱环节，进行风险因素、风险事故及可能的损失后果等方面的识别和分析。

流程图的划分标准以及流程图的类型较多。例如，产品开发流程、原材料采购流程、产品生产流程、市场营销流程和财务管理流程等。流程图反映了组织经营活动的类型和顺序，可以揭示出运营中的关键之处和瓶颈点。利用流程图来识别风险，要根据识别目的和要求绘制出流程图，再进行详细分析。首先，要对图中的每一个环节逐一调查，找出潜在的风险，并分析风险事故发生的可能性及造成的损失后果。其次，要分析各个环节之间的关系，以找出关键环节和薄弱环节，并对这些环节可能存在的风险及其损失后果进行相应的分析和识别。

流程图法的优点是：能把一个问题分成若干个可以进行管理的问题，有利于风险识别；流程图较为简洁、清晰，基本上能够揭示出整个生产运营过程，有利于识别各环节中的风险。但流程图法也存在一些缺点：需要消耗大量时间，从了解生产过程到绘制流程图，再到对流程图进行解析并识别潜在风险，整个过程耗时较多；流程图法只强调事故的结果,无法对事故发生的可能性进行评估。

(五) 财务报表分析法

财务报表分析法是运用财务报表数据对组织的财务状况和经营成果及未来前景进行评价,从而分析和识别组织所面临的潜在风险的方法。财务报表分析之所以能揭示出组织风险,是因为组织的经营活动最终会涉及货币或者财产,而风险事故的发生会对财务产生负面影响,这样,仔细研究相应的财务报表,就可以发现组织面临的各种风险。

财务报表分析法通常用到的报表是资产负债表、损益表和现金流量表。而识别风险的方法主要有趋势分析法、比率分析法和因素分析法三种。

趋势分析法是指根据企业连续数期的财务报表中的相关数据进行比较和分析,以揭示企业财务状况和经营成果的变化趋势。趋势分析可以采用多期比较分析、结构百分比分析和定基百分比分析等形式,通过与以往指标的对比,就能确定企业本期的经营效益和管理水平,并可以分析企业是否存在经营风险。

比率分析法是指以同一会计期间相关数据的相互比较,求出相关数据之间的比例,以分析财务报表所列项目之间的相互关系。运用比率分析可以对企业财务状况的各个方面做出评价,并可以识别出潜在风险。

因素分析法是依据分析指标和影响因素的关系,从数量上确定各因素对指标的影响程度。通常有差额分析法、指标分析法、连环替代法和定基替代法。利用该种方法,可以确定风险因素对风险事故的影响。

财务报表分析法的优点是:风险识别所需资料较易获取,且具有可靠性和客观性的特点;运用财务报表分析法,研究的结果主要是按照会计科目的形式编制出来的,易于识别隐藏的潜在风险,可以防患于未然。财务报表分析法的缺点是:专业性强,如果缺乏财务管理的专业知识,就无法识别组织潜在的风险;当财务报表不真实时,难以准确识别组织面临的潜在风险。

当然,风险识别的方法还有很多,如事故树分析法、情景分析法、危险与可操作性研究等,但每一种方法都有其适用性和优缺点。风险管理人员在选择这些工具时,应该有清醒的认识。

第一,任何一种方法都不可能揭示出组织面临的全部风险,更不可能揭示导致风险事故的所有因素。因此,必须根据组织的性质、规模以及各种方法的用途将多种方法结合使用。

第二,经费的限制和不断增加的工作会导致成本上升、收益下降,风险管理人员必须根据实际条件选择效果最优的方法或方法组合。

第三,风险识别是一个持续不断的过程,仅凭一两次调查分析不能解决问题,许多复杂的和潜在的风险要经过多次识别才能获得较准确的答案。

财务报告风险清单

企业财务报告的生成过程可分为编制、审核、审计、批准、发布和使用等环节。其中,最主要的是财务报告编制环节,涉及制订编制方案,确定重大交易或事项的会计处理方法,清产核资、核实债权债务,对账与结账,编制个别财务报表,编制合并财务报表等。编制环节是财务报告生成的基础,编制环节的风险控制效果直接影响财务报告信息是否真实、可靠。另外,财务报告其他环节如审核、审计、批准、发布和使用的风险也需要引起重视。

财务报告风险清单如表10-1所示。

表10-1 财务报告风险清单

环节	一级流程	二级流程	三级流程	报告风险描述	原因分析	责任部门
报告编制环节	制订编制方案					
	确定重大交易或事项的会计处理方法					
	清产核资、核实债权债务					
	对账与结账					
	编制个别财务报表					
	编制合并财务报表					
报告其他环节	审核					
	审计					
	批准					
	发布					
	使用					

任务三 风险评估的方法

在识别并确认组织面临的风险以后,风险管理人员就要对风险进行衡量和评价,以便于拟订风险管理方案,进而采取相应的风险应对措施,将可能的风险损失降至最低,或控制在组织可以接受的范围内。

风险评估的方法很多，应用的情境和条件要求各不相同，主要分为定性分析技术、定量分析技术及其结合。一般而言，定量分析的结果精准度高，易于理解和判断，更利于决策使用。但在不要求量化分析，或者量化评估所需要的数据资料无法获取或获取的成本不具经济性时，就应采用定性分析技术。管理者要根据实际需求，结合风险评估的目标、决策者的需要、可用的信息和数据、风险范围及结果的严重程度、法律法规要求等方面灵活选择分析方法。以下是几种常见的风险评估方法。

一、情景分析

情景分析是指通过假设、预测、模拟等手段生成可能发生的未来情景，并分析各种情景下可能对组织目标实现产生影响情况的一种分析方法。情景分析可以采用正式或非正式的、定性或定量的手段进行，主要适用于可变因素较多的项目的风险分析。它是根据事件发展的趋势，在假定某些关键影响因素可能发生的基础上，构造出多种可能的未来情景，提出多种未来的可能结果，并根据可能的损失情况而采取适当措施，以防患于未然。情景分析目前在国内外得到了广泛应用，并产生了很多具体的方法，如历史情景再现法、目标展开法、因素分解法、随机模拟法等。

二、敏感性分析

敏感性分析是指通过分析和测算系统的主要因素发生变化时引起系统评价指标变化的幅度，以及各种因素变化对实现预期目标的影响程度，从而确认系统对各种风险的承受能力的一种方法。在组织运行过程中，存在各种不确定性因素，这些因素对组织运行的影响程度是不同的。有些因素的微小变化就会引起组织指标的较大变化，甚至是变化超过了临界点，从而影响原来的风险管理决策，这些因素被称为敏感性因素。而有些因素即使发生较大的变化，也只能引起评价指标的很小变化，甚至不变，这些因素被称为不敏感性因素。敏感性分析的目的就是在诸多的不确定性因素中，确定敏感性因素和不敏感性因素，并分析敏感性因素对组织活动的影响程度，从而使风险管理人员掌握组织的风险水平，明确进一步风险管理的途径和技术方法。

三、风险指数

风险指数是对风险的半定量测评，是利用顺序标度的记分法得出的估算值。风险指数可以用来对使用相似标准的一系列风险进行评分，以便对风险进行比较。得分可用于风险的各组成部分，如污染物特征（来源）、可能暴露路径的范围、对接收方的影响等。尽管是风险评估的组成部分，但风险指数主要用于风险分析，本质上是一种对风险进行分级和比较的定性方法，使用数字完全是为了便于操作。在许多潜在模型或系统不清楚或不能表示的情况下，用定性方法更好。如果充分理解系统，可以用指数对与活动相关的不同风险进行分级。指数允许将影响风险等级的一系列因素整合为单一的风险等级数字。风险指数作为一种范围划定工具可用于各种类型的风险，从而确定哪些风险需要更深层次的分析以及定量评估。

四、统计推论法

统计推论法是进行项目风险评估和分析的一种十分有效的方法，它可分为前推、后推和旁推三种类型。前推就是根据历史的经验和数据推断出未来事件发生的概率及其后果。如果历史数据具有明显的周期性，就可据此直接对风险做出周期性的评估和分析；如果从历史记录中看不出明显的周期性，就可用一个曲线或分布函数来拟合这些数据，再进行外推，此时要注意历史数据的不完整性和主观性。由于很多项目风险具有一次性和不可重复性，所以在评估和分析这些项目风险时常用后推法。后推是把想象的事件及后果与一个已知事件及后果联系起来，把未来风险事件归结到有数据可查的造成这一风险事件的初始事件上，从而对风险做出评估和分析。旁推就是利用类似项目的数据进行外推，用某一项目的历史记录对新的类似项目可能遇到的风险进行评估和分析，当然还要充分考虑新环境的各种变化。这三种方法在项目风险评估和分析中都得到了广泛运用，适用于各种风险分析预测。实施步骤为：① 收集并整理与风险相关的历史数据。② 选择合适的评估指标并给出数学模型。③ 根据数学模型和历史数据预测未来风险发生的可能性和损失大小。

任务四　风险控制的方法

依据风险处置方式的不同，风险控制的方法可分为以下几种：风险避免、风险分担、损失减低管理和风险保留。

一、风险避免

风险避免，也称风险规避，是指在风险发生的可能性较大且影响较大的情况下，组织采取的中止、放弃或调整等风险处理方式以避免风险损失的一种方法。例如，为防止某种产品可能伤害到顾客而导致顾客的索赔，企业决定放弃该种产品的生产，就是风险避免的方式。

风险避免其实是一种消极的选择，可能导致组织在某些领域无所作为，或丧失某些获利机会。但有些情况下，风险避免可能是风险管理的唯一或最优选择。通常，组织可以分不同情况而采取如下风险避免的方式。

1. 完全拒绝承担风险

当组织对风险进行评估后发现，风险事故发生的可能性很大且损失很大，或者认为自身不愿承担该风险时，就可以直接拒绝承担该种风险。例如，为防止危险品对居民造成危害，位于居民区的企业不制造危险物品；为防止对湿地环境的破坏，高速公路绕过某湿地区域等。

2. 试探承担部分风险

当组织对风险进行评估后发现，一步到位开展某项经营活动的风险太大且组织难以承担时，就可以采取分步实施、回避掉一部分风险的方式来开展该项活动。例如，企业经过分析发现，某项新产品应该有需求，但大规模生产有风险，此时就可以先少量生产，以了解市场和消费者的反应，再决定是否扩大生产规模。

3. 中途放弃承担风险

组织在进行某项经营活动时，由于内外环境的变化等原因，使得风险增加或者组织承担风险的能力降低，此时就可以采取中止该项活动的方式来避免风险。例如，汽车经销商在经销某种型号汽车的过程中发现，该车的刹车制动系统存在问题，为避免消费者的责任索赔，决定停止经销该种车型。

现实中，风险避免是组织处理风险的一种有效且较普遍的方法。组织通过中断风险源来避免可能产生的潜在损失或不确定性。然而，有些风险可能根本无法避免（如地震、经济危机、能源危机等），或者在避免了一种风险的同时产生了新的风险（如为避免空难而改乘火车，同样会有交通风险）。因此，风险避免通常适用于如下情形：损失频率和损失程度都较大的风险；损失频率虽然不大，但损失后果较严重且无法得到补偿的风险；采取风险应对措施的成本超过了该项活动的预期收益的风险。

二、风险分担

风险分担是指组织将自身可能遭受的风险或损失，有意识地通过正当、合法的手段，部分或全部转移给其他经济单位的风险处理方式。例如，企业通过购买交通意外险的方式，将出差员工的交通风险转移给保险公司。

根据风险的分担方式，风险分担可以分为财务型风险分担和非财务型风险分担两类。前者有保险、贸易信贷、套期合约、期货、期权等方式，后者有外包、租赁、委托管理和出售等方式。组织可以根据自身情况灵活选用一种或数种组合方式，以谋求风险管理的收益最大化。

1. 财务型风险分担

保险是财务型风险分担中最常用的一种风险分担方式。利用保险进行风险分担就是通过保险合约，以投保的方式将组织面临的潜在风险转移给保险公司。保险实质上是众多风险承受单位通过建立保险基金结合在一起，以共同应对风险事故的发生。企业通过参加保险、缴纳保险费将风险转移给保险公司。而保险公司则将面临风险的众多企业结合起来以建立保险基金，利用基金来补偿发生风险事故的企业。显然，这是少数投保企业将遭受的损失转移给所有投保企业来分担，从而降低平均损失率的一种方式。

通过保险转移风险较简单且易操作，因此得到了广泛应用。企业一方面可以减少预留风险储备资金，另一方面可以获得保险公司和保险中介所提供的有关风险防范及处置方面的建议和咨询，从而增强驾驭风险、防范风险的能力。

2. 非财务型风险分担

非财务型风险分担是指企业将可能引起损失的风险通过一系列的合约转移给非保险业的经济单位的方式。

非财务型风险分担方式是对财务型风险分担方式的重要补充。由于多种原因，保险不可能覆盖具有风险的所有范围和领域，而且有些风险靠财务型风险分担方式难以实现转移目的。此时，利用非财务型风险分担方式就非常有必要。这种方式类型多且较为灵活，可以被各种类型的组织选择使用。通过分担，可以将风险转给那些能够更好地实施风险控制与管理的组织，而风险也能被更好地处理。因此，从总体上来说，非财务型分担是较有益的一种风险处理方式。当然，由于受法律、合同条文的限制，以及对合同语言理解的差异，有些组织的风险可能不能有效转移，或在转移过程中使组织蒙受损失。另外，由于不存在大量的风险单位的集合来平均分摊风险损失，就使得接受风险分担的一方企业所面临的风险损失可能较大并且不稳定。

三、损失减低管理

损失减低管理是指组织有意识地接受经营管理中存在的风险，并以谨慎的态度，通过对风险的分散以及风险损失的控制，从而化大风险为小风险，变大损失为小损失的风险处理方式。例如，企业通过多元化投资的方式来分散单一业务经营可能面临的风险。

根据所采用的管理方式不同，损失减低管理主要有以下两种方式。

1. 风险分散

风险分散是指组织将面临的风险单位进行分割，划分为若干个较小且价值较低的独立单位，并分散于不同的空间，以降低组织可能遭受的风险损失程度。换言之，就是"不要把鸡蛋放在一个篮子里"，以减少单次损失的发生所造成的损失。例如，某企业的全部存货不是存放在一个仓库里，而是分散存放在相距较远的几个仓库里，这样，就可以减少一个仓库发生火灾的损失。需要注意的是，这种方法在分离了风险单位的同时，增加了需要控制的个别风险单位数量，任一独立的风险单位发生事故都会给企业造成损失。而且，分散风险单位需要资金支持，过分的分散行为可能使企业资源紧张，造成难以形成或维持核心竞争力与竞争优势的问题。

2. 复制风险单位

复制风险单位是指组织备份一份维持正常的经营活动所需的资源，在原有资源因各种原因不能正常使用时，备份风险单位可以代替原有资产发挥作用。需要注意的是，复制风险单位并没有使原有风险变小，但可以在风险事故发生时减少一次事故的损失。例如，备份计算机文件并将备份文件隔离存放，有助于起到减少损失的作用。备份机器设备或者零部件，可以在机器设备出现故障时迅速启用备份机器或更换损坏的零部件，从而保障生产的正常进行。同样，利用复制风险单位的方式可以减少预期的事故损失，但也需要耗费组织资源、增加开支，从而给企业带来一定的负担。

四、风险保留

风险保留是指面临风险的组织自己承担风险事故造成的损失，并做好相应的资金安排。该种风险处理方式的实质是，当风险事故发生并造成损失后，组织通过内部资金的融通来弥补所遭受的损失。

按照对风险管理的计划性和主动性，风险保留可以分为主动的、有意识的、有计划的风险保留和被动的、无意识的、无计划的风险保留。组织在识别了风险的存在并对其损失后果获得较准确的评价和权衡各种管理措施的利弊之后，有意识地决定不转移有关的潜在损失风险而由自己承担时，就是主动的、有意识的、有计划的风险保留。而被动的、无意识的、无计划的风险保留有如下两种表现：第一，组织没能意识到风险存在而导致的风险损失的保留；第二，虽然意识到风险的存在，但低估了风险的程度，因怀有侥幸心理而导致的风险保留。

按照保留风险的程度，风险保留可以分为全部风险保留和部分风险保留。全部风险保留是组织全部承担风险损失程度小的风险，并拥有充分的财力应对损失的发生。而部分风险保留是指根据组织的实际情况，决定部分担负可能面临的风险。

组织在采取风险保留后，需要确定相应的资金安排。此时，应重点考虑资金的来源、对损失的补偿程度、损失发生后补偿资金来源的变现性等因素。通常，组织可采取的筹资方式有现有收入、意外损失准备金、专项基金、外部借入资金等。当然，除了筹集资金提高自身的抗风险能力以外，组织还可以通过套期保值和专业自保公司的方式实施风险管理。

总之，组织应根据自身的战略规划和业务特点来合理确定风险偏好和风险承受度，并采取相应的风险控制方法。

卡尼曼风险定律

卡尼曼风险定律是由 2002 年度诺贝尔经济学奖获得者丹尼尔·卡尼曼（Daniel Kahneman）与特沃斯基（Tversky）提出的，它指一般人在面临获得时总是尽可能规避风险，而在面临损失时又喜欢冒一下险的非理性心理因素。

卡尼曼的核心理论是前景理论，这个理论有以下三个基本原理：（1）大多数人在面临获得的时候是风险规避的；（2）大多数人在面临损失的时候是风险偏爱的；（3）人们对损失比对获得更敏感。原理（1）、（2）合称为卡尼曼风险定律。

城市轨道交通运营安全风险评估

城市轨道交通运营风险是城市轨道交通运营过程中，引起运营风险事故发生的各种不确定性。根据导致城市轨道交通运营事故发生的原因，可以将事故的类型划分为以下四个类别：人为因素，比如乘客安全意识、工作人员违规操作情况等；设备设施因素，比如负责列车信息传递的通号系统、作为城市轨道交通正常运营载体的车辆系统、负责城市轨道交通的外围基础设施正常运转的机电系统、为轨道交通系统提供能源的供电系统、负责城市轨道交通路面轨道正常铺设的土建系统、负责城市轨道交通成网络化运营的线路等；环境因素，比如大风、雨雪、地质灾害等；管理因素，比如安全培训教育、安全救援演练等。

根据对北京、上海、广州等国内重点部分城市的地铁运营事故类型的统计分析，国内的事故多是由车辆系统、通号系统、供电系统、机电系统、环境和管理等原因引起的。这些城市轨道交通中的子系统存在着很多隐患，一旦出现问题，就会对城市轨道交通的正常运营产生不利影响。

城市轨道交通的运营没有绝对的安全性。评估是为了判断系统的风险水平，并采取相应的控制措施，以减少系统的损失并达到预防的目的。对于风险评估方法，可以分为：定量方法、定性方法、定量与定性结合方法。

当对城市轨道交通系统完成评价后，首先需要一个衡量的标准来确定风险的等级，然后管理决策者再依据风险的等级采取相应的管理和控制措施。一般参照《地铁运营安全评价标准》（GBT50438—2007）中的风险接受准则来制定相应的风险水平等级。

当风险等级为极高时，必须采取有针对性的措施，降低风险的等级，并制订相应风险的预案；当风险等级为高时，应采取相应措施降低风险的等级，并加强检测，制定风险的处置措施；当风险等级为中等时，宜开展日常的管理与检测；当风险等级为低时，开展日常的风险审视工作；当风险等级为极低时，即使不采取任何措施也不会对运营造成威胁。

依据风险接受准则中对风险的划分，可将地铁运营的安全水平划分为5个等级，即非常安全、较安全、安全、较不安全和危险，对指标体系中的各项指标进行打分，定量化赋值，如表10-2所示。

表 10-2　城市轨道交通运营安全评价分级标准

级别	V1	V2	V3	V4	V5
定性描述	非常安全	较安全	安全	较不安全	危险
分值	90~100	80~90	70~80	60~70	0~60
对运营安全的影响程度	极小	较小	一般	较大	极大
接受准则	可忽略	可容忍	可接受	不愿接受	不可接受
预控方案	不需采取措施	可开展日常审视检查	宜加强日常管理与检测	加强监测，制定风险处置措施	停止运营，进行整改

（案例改编自：文腾. 城市轨道交通运营安全风险评估研究［D］. 北京交通大学，2021.）

案例思考题：

1. 结合案例材料，分析城市轨道交通运营安全存在哪些风险，原因有哪些。
2. 将风险管理融入城市轨道交通运营目标，你有何更好的建议？

项目训练

【训练内容】识别企业风险，并进行案例分析。

【训练目的】进一步理解企业风险管理，学会运用风险管理方法。

【训练步骤】

1. 各小组（4~6人）选择一个企业风险事件，针对所选案例收集背景资料，并展开讨论。在讨论基础上，形成本小组的风险管理方案（各组选题请勿撞车）。

2. 各小组根据所选案例，在课堂上进行陈述。内容分为三大部分：

（1）案例介绍。此案例的背景情况介绍，建议按时间先后顺序叙述案例发生的全过程。此部分要求陈述者能客观、全面地陈述危机案例的情况，不得做选择性介绍，不得故意隐瞒某些可能不利于企业的事实。

（2）案例分析。小组准备发言PPT，至少4人上台汇报本小组案例分析报告。案例分析报告的内容应包括此风险事件的难点所在、对当事企业处理方法的评点、小组在讨论此案例时的心得等。

（3）采取两个小组比赛的方式互相提问，教师兼任评委。

3. 各小组应在陈述的前一周将预先写好的文字稿提交任课老师预审，并根据老师的建议进行相应的修改。

4. 各案例小组提交文字报告一份，内容包括但不限于以下部分：
① 封面页；② 目录页；③ 正文部分；④ 企业风险事件过程介绍；⑤ 各角色发言稿；⑥ 常见问题（5个问题以上）；⑦ 现场照片；⑧ 总结分析。

自测题

1. 简析风险管理的含义及基本目标。
2. 简述风险管理的过程。
3. 风险识别的常用方法有哪些?
4. 举例说明风险评估的不同方法。
5. 举例说明风险控制方法的运用。

【延伸阅读】

格尔德·吉仁泽. 风险认知：如何精准决策［M］. 王晋，译. 北京：中信出版社，2019.

参考文献

著作类

[1] 詹姆斯·R. 埃文斯. 质量管理（原书第7版）[M]. 苏秦, 等译. 北京：机械工业出版社, 2020.

[2] 詹姆斯·奥罗克. 管理沟通：以案例分析为视角 [M]. 5版. 康青, 译. 北京：中国人民大学出版社, 2018.

[3] 博恩·崔西. 激励 [M]. 赵倩, 译. 北京：中国科学技术出版社, 2021.

[4] 彼得·德鲁克. 管理的实践 [M]. 齐若兰, 译. 北京：机械工业出版社, 2018.

[5] 乔恩·R. 卡岑巴赫, 道格拉斯·K. 史密斯. 高效能团队：打造卓越组织的团队与方法 [M]. 胡晓姣, 吴纯洁, 胡亚琳, 译. 北京：中信出版社, 2022.

[6] 格尔德·吉仁泽. 风险认知：如何精准决策 [M]. 王晋, 译. 北京：中信出版社, 2019.

[7] 哈罗德·科兹纳. 项目管理：计划、进度和控制的系统方法 [M]. 12版. 杨爱华等, 译. 北京：电子工业出版社, 2018.

[8] 斯蒂芬·P. 罗宾斯, 戴维·A. 德森佐, 玛丽·库尔特. 管理的常识 [M]. 赵晶媛, 译. 成都：四川人民出版社, 2020.

[9] 陈传明. 管理学 [M]. 北京：高等教育出版社, 2019.

[10] 布青雄. 过程控制方法及案例解读 [M]. 北京：化学工业出版社, 2020.

[11] 陈传明, 龙静. 《管理学》学习指南与练习 [M]. 北京：高等教育出版社, 2019.

[12] 耿幸福, 徐新玉. 城市轨道交通运营管理 [M]. 2版. 北京：人民交通出版社, 2022.

[13] 何筠, 陈洪玮. 人力资源管理理论、方法与案例分析 [M]. 北京：科学出版社, 2014.

[14] 胡建宏, 刘雪梅. 管理学原理与实务 [M]. 2版. 北京：清华大学出版社, 2016.

［15］惠亚爱. 沟通技巧［M］. 3版. 北京：人民邮电出版社，2021.

［16］李贺，褚凌云. 现代企业管理［M］. 3版. 上海：上海财经大学出版社，2022.

［17］李渠建. 企业管理基础［M］. 2版. 北京：高等教育出版社，2021.

［18］刘红霞. 企业内部控制与风险管理［M］. 2版. 北京：清华大学出版社，2022.

［19］吕文栋. 公司战略与风险管理：理论与实务［M］. 北京：中国人民大学出版社，2022.

［20］吕燕，朱慧. 管理定量分析：方法与实践［M］. 上海：上海人民出版社，2022.

［21］马中飞，程卫民. 现代安全管理［M］. 北京：化学工业出版社，2022.

［22］潘尔顺. 生产与计划控制［M］. 2版. 上海：上海交通大学出版社，2021.

［23］宋建波. 内部控制与风险管理［M］. 3版. 北京：中国人民大学出版社，2021.

［24］孙宗虎，李作学. 员工激励方法实例全案［M］. 北京：化学工业出版社，2014.

［25］陶俐言. 项目管理：方法、流程与工具［M］. 西安：西安电子科技大学出版社，2020.

［26］汪小金. 项目管理方法论［M］. 3版. 北京：中国电力出版社，2020.

［27］文大强. 管理学：原理与实务［M］. 北京：北京理工大学出版社，2018.

［28］尤建新，等. 质量管理：理论与方法［M］. 大连：东北财经大学出版社，2009.

［29］俞文钊，李成彦. 现代激励理论与应用［M］. 3版. 大连：东北财经大学出版社，2020.

［30］章文燕，等. 管理沟通：有效沟通与时间管理［M］. 上海：上海交通大学出版社，2017.

［31］周静，王一帆. 领导力与管理沟通［M］. 成都：西南交通大学出版社，2021.

［32］周三多. 管理学［M］. 5版. 北京：高等教育出版社，2018.

论文类

［1］刘锦芳. 基于合作治理视角的长株潭城际轨道交通优化策略［J］. 湖南行政学院学报，2020（05）：76-83.

［2］刘明亮，刘来鑫，杨超，等. 基于综合标准化建设的轨道交通公司精益管理［J］. 中国标准化，2021（17）：140-144.

［3］刘小菲. 苏州轨道交通 NCC 应急指挥中心的运作模式优化［J］. 城市轨道交通研究，2022，25（05）：27-31.

［4］刘晓溪. 深圳地铁数字地铁项目探索与实践［J］. 城市轨道交通，2022（02）：44-49.

［5］刘志哲，孙莘."情感化设计"视域下伦敦地铁广告经验对我国地铁广告发展的启示［J］. 现代广告，2022（08）：48-55，65.

［6］卢弋，陈霖，冯伟. 基于案例推理的城市轨道交通应急预警决策［J］. 交通工程，2021，21（01）：74-79，85.

［7］唐晓贞. 苏州轨道交通服务质量评价结果分析与服务质量提升措施［J］. 城市轨道交通研究，2022，25（05）：50-53.

［8］万其宝，许恩明. 武汉地铁人力资源共享自助服务体系构建［J］. 交通企业管理，2022，37（02）：82-84.

［9］王春荼. 福州地铁"订单生"人才培养模式探讨［J］. 福建建材，2021（02）：114-116.

［10］王靛. 重庆市轨道交通快线建设管理创新实践［J］. 现代城市轨道交通，2022（01）：109-113.

［11］王耀. 北京地铁苏州街站一体化开发创新模式［J］. 都市快轨交通，2021，34（04）：24-28.

［12］汪发现. 中车株机公司如何激励和培训国际化人才队伍［J］. 现代企业，2021（10）：48-49.

［13］解高博，宗志祥. 上海轨道交通列车智能检修计划系统研究［J］. 城市轨道交通研究，2022，25（04）：210-213.

［14］叶倪，周怡. 无锡地铁运营安全管理研究［J］. 中国安全生产科学技术，2021，17（S2）：145-149.

［15］张亚旭. 深化股权激励 推动国有企业高质量发展：以中铁设计集团员工持股改革试点为例［J］. 铁道勘察，2022，48（03）：133-137.

［16］张晋，袁嘉悦. 港铁可持续发展之启示［J］. 都市快轨交通，2021，34（05）：11-17.

［17］张选. 南京市地铁票价听证项目管理问题研究［J］. 华东科技，2022（01）：80-82.

［18］周琳. 苏州轨道交通站务委外标准化项目部建设实践研究［J］. 城市轨道交通研究，2022，25（05）：45-49.

［19］朱忠园. 矩阵式安全控制体系与地铁消防安全管控对策：基于北京地铁场段的消防安全分析［J］. 北京城市学院学报，2022（03）：31-36.